A PÉ E COM FÉ

coleção de antropologia
movimentos religiosos no mundo contemporâneo

Sandra de Sá Carneiro

A PÉ E COM FÉ

brasileiros no Caminho de Santiago

cnpq/pronex
attar editorial
2007

coleção de antropologia
MOVIMENTOS RELIGIOSOS NO MUNDO CONTEMPORÂNEO

Coordenador:
José Jorge de Carvalho

Conselho Editorial:
Otávio Velho
José Jorge de Carvalho
Regina Novaes
Rita Laura Segato
Ari Pedro Oro

Supervisão editorial:
Sergio Rizek

Revisão:
Percival de Carvalho

Capa e diagramação:
Silvana Panzoldo

Dados Internacionais de Catalogação na Publicação (CIP)
(Câmara Brasileira do Livro, SP, Brasil)

Carneiro, Sandra de Sá
A pé e com fé : brasileiros no caminho de Santiago / Sandra de Sá Carneiro. -- São Paulo : Attar, 2007. -- (Coleção de antropologia : movimentos religiosos no mundo contemporâneo)

Apoio: CNPq, Pronex.

1. Antropologia cultura 2. Movimentos religiosos 3. Peregrinos e peregrinações 4. Santiago de Compostela - Descrição e viagens 5. Santiago de Compostela - História I. Título. II. Série.

07-8050 CDD-306.6

Índices para catálogo sistemático:

1. Santiago de Compostela : Peregrinações : Movimentos religiosos : Perspectivas antropológicas : Sociologia 306.6

ISBN 978-85-85115-34-0

ATTAR EDITORIAL
rua Madre Mazzarello 336 05454-040 São Paulo – SP
fone/fax 11 3021 2199 attar@attar.com.br
www.attar.com.br

Em memória de minha mãe, D. Célia, por tudo.

Aos meus filhos Thiago, Juliana e Marina, com amor.

Agradecimentos

Para Simmel as relações mais finas e mais firmes não raro se vinculam ao sentimento de gratidão. Este é, sem dívida, um dos sentimentos intrínsecos à elaboração deste livro (que em sua versão original foi minha tese de doutorado) e aquele que lhe dá sustentação. Por isso, ao iniciar esses agradecimentos, as palavras que me vêm à mente são da música *Gracias a la Vida*, de Violeta Parra.

A vida, apesar de seus desencontros, me possibilitou atualizar a arte do encontro com Regina Novaes. Através de diálogos sempre enriquecedores, com paciência, confiança e muita generosidade, Regina soube conduzir e dosar nossa relação de orientadora/orientanda em uma das múltiplas dimensões que nossa amizade comporta, desde a época da graduação do IFCS.

A Pierre Sanchis, Yvonne Maggie, Cecília Mariz e Carlos Steil agradeço a participação na banca de doutorado e seus comentários. Na medida do possível, tentei incorporar algumas sugestões que me foram oferecidas por ocasião da defesa.

Agradeço especialmente ao apoio recebido pelo Pronex – MCT/CNPq, através do projeto Movimentos Religiosos no Mundo Contemporâneo, coordenado por José Jorge de Carvalho (UnB), para a realização do trabalho de campo na Espanha e publicação deste livro.

Gostaria de agradecer também o incentivo que recebi de José Luis Barreiro Rivas, professor da Universidade de Santiago de Compostela, com quem pude discutir algumas das idéias iniciais desta pesquisa. E, também, a concessão de alojamento que recebi dessa universidade para a minha estada na Espanha.

Márcia Pereira Leite e Patrícia Birman foram presenças atentas e carinhosas, interlocutoras preciosas em minha trajetória acadêmica e de vida. Junto com as demais companheiras da linha de pesquisa Religião e Movimentos Sociais em Perspectiva, Cecília Mariz, Márcia Contins, Rosane Prado e Clara Mafra, temos construído um ambiente harmonioso na UERJ, com discussões profícuas e projetos sempre renovados.

Muitos são os amigos que têm participado de minha história de vida com afeto, apoio e diálogos de todos os matizes. Seria impossível registrar aqui o meu reconhecimento a cada um deles, mas gostaria de mencionar principalmente – Masé Sant'Anna, Cristina Parahyba Dias, Maria Cristina e José Luiz da Costa Lyra, José Reginaldo Gonçalves, Maria Emilia Pacheco, Tânia Bessone, Eliane Freitas e Márcia Leitão Pinheiro.

Gostaria ainda de mencionar o apoio recebido pela Universidade do Estado do Rio de Janeiro através principalmente do Programa de Capacitação Docente e do Programa de Incentivo à Produção Científica, Técnica e Artística (Prociência), ambos da Sub-reitoria de Pós-graduação e Pesquisa, decisivo para a elaboração do estudo.

Vânia Absalão, Magaly Chede Travassos, José de Faria Gurgel, Luciana Moreira, Andréa Tubbs e Fernando Costa representam também, junto com o Grupo dos Sete, uma legião de apoios afetivos.

A Angela Beatriz Faria e Cleber Rocha das Neves, pelas diferentes fases de revisão e editoração cuidadosas.

Um abraço de coração a todos os peregrinos que contribuíram para a realização da pesquisa através de seus depoimentos, particularmente aos amigos da Associação Brasileira dos Amigos do Caminho de Santiago. A Clarice Ferté e Jose Roberto Pinto de Almeida a atenção inicial, o acesso a todos os acervos da associação e participação na lista de discussão. Ao Paulo Bastos Netto e família, Mônica Doin, Acácio da Paz, Guto Pinto, Inês Dutra Serpa, Selma Serpa Cid, Walter Jorge de Oliveira Almeida, Solange e José Maria Lyra da Silva, pelo carinho constante.

Aos companheiros de Caminho, representados aqui por Lucia Helena Knoll e Paulo Melo, pela amizade que construímos ao longo de nossa jornada.

Enfim, a meus filhos, minhas irmãs (Célia e Karla), sobrinhos e cunhados que puderam com carinho, paciência e tolerância oferecer-me as condições emocionais para que eu pudesse conduzir a pesquisa a contento.

É inútil querer procurar encontrar caminho e
querer começar, já sabendo que a voz diz pouco,
já começando por ser despessoal.
Pois existe a trajetória, e a trajetória não é um
modo de ir. A trajetória somos nós mesmos.
Em matéria de viver nunca se pode chegar antes.

Clarice Lispector, *A Paixão Segundo G.H.*

Sumário

Apresentação

Um trabalho notável, este que a professora Sandra de Sá Carneiro nos apresenta aqui. Um afresco cujo traço atravessa os tempos, os espaços, reintegra história e topologia num condensado presente de significado. Presente e atual em pelo menos três sentidos: lógica e cronologicamente de nosso tempo, ele inicia o leitor a um nomadismo sacral bem moderno; ele o faz pela mediação de um itinerário longínquo, não só na sua meta, mas através de seu desenrolar inteiro, e no entanto globalizado à brasileira pelos atores sociais que nos permite freqüentar; enfim, é através da experiência individual da autora, mais participativa do que simplesmente observante, que se expressa.

Uma promessa que implicava dívida e perigo. Pois se tratava de mobilizar, organizar e tornar coerentemente significativa uma imensa riqueza empírica, situando-a numa dupla convergência: do ponto de vista diretamente empírico, a do tempo longo, ancorado na espessura da história, com a reemergência atual do fenômeno social em pauta; do ponto de vista analítico, a de perspectivas contemporâneas das ciências sociais (e do próprio "social"), com enquadramentos clássicos, possivelmente em determinado sentido definitivos.

O leitor poderá constatar que a resposta está à altura do desafio.

A longa duração é a de uma manifestação de religiosidade coletiva, que povoa a memória de todas as religiões. Do Oriente como do Ocidente, da pré-história como da história: a procura pelas multidões andarilhas de uma recomposição vital pelo encontro com uma fonte do sagrado topologicamente situada, e que é preciso sair de si e do seu cotidiano para descobrir. Na tradição cristã, o fenômeno começou cedo, testemunhado pela narrativa da peregrina aquitânia Egéria a caminho de Jerusalém do fim do século IV. E institucionalizou-se, triunfal, desde a Alta Idade Média na forma múltipla do Caminho de Santiago, cuja rede cobria a Europa, tencionando-a entre Roma e as Astúrias hispânicas, *finis terrae* que afirmava, diante do invasor muçulmano, a perenidade dinâmica do domínio da cristandade.

E o acontecer contemporâneo é o paradoxal e surpreendente reviver dessa prática, que movimenta crescentes multidões, não só da Europa, mas do mundo – e particularmente do Brasil.

Sem dúvida, instituições, religiosas ou civis tendem a manter numa forma quase literal a presença de algumas das dimensões fundamentais do fenômeno. A dimensão política, por exemplo, de uma Europa à procura de suas raízes culturais cristãs. Mas de fato, e no geral, não se trata de uma reprodução apenas tecnicamente modernizada. Trata-se, sim, da permanência de uma estrutura de significado, que não se torna essência, pois, quando emerge ao real, é "transformada" nas e pelas condições econômicas, políticas, culturais, psicológicas, civilizacionais que conformam a matriz social da modernidade contemporânea. Ela articula então com o fluxo de sentido coletivo uma motivação intensamente individual, procura do encontro com o Eu profundo e da (re)construção, ritmicamente caminhada, processual, mas que visa a se tornar permanente, do *self*. Menos através da conversão a injunções noéticas ou disciplinares de uma Igreja do que através da experiência renovada do Sagrado numa comunhão exaltadamente repetitiva com as simples forças cósmicas:

> Peregrino, quién te llama?
> Qué fuerza oculta te atrae? [...]
> La fuerza que a mi me empuja
> No sé ni explicarla ni yo.
> Sólo El Arriba lo sabe!

E é significativa, nesse mesmo sentido, a substituição, no Alto do Perdão, de uma ermida dedicada à Virgem do Perdão e de um hospital da Confraria de Santiago por um monumento dos Caminhantes, figuras humanas genéricas recortadas sobre o horizonte, com a legenda: "Donde se cruza el camino del viento con el de las estrellas."

Uma construção de tipo individual, mas que não significa fechamento individualista, pois ela se realiza também como experiência de solidariedade e de companheirismo no encontro cotidiano do "diferente", utopia vivida que permite vislumbrar, para mais tarde e mais além, o empenho a favor de um mundo em que os valores seriam de abertura, de acolhimento e fraternidade, de reciprocidade.

Modernidade ainda o encontro deste "espírito peregrino" com outra estrutura de significação, a do turismo. Não mais uma oposição propensa a degradar a pureza de uma experiência transcendente, mas uma composição em que o mercado, o lazer, o espetáculo podem tornar-se mediadores legítimos para o manuseio de significados espirituais e morais. Outra forma da religião do *self*.

Enfim, a hipótese de outra concreção transformadora: a vivência do grupo peregrino brasileiro, recorte que a autora privilegia. Um *habitus* particular? Em todo caso a presença intensa de uma temática mais emocional, de representações compartilhadas que ligam o acaso ao destino, que lêem na decisão de empreender o Caminho um chamado, que esperam da experiência uma transformação, pois "ninguém faz o Caminho impunemente". Algo como a aura de um universo mágico, em consonância com a literatura – especialmente a de Paulo Coelho – que motivou a decisão de muitos.

Vê-se que não é simples a relação com o catolicismo de uma manifestação que nasceu e continua envolvida institucionalmente com ele. O eco generalizado do espírito peregrino aqui percebido parece rejeitar, na pregressa experiência católica, além da pretensão a uma definição unívoca da verdade, tudo o que significaria oposição entre transcendência e imanência. A ritualidade sacramental também não ressai deste relato como privilegiada, até nas manifestações rituais mais intensivas que acompanham a chegada ao santuário. No entanto são sublinhados, nos componentes do espírito peregrino contemporâneo, aqueles mais condizentes – em linha direta ou por linha torta – com a síntese católica: os valores de fraternidade universal, por um lado, e a aura mágica a que o universo sacramental historicamente se prestou. Num e noutro caso, uma presença do catolicismo possivelmente ambígua. Catolicismo revisitado, em chave de Nova Era.

E a própria "religião"? Teria mudado nas representações peregrinas depois da experiência do Caminho? Não se trata, diz a autora, de pensá-la como enfraquecida, mas de cruzar doravante permanências e mudanças. O Sagrado pode virar mais importante que a religião; esta ficar então inserida num universo dialogal, onde se articulam difusivamente coletivo institucional e reinterpretações individuais, símbolos do catolicismo e referências sagradas ou culturais mais amplas, religião e magia.

Tais poderiam ser "os sentidos de uma moderna peregrinação".

A professora Sandra, no entanto, insiste na multiplicidade dos sentidos em diálogo na realização peregrina. Além deste – já em parte múltiplo –, que ela analisou no grupo caminhante, há aqueles da hierarquia eclesiástica, dos poderes civis, dos agentes de pastoral, dos empresários de turismo, dos hospedeiros a serviço da devoção, do público espectador mais ou menos distanciado... Alguns deles ela referiu, constelação que cerca e situa o seu grupo focal. Mas desse grupo ela marca os limites: brasileiro, de classe média relativamente afluente, de nível intelectual acima da média, influenciado por determinada produção literária. Não é, pois, impossível que o "espírito peregrino" que emana desse grupo não seja o único presente na multidão caminhante. Mais tradição, outra origem e cultura, outra classe social, outra relação com a instituição, outra modernidade? Pois a modernidade também é uma e múltipla.

É possível que estudos futuros passem a nos revelar outros matizes do Caminho e da prática peregrina. É certo, em todo caso, que aquele aqui exemplarmente relatado entrega-nos, a partir de uma experiência e de sua sugestiva análise, uma chave preciosa para entender, por cima de fronteiras e até de identidades denominacionais, e muito além da manifestação que é seu objeto imediato, dimensões irrecusáveis na religião contemporânea.

Pierre Sanchis

Introdução

Este é um estudo sobre a peregrinação a Santiago de Compostela, um fenômeno social que perdura há mais de dez séculos e que condensa em torno de si diversos mitos, crenças e valores, bem como diferentes agentes e agências, que recobrem uma tradição de longa duração.

Delimito minha análise a de dois objetivos básicos. Em primeiro lugar, busco verificar os sentidos e significados conferidos por um número cada vez maior de brasileiros,[1] que fazem o percurso de mais de 800 km em uma região localizada ao norte da Espanha, a pé ou de bicicleta. Em segundo lugar, procuro interpretar o conjunto de crenças e de valores que estão associados às atividades, ações e práticas desenvolvidas por esses "peregrinos" e mostrar como uma retórica de autoconhecimento e transformação pessoal e social, base de seus projetos sociais, pode se tornar um importante recurso cultural, particularmente, ao produzir novas formas de ação e de expressão, indicando mudanças de orientação, comportamentos e valores em esferas importantes da vida social, influenciando a maneira de as pessoas "construírem seus mundos e suas realidades".

Através do diálogo estabelecido com o material empírico, construído pouco a pouco a fim de atingir esses objetivos, pude perceber como esses novos atores sociais interpretam o universo ou mundo[2] *compostelano* ou *jacobeo*, conferindo-lhe valores

1. Através das estatísticas disponíveis, podemos calcular que nos últimos dez anos mais de dez mil brasileiros realizaram a peregrinação, em que pesem as limitações dos dados existentes, como irei discutir no Capítulo 3. Sendo que, em 2001, o Brasil foi o terceiro país estrangeiro que mais peregrinos enviou à Espanha.

2. Seguindo Becker (1977b, p. 9), estou definindo "mundo" como "a totalidade de pessoas e organizações cuja ação é necessária à produção do tipo de acontecimento e objetivos caracteristicamente produzidos por aquele mundo". Neste trabalho uso indistintamente as expressões *jacobeo* ou *compostelano* para me referir ao mundo ou universo cuja referência é o Caminho de Santiago de Compostela.

e significados e infundido-lhe emoção. Para tanto, centralizei minha análise nos significados e sentidos de uma experiência (processo vivenciado durante a peregrinação) que pode assumir um sentido "religioso" ou não, mas que é performaticamente vivenciada como uma importante "transformação", sobretudo pessoal.

O ponto de partida é a hipótese de que, mais do que uma antiga tradição que vem resistindo às mudanças mais globais que ocorreram ao longo de sua história, essa peregrinação é um exemplo singular de como um fenômeno pode ser constantemente "reiventado", na medida em que não constitui somente permanência ou repetição, mas recria-se constantemente de uma maneira dinâmica e, ao mesmo tempo, cheia de tensões e negociações.

Na análise, adoto uma perspectiva que se afasta do pressuposto essencialista de entender a peregrinação enquanto um fenômeno objetivo a ser descrito por uma que permite dialogar melhor com os sentidos e valores que estão sendo produzidos no campo das reciprocidades. Portanto, é privilegiado o olhar que entende a peregrinação como um "texto".

Dentro desse enfoque, a peregrinação a Santiago, que tem sua origem no século IX, não foi interpretada apenas como um fenômeno de características globais dotado de uma realidade econômica, política e religiosa. O que se procura defender é que a sua maior força e expressão está na constituição da ampla rede de significados, dentro da qual podemos identificar e interpretar novas relações sociais, e formas de construção de identidades e subjetividades.

Trata-se, portanto, do desvendamento de um universo que ganha visibilidade nos últimos anos no Brasil (especialmente a partir de 1996),[3] através da publicação de mais de 50 livros escritos sobre o assunto por brasileiros (a maioria relatos pessoais sobre a experiência da peregrinação), da criação da Associação Brasileira de Amigos do Caminho de Santiago (AACS-Brasil), da produção de vários *sites* e de diversos vídeos.[4]

Nos dois anos de trabalho de campo, desenvolvi as seguintes atividades: acompanhamento, através da Internet, ao longo de todo o período, de um grupo de discussão dedicado ao Caminho de Santiago (santiago@yahoogrupos.com.br), freqüentado por mais de 600 pessoas; participação das reuniões mensais da AACS-Brasil (realizadas toda primeira sexta-feira de cada mês, na Casa da Espanha, localizada no Humaitá, Zona Sul do Rio de Janeiro); sistematização do conteúdo de 30 livros escritos por brasileiros sobre o assunto; formulação de um questionário, respondido por 24 pessoas via Internet; recolhimento de 60 depoimentos, os quais se referem às entrevistas realizadas com peregrinos, hospitaleiros,

3. No Brasil, o Caminho de Santiago ganha notoriedade principalmente a partir da publicação do livro *O Diário de um Mago*, escrito por Paulo Coelho (1995) e lançado em 1987.

4. Ver, no Anexo 1, a relação dos livros publicados no Brasil sobre o Caminho.

representantes do clero espanhol e membros da AACS e de alguns relatos disponibilizados nos *sites* pesquisados; e realização do Caminho, durante 35 dias, dos quais em três desempenhei a função de hospitaleira,[5] o que me permitiu compreender e interpretar melhor os diferentes sentidos e motivações que eram investidos no ritual.

Acredito que uma das melhores maneiras de ilustrar a densidade simbólica das narrativas sobre a experiência de participar do ritual da peregrinação, ou melhor, como denominou Buñuel em seu célebre filme, de fazer o *Estranho Caminho de Santiago*,[6] é iniciar apresentando um depoimento:

> Sempre sonhei em fazer o Caminho de Santiago. Não era um sonho nítido, nem sequer conhecido em toda a sua extensão. Não era andar pelo Caminho, nem cruzar as cidades, tampouco esquadrinhar os vales e as montanhas da Espanha. Não era rezar nas igrejas, nem me penitenciar nas trilhas, muito menos me consolar nos desvios do percurso. Não era reverenciar Santiago, nem conversar com ele. Não era observar cada canto e recanto do caminho, e me extasiar com a paisagem deslumbrante.
>
> Era estar, um tempo qualquer desta vida, em contato direto, intenso e por um longo período com a natureza, viver outra parte da realidade, sem pessoas e situações conhecidas e rotineiras, nem falas e escutas familiares e habituais.
>
> Era estar, um dia, num lugar desconhecido, em busca do não sabido, andar por direções nunca antes imaginadas, para cansar o corpo e clarear a mente. Era de repente abrir os olhos e enxergar o não visto, estender as mãos inesperadamente e alcançar o intangível.
>
> Era me colocar em contato estreito e profundo comigo mesmo, dizer-me o que sempre escondera de mim, escutar o que preferira deixar de lado como se não estivesse nem fizesse parte de minha constituição como indivíduo.
>
> Era fazer uma avaliação verdadeira, ainda que dolorosa, da minha vida e da forma como a vinha vivendo. Era vivenciar mais minha religiosidade e procurar me aproximar de

5. Hospitaleiro(a) é a pessoa encarregada de cuidar dos albergues ou dos refúgios, que existem ao longo do Caminho, e de receber os peregrinos, oferecendo-lhes acolhida, orientação e informações. Os albergues podem ser públicos ou privados. Sendo que a grande maioria pertence à Igreja ou às associações (locais) de amigos do Caminho de Santiago de Compostela. O albergue em que permaneci como hospitaleira fica em Ventosa, uma vila existente entre Navarrete e Nájera. O albergue é privado, e um dos donos é um espanhol que já fez o Caminho 12 vezes e morou 15 anos no Brasil. O atual hospitaleiro oficial é um brasileiro que eu conheci quando realizei um curso para hospitaleiro, ministrado por ele e promovido pela Associação de Amigos do Caminho de Santiago no Brasil, em março de 2001.

6. Yvonne Maggie comentou durante a minha defesa de tese de doutorado que, ao ler este estudo e bastante motivada pela etnografia, depois de alguma resistência ao tema, acabou revendo o filme, que foi sem dúvida um marco dos anos 1970, e percebeu o quanto o meu trabalho ajudava na tradução do enigma do Caminho apresentado no filme.

Deus. Era falar com ele. Ouvi-lo no íntimo do meu ser. Era conversar com meu Santiago particular, conhecê-lo melhor e amá-lo, aproximando-me, assim, da minha capacidade de amar. (JMM, engenheiro químico, pós-graduado, trabalha na área ambiental, casado, 52 anos.)

Os múltiplos sentidos e significados que aparecem nesse discurso e as questões por ele suscitadas indicam já a complexidade de estudar uma tradição milenar que se expressa através do ritual de peregrinação ao túmulo do apóstolo Santiago, e sinalizam para as diferentes maneiras como as pessoas se relacionam com ela.

Enquanto tradição, o fenômeno vem sendo constantemente "reinventado" no sentido que Hobsbawn e Ranger (1997)[7] dão ao termo, não só pelos peregrinos, como também por uma série de agências e instituições que estão diretamente envolvidas com a sua "preservação", particularmente a Igreja católica, o governo da Galícia (onde está situada a Catedral de Santiago), o governo espanhol e a Comunidade Européia.

As narrativas dos peregrinos – sobre as suas mais distintas experiências fazerem sentido como parte de um corpo de valores, idéias e crenças que configura um universo particular, informado por uma determinada visão de mundo e também por um *ethos* particular –, que se expressam através da construção da identidade do que é "ser peregrino", foram valorizadas. Ao mesmo tempo, a complexidade do fenômeno foi se desvendando, levando à necessidade de procurar contextualizá-lo do ponto de vista da "invenção do mito" e dos aspectos políticos e econômicos que o determinaram.

A dimensão universal da peregrinação, considerada uma das romarias mais tradicionais do catolicismo, ao lado das de Roma e Jerusalém, pode ser atestada por diferentes aspectos: pelo número significativo de pessoas de diferentes nacionalidades, religiosas ou não, de sexo, profissão e faixa etária distintas provenientes de etnias, países e continentes muito distintos, que atrai todos os anos,[8] por sua

7. Segundo Hobsbawn e Ranger (1997, p. 9), por "tradição inventada" entende-se um conjunto de práticas, normalmente reguladas por regras tácitas ou abertamente aceitas. Tais práticas, de natureza ritual ou simbólica, visam inculcar certos valores e normas de comportamento através da repetição, o que implica, automaticamente, uma continuidade em relação ao passado. Aliás, sempre que possível, tenta-se estabelecer continuidade com um passado histórico apropriado. Por isso mesmo, assumo aqui a ressalva feita por Gonçalves (1996) à expressão "tradição inventada" ao nos lembrar que todas as tradições são inventadas, não no sentido de que sejam "artificiais" ou "inautênticas", mas no sentido de que não existe qualquer significado sem mediações, qualquer significado primordial que delas possa ser resgatado.

8. Em 1999, Ano Santo, 154.613 peregrinos receberam a Compostela – certificado expedido pela Catedral de Santiago, espécie de diploma escrito em latim, concedido pelo arcebispado de Santiago a todos aqueles que tenham percorrido pelo menos 100 km a pé ou a cavalo, ou 200 km de bicicleta, atestados através da credencial do peregrino, sempre que a peregrinação é feita por motivos religiosos.

dimensão simbólica e pelo amplo sistema de relações sociais, econômicas, políticas e religiosas que mobiliza em torno de si.

Uma das principais singularidades do Caminho de Santiago é que, – diferentemente dos outros centros de peregrinação europeus, como Fátima (Portugal) ou Lourdes (França), cuja devoção por uma maioria católica está centrada na Virgem Maria – os atos rituais essenciais dos peregrinos de Santiago de Compostela não estão inscritos apenas dentro das fronteiras sagradas da Igreja ou em seu entorno. A ênfase na viagem, ou seja, no percurso conhecido como Caminho, e em como se alcança a igreja (a pé, de bicicleta, a cavalo, de ônibus ou carro), marca a diferença, assumindo um significado especial. A longa jornada tem assim um duplo aspecto – físico e espiritual, exterior e interior –, não só reconhecido pelos peregrinos, como também extremamente valorizado pelas diferentes agências envolvidas na produção do evento.

Além disso, enquanto os principais centros católicos voltados à devoção mariana (Lourdes, Fátima, Guadalupe e Medjugorje) se baseiam em milagres ou aparições que ocorreram a partir do século XIX, a peregrinação a Santiago se baseia em uma tradição que se afirma remontar à fundação do cristianismo.[9]

Em que pesem as diferenças estruturais dos períodos históricos que atravessou, a peregrinação a Santiago é um fenômeno sociológico singular, e guarda, ainda hoje, relação com a sua "invenção", na Idade Média, cuja centralidade está na conversão de uma experiência "religiosa" individual em uma expressão coletiva de valores sociais determinada por fatores sociais, econômicos e políticos.

A participação nas reuniões mensais da AACS-Brasil, bem como nos encontros e cursos promovidos por ela, me permitiram construir ao longo de dois anos laços de amizade com muitos "peregrinos" e participar tanto da "família peregrina" quanto do "albergue virtual", tal como denominam a si próprios, ao seu pertencimento à associação e ao grupo de discussão via Internet.

A freqüência sistemática às reuniões abriu algumas portas, que possivelmente seriam mais difíceis de serem ultrapassadas em outra situação. No entanto, o tempo prolongado de assistência às mesmas fez com que se criasse uma certa expectativa com relação ao trabalho que eu estava desenvolvendo. Muitos me perguntavam, depois de mais de um ano, "mas, afinal, quando você vai concluir o trabalho?" ou então "esse trabalho vai ficar um tratado". Apesar de toda a receptividade e auxílio oferecido, era difícil não criar esta imagem da "professora que está fazendo uma tese", situação que eu nunca escondi, mas que às vezes me levava a vivenciar situações de mal-estar. "Afinal," me perguntava César, colega de Caminho, "você vai ter coragem de escrever mesmo tudo o que você sentiu?" ou "o que vai valer, as suas emoções e sentimentos ou o trabalho formal e acadêmico?"

9. Ver, no Capítulo 2, uma pequena síntese da história de sua origem.

O clima de confiança que se estabeleceu com os informantes, na maior parte dos casos, permitiu que estes falassem de temas que provavelmente não seriam verbalizados numa situação em que o pesquisador não fosse considerado como alguém, de certa maneira, simpatizante do campo. Em nenhum momento escondi a minha identidade, como também sempre deixei claro que estava fazendo um trabalho de pesquisa, tampouco omiti que sempre acalentei o desejo e a curiosidade de fazer a peregrinação, desde que tomei contato com o Caminho, a partir da leitura de *O Diário de um Mago.*

Sendo assim, procurei assumir estes fatos com a consciência dos limites que isso impunha. Isso sempre soava como um desafio e me fazia recordar que este talvez seja um dos maiores problemas enfrentados pelos estudiosos da religião: há em geral uma espécie de acusação implícita feita pelos próprios pares de que se estaria falando de dentro, como nativo. E, portanto, a análise estaria contaminada por essa perspectiva do investigador.

Quando retornei da Espanha tive que enfrentar os questionamentos de alguns colegas de profissão e amigos: "afinal, você também voltou transformada?", "me disseram que você voltou meio mística", "como é, você viu mesmo alguma coisa diferente?"

Deixando essa questão por hora entre parênteses, gostaria de lembrar que independentemente dela, considero que é fundamental todo pesquisador informar de que lugar ele está falando ou, como nos lembra Becker (1977a), "afinal de que lado nós estamos?"

Durante a minha peregrinação, realizada de 17 de maio a 21 de junho de 2001, acompanhei vários grupos distintos de peregrinos ao longo do Caminho, estabelecendo laços de convivência mais ou menos intensos. Embora eu tenha feito a peregrinação sozinha, sem estabelecer um compromisso de fazê-la acompanhada por alguém que se conhece durante o Caminho, o que acontece muitas vezes, era freqüente eu encontrar, desencontrar e reencontrar pessoas ao longo do trajeto, sendo que com muitas delas eu só tive contato uma única vez e, com outras, até hoje mantenho relações de amizade.

Após a peregrinação, permaneci por cerca de 20 dias na cidade de Santiago de Compostela; a maior parte deles fiquei instalada na residência universitária localizada no complexo do Monte do Gozo, última etapa e último albergue do Caminho, antes de se chegar à Catedral, que é alugada por um período do ano à Universidade de Santiago de Compostela. Durante essa estada, pude acompanhar diariamente a entrada e saída dos peregrinos do local, freqüentar a biblioteca central da universidade e acompanhar a chegada diária dos peregrinos à cidade.

Dessa forma procurei elucidar as interrogações que eu dirigia ao objeto, com os dados que o material de campo me permitira construir, com a vasta documentação histórica (pelo menos com a que eu tive acesso), com a ampla bibliografia existente sobre o assunto,[10] além, é claro, da literatura antropológica.

Gostaria de salientar desde esta introdução que acredito que não só é impossível como teoricamente improdutivo compreender os diferentes sentidos que possa ter uma peregrinação, separando as motivações individuais que possam estar determinando-a em um dado contexto de suas causas históricas, políticas, econômicas e sociais. Pois, ainda que a experiência seja única e intransferível, ela está fortemente informada e condicionada por fatores que a ultrapassam.

Com a finalidade de ordenar as discussões, este livro está dividido em cinco capítulos. No primeiro apresento ao leitor uma breve síntese da construção social do conceito de peregrinação, com destaque para as perspectivas teóricas.

No segundo capítulo indico as distintas dimensões do fenômeno, que, desde a origem, lhe dão um contorno peculiar. Inicio com uma pequena síntese da história do Caminho. Em seguida, o fenômeno é contextualizado, destacando-se os aspectos políticos, econômicos e sociais que o determinaram. Também é discutido como e por que houve uma forte revitalização do fenômeno no fim do século XX, atrelado, entre outros aspectos, ao papel que o denominado "itinerário comum europeu" desempenha atualmente no contexto europeu. Também nesse capítulo tem-se a definição do que são as peregrinações e qual a importância de seu estudo, bem como suas interfaces com o turismo.

Uma caracterização geral dos peregrinos a Santiago de Compostela e de suas principais motivações é apresentada no terceiro capítulo, sendo destacado também o perfil geral dos peregrinos brasileiros. Lá, será discutida a construção social da categoria peregrino, sendo problematizado até que ponto se deve entendê-la como um tipo ideal ou como uma identidade, construída com base em diferentes atributos, relacionados a uma visão de mundo e um *ethos* particulares.

O quarto capítulo descreve a peregrinação e constrói-se a partir da minha própria experiência ao realizar o percurso, bem como dos depoimentos e histórias orais, registrados durante a experiência. Tanto as entrevistas realizadas *in loco* com peregrinos, hospitaleiros, especialistas no assunto e agentes religiosos quanto o material obtido através dos questionários realizados via Internet e de alguns depoimentos registrados nos *sites* sobre o Caminho serão explorados nessa parte.

---

10. Em 1999 foi editada pela Xunta de Galicia uma obra, composta de dois volumes, intitulada *Bibliografia do Caminho de Santiago*. Coordenada por Fermin de los Reyes, é uma vasta compilação de todas as referências existentes sobre a peregrinação a Santiago, desde livros e monografias até artigos escritos sobre o assunto, sendo que alguns documentos remontam a fins da Idade Média. Existe um total de 6678 referências espanholas e 2 mil estrangeiras que seguem uma ordenação cronológica e alfabética por autor e título.

No quinto capítulo, pela análise de distintos aspectos, será visto como o fenômeno da peregrinação a Santiago ganha visibilidade no contexto brasileiro. Para isso, analiso alguns vídeos que foram produzidos visando a sua divulgação; o conteúdo das mensagens veiculadas na lista de discussão via Internet, santiago@yahoogrupos.com.br, com mais de 600 participantes; e os livros produzidos por brasileiros sobre o Caminho e o papel da Associação Brasileira dos Amigos de Santiago de Compostela na divulgação e propagação dos signos, símbolos e crenças que giram em torno do tema.

Na conclusão, apresento uma síntese dos principais resultados, como reza a tradição acadêmica. Ao fazer isso, porém, destaco questões que, apesar de já referidas nos capítulos, possam ter ficado diluídas em meio a outras informações.

Esse amplo material produzido me permitiu entender melhor as lógicas, os valores e as crenças que motivam as pessoas a realizarem a peregrinação, bem como as emoções e as paixões que movem os peregrinos a se sentirem "enganchados" (expressão utilizada pela maioria dos espanhóis entrevistados) ao Caminho, além de perceber em que medida a vivência dessa experiência significativa pode modificar ou não determinadas vidas.

Marco de concreto que sinaliza os quilômetros que faltam até chegar a Santiago de Compostela. O símbolo indica que é o Caminho de Santiago e a seta, a direção certa que o peregrino deve seguir. (Foto: Sandra de Sá Carneiro, maio de 2001)

Capítulo 1

Peregrinação e ritual

Peregrinação: dimensão religiosa da viagem

Não é minha intenção fazer aqui uma revisão da ampla literatura existente sobre peregrinações, mas apenas destacar algumas linhas interpretativas e referências importantes que foram utilizadas na elaboração deste estudo, que originalmente foi apresentado como tese de doutorado.[11]

A palavra "peregrinação" deriva do latim *peregrinatione*, o ato de peregrinar, a viagem a lugares santos. "Peregrino", do latim *peregrinus*, refere-se àquele que peregrina, ao estranho, estrangeiro. A peregrinação, portanto, etimologicamente está relacionada com o aparecimento do "outro", do estrangeiro, significando a jornada de uma pessoa a um lugar sagrado, o caminhar por terras desconhecidas (Ferreira, 1986).

Peregrino revela ainda ter sua raiz em *per agrum*, "através do campo". Segundo Cousineau (1999, p. 43), essa imagem sugere uma alma curiosa, que atravessa campos, o viajante que espera enfrentar uma jornada difícil para alcançar o centro sagrado do seu mundo, o lugar tornado santo por um santo, um herói ou um deus. De maneira geral, a idéia de peregrinação parece sustentar a promessa do contato pessoal com a força sagrada.

Assim, a palavra "peregrinação" evoca a marcha ou o caminho, ao passo que o verbo árabe *hajj*, utilizado para designar a peregrinação no islã, tem o sentido de "ir a". Na Índia, *têrtha*, a margem do rio, converteu-se em um conceito essencial para os peregrinos, da mesma maneira que o vocábulo japonês *henso*, que se emprega para falar de peregrinação, tem o sentido de caminho.

No livro considerado a maior e melhor referência sobre o Caminho de Santiago, editado pela primeira vez em 1948, encontramos a seguinte definição de peregrinação:

---

11. Tese de doutorado intitulada *Rumo a Santiago de Compostela: os Sentidos de uma Moderna Peregrinação*, defendida junto ao PPGSA/IFCS/UFRJ, em maio de 2003.

> Do ponto de vista geral, histórico-religioso, não é outra coisa que a viagem, empreendida individual ou coletivamente, para visitar um lugar santo, onde se manifesta de um modo particular a presença de um poder sobrenatural. (Vázquez de Parga; Lacarra; Uria Riu, 1993, p. 10, tradução minha.)

Num primeiro momento, portanto, podemos dizer que, de maneira geral, a semântica nos leva à definição de peregrino como um viajante que abandonou sua casa para tomar uma rota que o levará a um lugar desconhecido/estrangeiro.

Coleman e Elsner (1995), entre outros estudiosos, fazem referência à presença de peregrinações rituais em diversas culturas e sociedades. É importante destacar que elas não constituem um signo distintivo do culto cristão, menos ainda uma característica específica da religiosidade ocidental. Em quase todas as grandes religiões existem fenômenos similares, incentivados pela simbologia dos caminhos e a atração exercida por lugares sacralizados ou por templos de particular importância.

O termo "peregrinação" transcende, assim, o âmbito do catolicismo, abarcando as demais religiões mundiais, sendo que há referências à sua prática também fora do âmbito das religiões mundiais.

Portanto, é possível afirmar que esse fenômeno pode ser encontrado em quase todas as religiões, desde a pré-história até os mais elevados círculos religioso-culturais. No mundo clássico, nas religiões do distante Oriente e no mundo muçulmano, vemos florescer as peregrinações. Sua meta podem ser cidades ou templos, consagrados por recordação, a presença de uma divindade ou pelas relíquias de um santo ou herói. Muitas vezes também a peregrinação pode ter por fim lugares naturais, rios, fontes, cavernas ou grutas, em cujas proximidades se construíram, em muitos casos, santuários dedicados a alguma divindade.

As relíquias, os restos materiais de um herói ou de um deus encarnado, assumem muitas vezes nessas peregrinações grande importância, já que a crença geral lhes atribui uma virtude especial. Os gregos não se limitavam apenas a venerar os restos mortais de seus heróis nos sepulcros, mas, em momentos de grave perigo, podiam trasladá-los para outros locais, para que, com a presença imediata, sua virtude se manifestasse mais eficazmente.

Entre os cristãos, normalmente, as peregrinações têm duas origens distintas: uma, a veneração aos lugares santos, ou seja, aqueles que o Salvador santificou com sua presença; a outra, o culto dos santos e de suas relíquias.

As primeiras devoções à Terra Santa se produziram espontaneamente pela devoção em memória de Jesus Cristo, a piedosa curiosidade pelos lugares cujos nomes apareciam nos Evangelhos e nos feitos dos apóstolos e mais tarde pelos mesmos do Antigo Testamento.

A concepção cristã da *peregrinatio* passou por um longo processo, desde o conceito da vida como uma peregrinação, passando pela idéia de empreender voluntariamente o exílio, como propagou, por exemplo, o monacato antigo, até o desejo de seguir Cristo até os lugares onde havia vivido como redentor (Herbers, 1993). Junto à *peregrinatio pro Christo* e o desejo da própria cura, deve-se apontar o culto à tumba e às relíquias como outro motivo importante. Além disso, como aponta Herbers (1993), na Idade Média, as pessoas consideravam as relíquias de um santo como autênticas quando se sabia da existência de milagres.

Boglioni (1984 apud Barreiro Rivas, 1997) ressalta que nas origens de todo movimento de peregrinação devem distinguir-se dois momentos diferentes. O primeiro é aquele no qual uma pessoa experimenta de modo individual os fatos que sacralizam um lugar (seja um milagre, uma aparição ou uma invenção revelada de alguma relíquia). O segundo é aquele em que tal experiência se transforma em um movimento essencial de emoção coletiva.

As autoridades eclesiásticas do período distinguem as peregrinações voluntárias daquelas impostas em penitência ou castigo, que já eram conhecidas na Baixa Idade Média e que, na Alta Idade Média, chegaram a ser muito comuns. Há informações desse período indicando que, com muita freqüência, a peregrinação era realizada com o objetivo de expiar certas culpas ou em cumprimento de um voto feito num momento de perigo grave, ou mesmo em agradecimento pelo restabelecimento de uma enfermidade ou miséria física.

Na Baixa Idade Média, generalizou-se o costume de incluir entre as prescrições piedosas testamentárias o envio de peregrinos a diversos santuários, tendo o herdeiro a obrigação de contratar as pessoas que deveriam realizar a viagem a um preço livremente estipulado entre eles. Data dessa época que as cidades afetadas por uma peste ou calamidade pública podiam enviar peregrinos a algum santuário, representando um povo que rogava pelo término de uma praga ou peste.

Os denominados "peregrinos de encomenda ou delegação", descritos também no período medieval, viajavam no lugar de outra pessoa (viva ou morta), e não o faziam somente por dinheiro. Existem testamentos que fazem referências a essas delegações, indicando que muitas peregrinações eram realizadas "para salvar a alma do morto". Essas práticas cresceram de forma vertiginosa na Idade Média e, segundo Herbers (1993), chegaram até a formar um ramo sindical. Existem documentos históricos que fazem referências a "peregrinos de aluguel", que herdaram a tarefa, de geração a geração.

Historicamente, a peregrinação considerada a mais "autêntica" poderia ser ilustrada com os relatos de certos santos, como, por exemplo, São Francisco de Assis ou Santa Isabel de Portugal, e também de outras pessoas de origem humilde, mas, em geral, esses relatos foram perdidos. Segundo as fontes históricas, tratava-se de peregrinações que somente buscavam render culto ao Apóstolo, e não se faziam nem por promessa, nem por agradecimento, e, muito menos, para cumprir uma penitência.

Os motivos extra-religiosos tiveram um importante papel, mas não podemos esquecer que na Idade Média não se podia separar de forma clara o profano do religioso. A simples vontade de viajar, as lutas pela pátria e os motivos econômicos também podiam contribuir bastante na decisão de realizar uma peregrinação.

Por certo, os diferentes motivos até agora apontados não justificam a peregrinação a Santiago, ocorrendo também em outros centros de peregrinação. No entanto, a grande fama do santo e sua capacidade milagrosa, muito difundida antigamente, parecem ter contribuído para o seu alto poder de atração. Junto a Roma e Veneza, o local apresentava a singularidade de ser tumba de um apóstolo que se podia honrar no Ocidente. Mas, diferentemente do caso de Roma, sede do papa, não se tratava de uma meta relacionada com a hierarquia eclesiástica.

De acordo com uma história milagrosa relatada no *Livro Jacobeo*, uma família começou o percurso devido a uma terrível peste em Poitou; também há referências da viagem do arcebispo Hugo de Reims, que fez o trajeto a Compostela, em 961, para descartar uma nova excomunhão do Concílio de Pavia, e também de uma pessoa endividada da região de Picardia que fez o Caminho por medo de seus credores (Herbers, 1999).

Já no século XV, há referências de que um cavaleiro, chamado Georg von Ehingen, teria visitado a cidade de Compostela porque queria participar de uma batalha no Sul da Espanha contra os mouros, e esta não aconteceu.

Dessa forma, muitos peregrinos eram atraídos aos lugares sagrados em virtude das notícias de milagres. Por isso, não é de estranhar que no *Codex Calixtinus* existisse uma parte com a descrição dos milagres de Santiago.

O *Codex Calixtinus*, também conhecido por *Liber Sancti Jacobi*, é constituído por cinco livros escritos em 1130, cuja autoria é atribuída à Aymeric Picaud, monge nascido na localidade de Poitou, cujo quinto livro (*Libro V*) é uma espécie de guia do Caminho de Santiago. Considerado como o primeiro guia turístico da história, esse livro inclui uma pormenorizada descrição da rota *jacobea*, com uma visão muito particular – e nada favorável, certamente – dos povos ibéricos que atravessavam o Caminho, refletida em uma grande quantidade de detalhes anedóticos, descrições de povos, avisos de perigos, um sem-fim de conselhos e recomendações para os peregrinos. O autor divide o itinerário, através do Caminho francês, em 13 etapas perfeitamente delimitadas, cada uma das quais se fazia em vários dias, segundo o ânimo de cada peregrino ou grupo de peregrinos, a uma média de uns 35 km diários a pé, ou quase o dobro se fosse a cavalo.

São ainda assinaladas as distâncias entre os povoados, as vilas e cidades, os santuários e os monumentos do trajeto, e inclui observações sobre gastronomia, potabilidade das águas, caráter e costumes dos povos, assim como um interessantíssimo pequeno vocabulário basco, de grande importância por ser o primeiro testemunho escrito da língua *euskadi* (basca).

Sem dúvida, foi o *Libro V* o que mais promoveu o *Liber Sancti Jacobi*,[12] pelas mais de 250 cópias que transmitiram pela Europa (sem a companhia dos outros quatro livros do códice) a história de Carlos Magno e do Caminho de Santiago.

Já o *Libro IV*, também bastante conhecido, é o chamado *Pseudo-Turpin* ou *Historia Karoli Magni et Rotholandi*, narração épica e fantástica da história da libertação de Hispania, do Caminho de Santiago e do sepulcro apostólico pelo imperador Carlos Magno. Trata-se da consagração da épica inspirada do mundo *jacobeo*, com Carlos Magno como personagem central. Recolhe as lendas carolíngias e as tradições orais e textos escritos sobre os heróis de gesta que circulavam entre os peregrinos francos e por aqueles que viviam nos bairros de francos das cidades do caminho francês. A nota final de todo esse movimento de glorificação de Carlos Magno, em meados do século XII, passa pelo intento de santificar o imperador.

O texto é uma crônica baseada na tradição dos cantares de gesta ocidentais, mas deve ser entendido como uma versão culta e clerical do mais característico e essencial da *Chanson de Roland*. Ao que tudo indica, o objetivo final seria a exaltação da Igreja de Santiago sobre as demais sés episcopais hispânicas, amparando-se no prestígio que tem a figura do imperador franco como cavaleiro cristão, no momento da compilação do livro.

Devido ao seu conteúdo, tudo indica que o objetivo do *Liber Sancti Jacbi* era a promoção do culto de Santiago, oferecendo todo tipo de informação sobre os mais diversos aspectos da peregrinação. Trata-se, portanto, de uma espécie de "bíblia" ou "enciclopédia" da peregrinação ocidental, um monumento bibliográfico ao culto de Santiago e aos esplendores litúrgicos e musicais que se desenvolviam na Catedral de Compostela na Idade Média. Pode-se concluir afirmando que, em todo o século XII europeu, nenhum outro santo – nem São Pedro em Roma – recebeu tanta honra no Ocidente como Santiago.

No ano de 1139 ou 1130, Aymeric Picaud leva a Santiago de Compostela o códice escrito por ele, o qual foi oferecido pelos monges de Cluny ao papa Calixto II, falecido em 1124, e, por isso, acabou sendo conhecido como *Codex Calixtinus*.

12. O *Libro I*, o mais extenso de todos, tem caráter litúrgico e recolhe os sermões, homilias, missas, rezas de horas canônicas, antífonas, bendições, cantos, danças, procissões e relatos da paixão de Santiago que iam se sucedendo na Catedral de Santiago de Compostela. Esse livro de devoção e culto a Santiago tem como núcleo e guia o sermão *Veneranda Dies*, texto ligado ao culto compostelano tradicional e que oferece uma visão muito viva da peregrinação a Santiago no século XII e uma interpretação peculiar e intensa do fato *jacobeo* e das suas conseqüências religiosas. O *Libro II*, possivelmente o mais antigo do códice, dedica-se a recolher os 22 milagres do Apóstolo – com especial ênfase àqueles que aconteciam no Caminho. O *Libro III* é o mais breve, e o seu conteúdo é bastante significativo no que se refere à promoção feita a partir da sé apostólica. Explica as raízes do descobrimento do sepulcro de Santiago e, portanto, a presença do Apóstolo nos confins do Ocidente, narrando o episódio da traslação do corpo degolado de Santiago desde o porto de Jaffa, na Palestina, até o porto galego de Padrón, em Iria Flavia.

Ainda hoje é considerado como o melhor testemunho para o estudo daquele período histórico, e seu original encontra-se conservado na biblioteca da Catedral de Santiago de Compostela.

Algumas fontes históricas da peregrinação *jacobea*, ao tratarem das motivações para se empreender a jornada durante a Idade Média, mencionam a importância das indulgências, que desde o século XIV aparecem como motivações individuais.[13] O desenvolvimento das indulgências complementa, assim, as duas outras motivações principais da Idade Média: autocura e concessão de ajuda milagrosa.

A boa infra-estrutura das rotas até Compostela (albergues, asilos, pontes, caminhos) e o costume de ajudar os necessitados ao longo da viagem parecem ter sido também fortes atrativos, particularmente aos menos abastados.

Outro fator que pode ter influenciado as motivações para se peregrinar a Santiago de Compostela é que ao chegar lá se alcançava o ponto mais ocidental do até então mundo conhecido. Por isso, peregrinos da Baixa Idade Média visitavam também a *finis terrae*, o final da Terra, a poucos quilômetros de Santiago.

A essas motivações, de caráter votivo, podemos incluir o fato de os peregrinos se ampararem no pretexto de fazer a peregrinação para, em definitivo, realizar uma viagem análoga ao que atualmente denominamos "turismo". Na realidade, o viajante *jacobeo*, em muitos casos e ao longo de toda a história, contava, em maior ou menor medida, com os próprios atrativos que a rota supunha: conhecer gente, costumes e países diferentes, ver santuários e apreciar monumentos históricos. Isso viria acompanhado de outras inquietudes do tipo mais próximo do mercantilismo, e não é difícil verificar como, ao longo da história, foi freqüente encontrar pessoas que se aproveitaram do Caminho para fazer negócios. Em determinadas ocasiões, essa prática converteu-se até mesmo numa forma de vida e supunha simplesmente um complemento para o peregrino, que vendia produtos originais da sua zona ou região, não para enriquecer, mas como um meio de subsistência.

Além disso, ao lado de todos esses tipos, aparecem outros três modos de peregrinação claramente distintos das motivações religiosas, como, por exemplo, os que eram forçados a peregrinar a Compostela por uma condenação que a justiça do seu país de origem lhes impusera.[14] Também os que se aproveitavam do anonimato do Caminho para praticamente viver longos períodos afastados da justiça ou, simplesmente, do controle social das suas localidades de origem, de

13. Assim se pode ver, por exemplo, no *Guia de Peregrinos* que Hermann Kunig escreveu em 1495, onde relata um caso de peregrinação em que se pode ganhar a "graça católica e indulgências".

14. Até o século XV as condenações que implicavam a realização de peregrinações foram sempre obra dos tribunais eclesiásticos ou penitências em confissão. A partir dessa data, os tribunais civis também começaram a recorrer a esse tipo de pena, especialmente, ainda que não exclusivamente, nos Países Baixos (Vázquez de Parga; Lacarra; Uria Riu, 1993, p. 55-167).

onde queriam fugir por diferentes motivos. Finalmente, toda uma série de ladrões e bandoleiros fizeram do Caminho o seu meio e modo de vida, dos quais já fazia referência o *Liber Sancti Jacobi* (século XII).

Ao que tudo indica, no decorrer dos séculos, a força de atração da peregrinação a Santiago girou em torno das mais variadas razões, em que pese o predomínio do religioso, levando um número significativo de pessoas a realizá-la. Isso também segue nos dias de hoje, mas assume características singulares, relacionadas sobretudo a um grande conjunto de fatores: o desenvolvimento das sociedades, a modernidade, a globalização econômica e o amplo sistema de comunicação. Além, é claro, de um outro aspecto, aparentemente de menor importância, mas que tem fortes repercussões na vida dos indivíduos: a utilização do tempo e do ócio, como preferem alguns autores.

As peregrinações, como já assinalei, também podem ser compreendidas como prática do turismo (como veremos mais adiante). Em princípio, nada nos impede de considerá-las como viagens turísticas, ainda que sejam deslocamentos peculiares, dignos de um tratamento específico. No entanto, as motivações e os sentidos atribuídos a essas experiências não permitem definir as peculiaridades de tal deslocamento, em cada situação particular, uma vez que normalmente não existe apenas um único motivo e sentido, nem são eles excludentes. Essa questão nos remete a um problema conceitual, de explicitar outro tipo de distinção. Trata-se de esclarecer o que se entende por "peregrino".

Ser peregrino – um tipo religioso ou uma questão de *ethos* e visão de mundo?

Quando se fala das peregrinações a Santiago, coloca-se no centro do cenário um ator social que, sem dúvida, tem papel fundamental – o peregrino. A ele se deve a fixação da cosmologia compostelana, bem como a permanência e atualização na memória coletiva e sua difusão em vários contextos sociais e econômicos.

Na Antigüidade clássica o termo "peregrino" era aplicado a todos os estrangeiros que chegavam a um determinado lugar, independentemente dos objetivos da sua viagem. Mais tarde, o termo aparece vinculado às viagens para algum lugar sagrado.

No contexto atual da peregrinação a Santiago, ainda que limitando o termo à viagem para a cidade, como lugar santo, cabe diferenciar, inicialmente, ao menos cinco possibilidades de referência:

a) o peregrino em seu sentido estrito, ou seja, aquela pessoa que percorre ao menos 100 km a pé ou 200 km de bicicleta ou a cavalo de algum trecho do Caminho de Santiago, e que tem uma motivação religiosa que explique esse deslocamento, conforme definido pela Igreja católica;

b) aqueles que fazem exatamente o mesmo, mas que não têm motivação puramente religiosa;
c) aqueles que vão por devoção à tumba do Apóstolo, com a intenção de ganhar o jubileu,[15] quando é o caso do Ano Santo, mas que não percorrem o Caminho através dos meios de locomoção que se consideram de forma legítima, e sim em carros ou outro tipo de transporte público;
d) aquelas pessoas que percorrem o Caminho sem o fazer através dos meios tradicionais, e sim de carro ou de ônibus, mas que seguem o mesmo percurso detendo-se, no entanto, nos lugares de maior interesse;
e) poderíamos mencionar, também, um amplo e numeroso grupo de visitantes que nem vão à Compostela por motivações religiosas nem chegam depois de percorrer algum trecho do Caminho. Sendo que alguns podem manifestar que o aspecto que lhes influenciou na hora de escolher esse destino e não outro foi o do seu atrativo espiritual e a simbologia e cosmologia que o rodeia.[16]

A princípio, podemos dizer que a motivação para fazer o Caminho, do ponto de vista estritamente formal, é o de dirigir-se à tumba do Apóstolo. Por si só isso já diferenciaria o simples viajante do peregrino no seu sentido mais restrito, ainda que ambos tenham o mesmo destino e façam o mesmo trajeto. No entanto, este último se distingue em virtude de sua viagem assumir um sentido "religioso" ou "espiritual", de penitência ou de graça, aproximando-se assim das raízes apostólicas da fé ou da busca da mesma. Nesse contexto seria possível distinguir diferentes atitudes e intenções particulares em cada caso.

---

15. Segundo o folheto distribuído e elaborado pela Oficina de Acogida al Peregrino que obtive quando cheguei a Santiago, para ganhar a graça do jubileu (durante os Anos Santos) é necessário: visitar a tumba do apóstolo Santiago e rezar; receber o sacramento da confissão na Catedral ou em qualquer outro lugar dentro do prazo de 15 dias antes ou depois; e receber a comunhão. Essa indulgência é aplicável aos defuntos. Nem a graça do jubileu nem a peregrinação estão vinculadas à Compostela (certificado). Pode-se ganhar o jubileu viajando por qualquer meio e é possível receber a Compostela sem ganhar o jubileu.

16. Embora eu não utilize neste estudo a taxonomia do turismo compostelano elaborada por Garcia Docampo (1999), vale a pena apresentá-la como exemplo de uma tentativa de aproximação do fenômeno. A cada tipo de peregrino corresponderia uma motivação. Assim teríamos: a) peregrino-*jacobeo* no sentido estrito – cumpre com todos os requisitos formais para obter a Compostela; b) peregrino esportivo-cultural – percorre o Caminho pelos meios tradicionais, mas sem motivações religiosas; c) turista do Caminho – segue aproximadamente o traçado do Caminho de carro ou ônibus, detendo-se nos lugares de interesse do mesmo; d) em peregrinação à Catedral – não segue o caminho mas vai até a Catedral com o objetivo principal de visitar a tumba do Apóstolo e cumprir com outros rituais religiosos; e) turismo religioso fraco; não segue o Caminho, nem tem motivações espirituais tão explícitas, mas quer conhecer Santiago por ser um centro espiritual, cidade santa e destino de peregrinos.

Contudo, quando nos aprofundamos no aspecto motivacional, percebemos que as razões que levam uma pessoa a “fazer o Caminho” são variadas e nem sempre se vinculam a uma espontânea vontade piedosa, como parece querer a Igreja católica.

Neste estudo, utilizei como ponto de partida a definição de peregrino como aquele indivíduo que declara ter percorrido o Caminho, independentemente dos motivos apontados, levando-se também em conta a autodeclaração. Isso por si só já diferencia o simples viajante do peregrino no seu sentido mais restrito, ainda que ambos tenham o mesmo destino e façam o mesmo trajeto. No entanto, este último se distingue em virtude de sua viagem assumir um sentido diferente da do turista de maneira geral, mesmo que nesse contexto seja ainda possível distinguir diferentes atitudes e intenções particulares em cada caso.

Como indicamos ao longo deste estudo, “ser peregrino” significa muito mais que a elaboração de um tipo ideal, pois essa noção nos remete à sua capacidade de dar densidade simbólica a uma experiência que se acredita “transformadora”, capaz de “tornar mais significativa” a vida de seus participantes que, investidos de um novo *ethos* e visão de mundo, passam a atuar de maneira “mais livre”, “mais conscientes de seus atos e ações”, mais compromissados com um “novo estilo de vida”, em que as emoções são os substratos de novos arranjos em termos de novas formas de relações sociais e de construção de subjetividades.

Colocado como o principal ator social dessa poderosa *performance* que é a peregrinação, entende-se hoje o peregrino como portador da “missão” de difundir os principais valores associados ao “mundo *jacobeo*”. A peregrinação a Santiago se converteu assim em uma tradição viva, em uma força ativa cheia de valores religiosos e culturais, com um corolário de significados sociais; vivenciada por grandes contingentes de pessoas provenientes dos mais diversos países, muitas vezes não pertencentes à denominada cristandade.

Convém lembrar que, desde os primórdios, a peregrinação a Santiago tem sido caracterizada por seus estudiosos por uma dupla ação. A primeira se expressa essencialmente na formação interior do peregrino e se manifesta sobretudo durante a peregrinação. Nesse tempo e nesse espaço se constrói a verdadeira “identidade” do peregrino, ou, dito de outra forma, se constrói o “autêntico” peregrino. Este, efetivamente, vai se construindo desde o momento em que “recebe o chamado” e deixa a sua casa, o seu cotidiano, para entrar em um tempo e espaço sagrados, ou seja, o da peregrinação, que, como veremos mais adiante, é um ritual de múltiplos significados.

Pela ótica predominante entre os diferentes atores sociais responsáveis pela peregrinação (clero, governo, associações e hospitaleiros), o peregrino se converte em importantíssimo difusor de valores e conhecimentos em seu próprio ambiente (para alguns isso estaria associado à idéia de missão). Freqüentemente essa ação será institucionalizada em uma das numerosas confrarias ou associações de amigos de Santiago, que contribuem para difundir e solidificar os valores e significados da peregrinação, que se fundam em muitas localidades em todo o mundo.

Diferentemente de outras épocas, o peregrino que em nossos dias se põe a caminho até Santiago sabe previamente de muitas coisas, ou melhor, tem ao seu alcance um conjunto complexo de informações geográficas, históricas, econômicas e culturais. Pode ver a praça de Obradoiro e o interior da Catedral, em imagens ao vivo via Internet. Além disso, ele pode também fazer o Caminho virtual, escolhendo a rota de sua preferência e os locais (cidades, vilas etc.) por onde realizará o percurso e selecionar os monumentos, igrejas, monastérios que quer conhecer. O que, sem dúvida, oferece novas complexidades ao fenômeno.

Embora eu não defenda uma perspectiva essencialista da peregrinação, achei importante fazer menção às suas características mais gerais e às do seu protagonista principal – ou seja, o peregrino. No entanto, a minha intenção foi a de destacar não tanto o que define o peregrino, mas sim o valor e o significado da peregrinação na vida daqueles que a realizam. Como veremos, as motivações pessoais são complexas e, muito freqüentemente, elas aparecem justapostas, se sobrepõem e se integram.

Na maioria dos textos que se referem às motivações dos antigos peregrinos, vemos destacadas as seguintes motivações: penitência (*penitenciae causa*), por pena canônica ou judicial, por obrigação testamentária e às vezes por encargos de outros e, principalmente, por *devotionis causa*. Muitas vezes essa devoção ao santo (patrono ou protetor) fazia com que o peregrino fosse até Santiago, por isso a importância de "ir à casa" do seu patrono, lugar onde se considera mais forte a sua presença física, lugar onde está enterrado seu corpo e onde, como disse um espanhol entrevistado, "mais que em qualquer outro lugar do mundo se manifesta a sua potência e energia".

O certo é que a razão que se poderia considerar a "mais autêntica" ou "tradicional" seria a devoção ao Apóstolo, mas essa não parece ser a única que influi hoje, e pode ser que nem o fosse no passado.

De todas as pessoas que contatei para a realização deste estudo, nenhuma declarou como motivo a devoção ao santo, muito embora algumas fizessem referência "às graças recebidas do santo", ou "a como o santo tinha atendido ao seu pedido numa situação mais específica". No entanto, é possível distinguir diferentes níveis em que se vive essa experiência e relacionar as motivações proferidas a determinadas condições sociais de existência, a "fases da vida", bem como ressaltar a intensidade com que se vive e se concebem essas motivações.

Como veremos mais adiante, as pessoas que fizeram a peregrinação valorizam muito a comunicação com os outros peregrinos e com as pessoas que foram encontrando ao longo do Caminho. Atribuem importância sobretudo ao diálogo, à comunicação, às trocas simbólicas e materiais que ocorrem nos 30 dias de vivência intensa.

Como estudar as peregrinações

O modelo analítico utilizado por V. Turner e E. Turner (1978) na análise das peregrinações na Europa e no México, na década de 1970, tornou-se, como destaca Steil (2003), uma espécie de paradigma nos estudos antropológicos sobre o assunto. Sem dúvida, a proposta apresentada pelos autores na análise das peregrinações no contexto das sociedades contemporâneas imprimiu a esses eventos um novo alcance, permitindo que se aprofundasse a compreensão da própria dinâmica da vida social.

Em parte, este aporte teórico segue o modelo clássico construído por Victor Turner, particularmente o apresentado em *O Processo Ritual* (1974), ao enfatizar a estrutura que informa todo o processo ritual, levando à formulação da idéia de *communitas*, enquanto um espaço simbólico onde as regras sociais, as hierarquias e os constrangimentos morais são suspensos. O que torna, desse ponto de vista, a peregrinação, na sua forma tradicional, uma crítica à sociabilidade do cotidiano e à vida moderna, que se organiza a partir da divisão social do trabalho e da produção de múltiplos *status* sociais. Para Turner (1974), a peregrinação, longe de refletir ou reforçar a estrutura secular, é, antes, um fenômeno liminar que indica a possibilidade de suspensão, parcial ou completa, da estrutura. Adquire com isso um caráter antiestrutural que tende sempre para a *communitas*, principal motivação dos peregrinos, que se despem de sua *persona* social, vivida na estrutura, para restaurar sua individualidade essencial na experiência da *communitas*. É justamente essa busca da *communitas*, presente em todas as sociedades humanas e em todas as religiões, que tornaria, segundo Turner e Turner (1978), a dialética estrutura/antiestrutura um universal cultural, um denominador comum a todas as sociedades que se enquadrem dentro desse modelo.

O esquema interpretativo que os autores formularam tem, por sua vez, como fonte inspiradora a caracterização dos rituais de passagem elaborada por Van Gennep (1978), particularmente quando identificam nas modernas peregrinações as mesmas etapas que o autor de *Ritos de Passagem* propôs para o estudo das sociedades primitivas, reafirmando o esquema básico constitutivo desses rituais: separação, transição e liminaridade e agregação. Destacam também algumas características gerais do fenômeno ao afirmarem que "todos os locais de peregrinação têm em comum o fato de serem lugares onde se acredita que ocorreram milagres, que acontecem milagres ou que ainda podem acontecer novamente"

(Turner; Turner, 1978, p. 6). E também que, em sua maioria, as peregrinações são as maiores experiências liminares da vida religiosa. Dessa forma também sustentam, como Van Gennep (1978, p. 7), que "se o misticismo é uma peregrinação interior, a peregrinação é a exteriorização do misticismo".

De maneira geral, segundo essa perspectiva, os agentes sociais da peregrinação, ou seja, os peregrinos, ao romperem com suas vidas cotidianas, entram em um estado de liminaridade enquanto se deslocam/viajam para o lugar sagrado. Essa experiência é sempre descrita como uma experiência transformadora e, assim, ao serem novamente reintegrados em suas vidas cotidianas, muitas vezes o fazem sob nova condição.

Os estudos de Turner (1974), Turner e Turner (1978) e Van Gennep (1978) influenciaram muito os estudos sobre romarias e peregrinações, particularmente os realizados nas décadas de 1970 e 1980, no Brasil.

Contudo, uma nova agenda para os estudos das peregrinações[17] foi apresentada na coletânea de textos organizada por Eade e Sallnow (1991), intitulada *Contesting the Sacred*, em que uma das idéias centrais é que as peregrinações, particularmente nas sociedades complexas, se apresentam como arenas onde competem simultaneamente diferentes discursos e sentidos.

> A ritual space capable of accommodating diverse meanings and practices – though of course the shrine staff might attempt, with varying degrees of success, to impose a single, official discourse. This, in the final analysis, is what confers upon a major shrine its essential, universalistic character: its capacity to absorb and reflect a multiplicity of religious discourses, to be able to offer a variety of clients what each of them desires. (Eade; Sallnow, 1991, p. 15.)

Dentro dessa perspectiva a noção de universalismo adquire uma nova conotação, bastante distante das apresentadas por Turner e Turner (1978) e Van Gennep (1978), uma vez que, para Eade e Sallnow (1991, p. 15):

> Universalism is ultimately constituted not by a unification of discourse but rather by the capacity of a cult to entertain and respond to a plurality. The sacred centre, then, in this perspective, appears as a vessel into which pilgrims devoutly pour their hopes, prayers, and aspirations.

Nesse sentido, toda peregrinação cria e recria um campo bastante variado de transações, num sistema abrangente de trocas dos mais diversos tipos.

Essa nova abordagem, ao priorizar mais a dinâmica e multiplicidade do evento, revela e destaca todo o poder criativo do ritual, que é entendido em sua contínua tensão com as ações cotidianas dos grupos sociais envolvidos em sua

17. Esse viés interpretativo utilizado por Steil (1996), no seu estudo sobre as romarias de Bom Jesus da Lapa (BA), foi sem dúvida a fonte inspiradora das considerações que faço aqui.

realização. Dessa maneira, o ritual da peregrinação é sempre um importante veículo da história se fazendo, como ressalta Steil (2003). Nos próprios termos de Eade e Sallnow (1991, p. 26-27),

> the conflict and articulation between multiple discourses, the manifold differences in perceptions of a shrine and its powers both within and between denominations, and between pilgrims and staff, the significance of the suffering body in the context of healing shrines, the nature of the exchanges between human beings and the divine that give pilgrimage its central rationale.

Em suma, o que estes autores procuram destacar e indicar é a multiplicidade do fenômeno, seus distintos significados, as distintas e até mesmo contraditórias motivações, a competição entre os discursos das pessoas envolvidas em sua produção. É justamente essa dinâmica e esse processo que destaco no quarto capítulo deste livro, onde apresento a etnografia de uma peregrinação a Santiago.

Ritual e *performance*

Tema clássico da antropologia, o estudo de rituais sempre assumiu um significado teórico particular. Em geral, utiliza-se o termo "ritual" para nomear um tipo de fenômeno considerado não rotineiro e peculiar, de cunho predominantemente religioso. Esta é uma das perspectivas adotadas neste estudo.

Embora o ritual seja um conceito importante, vários antropólogos salientam que não existe acordo sobre seu significado. Por isso, procuro inicialmente situar a análise de rituais dentro do quadro de referência antropológico, explicitando os autores com quem dialogo na construção e análise de meu objeto de pesquisa e o seu vínculo com o exame de um evento particular, no caso, a peregrinação a Santiago de Compostela.

Considero importante dimensionar inicialmente alguns aspectos, particularmente aqueles expostos por Durkheim, Lévi-Strauss, Turner, Leach e Van Gennep, e, mais recentemente, por Tambiah, minhas fontes inspiradoras, tendo em vista que a discussão acerca dos rituais está longe de ser esgotada.

Ao rever parte da literatura antropológica sobre o assunto, gostaria inicialmente de destacar a posição de Durkheim (1989), pelo alcance de sua proposta na análise dos ritos religiosos e das crenças que adquirem progressivamente um caráter significativo na explicação do funcionamento das sociedades e na compreensão da coesão necessária entre os indivíduos, fundamento da solidariedade social. Ao indicar, pela via do sistema religioso mais simples, os elementos constitutivos da religião, isto é, representações do mundo (pensamento) e atitudes rituais (práticas), Durkheim procura chamar a atenção para a origem de todas as instituições sociais e de todas as categorias do pensamento humano a partir do fenômeno religioso.

Nesse sentido, o engendramento, pela religião, de tudo o que existe de essencial na sociedade não é um fato surpreendente do ponto de vista deste autor, uma vez que sustenta a idéia de que a sociedade é o próprio fundamento da religião. Essa renomada tese de Durkheim tornou-se objeto de inúmeras discussões e críticas, permanentes e apaixonadas.

A importância crucial da prática ritual para o estabelecimento e renovação da identidade coletiva leva Durkheim (1989) a propor uma identidade formal entre as assembléias religiosas e as formas modernas de reuniões institucionais, pois, desde a sua perspectiva, "não pode haver sociedade que não sinta a necessidade de manter e conservar, em intervalos regulares, os sentimentos coletivos e as idéias coletivas que fazem sua unidade e sua personalidade".

Seguindo as colocações durkheimianas, tornou-se lugar-comum, entre os que se interessam pelos estudos do fenômeno religioso, os usos dos termos "sagrado" e "profano" para designar a estrutura básica da religião. Da mesma forma, aqueles que priorizam a estabilidade e a integração cultural, na compreensão das sociedades e da função desempenhada pelos rituais, utilizam com freqüência o viés funcionalista apresentado por este autor. Em que pese a posição de seus críticos, que costumam apenas destacar a sua conhecida equação – *Deus sive societa* –, ou seja, a idéia da adoração da sociedade por si mesma por meio da religião, acredito que a essência dos estudos durkheimianos sobre a vida religiosa está muito mais centralizada na idéia de que os conceitos humanos só podem existir num contexto social e de que as categorias fundamentais do pensamento humano (espaço e tempo etc.), das quais dependem todos os nossos conceitos, necessitam de ritos para sobreviver. Além disso, completaria Durkheim, a vida social não é possível senão graças a um vasto simbolismo. E foi principalmente este ensinamento de Durkheim que subsidiou meu olhar neste estudo.

No âmbito dessa discussão não posso deixar também de lembrar a posição de Lévi-Strauss (1970, p. 262), que, embora defenda a relação dialética entre mito e ritual, estabelece na análise uma dicotomia mito *versus* rito, propondo, aliás, um estudo separado desses dois fenômenos, colocando os mitos como a via privilegiada de acesso à mente humana.[18] Aos ritos era relegada a execução dos gestos e a manipulação dos objetos; já a interpretação do ritual passava a fazer parte da mitologia.

Lévi-Strauss faz ainda a distinção entre a mitologia explícita, que se manifesta nos relatos dos mitos, e a mitologia implícita, ligada ao ritual, como sua exegese, comparando dessa maneira o rito com a vida e o mito com o pensamento.

---

18. Peirano (2001, p. 17-40) desenvolveu um texto muito interessante a partir de uma revisita que fez à análise antropológica dos rituais, em que debate essa posição de Lévi-Strauss.

Dessa forma, como nos lembra Peirano (2001, p. 21), para Lévi-Strauss mitos e ritos marcariam uma antinomia inerente à condição humana entre duas sujeições inelutáveis: a do viver e a do pensar. Ritos fazem parte da primeira e mitos da segunda.

Definidos assim, os mitos ficavam associados às representações e os ritos às relações sociais empíricas, muito próximas à proposta defendida por Van Gennep (1978). Por isso, a eficácia das idéias e crenças precisava ser incluída na análise explicativa da sociedade entendida como um sistema de forças atuantes.

O papel fundamental da noção de eficácia foi também reconhecido por Mauss (1974, p. 48), quando ele propôs na teoria da magia que um poder específico vincula as representações, os ritos e o mágico; em suas palavras: "os atos rituais são, por excelência, capazes de produzir algo além das convenções: são eminentemente eficazes, são criadores: fazem".

Uma outra importante vertente interpretativa é apresentada por Van Gennep (1978), que apresenta uma interessante reflexão sobre o universo das relações sociais formalizadas entre os homens. A idéia central é que, sem os ritos, as sociedades humanas não existiriam como algo consciente, uma dimensão a ser vivenciada e não simplesmente vivida. Para este autor, os rituais são como etapas de um ciclo que se deseja marcar e revelar. O rito sugere e insinua a esperança de todos os homens na sua inesgotável vontade de passar e ficar, de esconder e mostrar, de controlar e libertar, nesta constante transformação do mundo e de si mesmo que está inscrita no verbo viver em sociedade.

No esquema definido pelo autor, os ritos de passagem admitem em teoria três etapas ou momentos: os ritos preliminares (separação), os liminares (margem) e os pós-liminares (agregação). Dessa maneira, a série típica dos ritos de passagem fornece a estrutura e foi sistematizada também na peregrinação e na *devotio*. Para as peregrinações católicas sabe-se que existe um certo número de regras que fazem o peregrino, antes da partida, sair do mundo profano e agregar-se ao mundo sagrado, o que exterioriza pelo uso de sinais especiais e em seu comportamento.

Leach (1972), por seu turno, considera como ritual dois tipos de comportamentos: o comunicativo (que faz parte de um sistema que serve para transmitir informações através de um código cultural) e o mágico-religioso (que é eficaz em termos de convenções rituais). Para este autor, mito e rito implicam um o outro e constituem uma só coisa. O mito seria um enunciado verbal que conta a mesma coisa do rito, um enunciado em ação. Ritual é, portanto, segundo este autor, um arranjo de símbolos, uma representação da estrutura social e uma teatralização do mito. Acrescenta, ainda, que o ritual deve ser entendido como um aspecto do comportamento cotidiano, não se limitando apenas aos contextos sagrados ou religiosos. Portanto, nessa perspectiva, o ritual é entendido fundamentalmente como uma linguagem. No entanto, a aproximação excessiva que estabelece entre ritual e mito faz com que ele perca sua especificidade.

A análise dos ritos recebeu uma reflexão valiosa também de Turner (1974), que afirma que se quisermos penetrar na estrutura das idéias contidas em um ritual temos que iniciar compreendendo os seus símbolos, que ele denomina "moléculas" do ritual. Além disso, o autor ressalta que "os símbolos possuem as propriedades de condensação, unificação de referentes díspares, e polarização de significado. Um único símbolo, de fato, representa muitas coisas ao mesmo tempo, é multívoco e não unívoco". (Turner, 1974, p. 70-71.)

O referido autor chama ainda a atenção para o fato de que os rituais devem ser definidos como um *locus* privilegiado para se observarem os princípios e as dimensões processuais e conflitivas da estrutura social. Ao estabelecer as diferenças entre essas duas concepções centrais em seus estudos, Turner ressalta que enquanto os dramas sociais são eventos aleatórios, os rituais são um tipo de dramas sociais fixos e rotinizados, e seus símbolos mais propícios a uma análise antropológica mais refinada.

Segundo essa perspectiva, o ritual deve ser entendido como "*prescribed formal behavior for occasions not given over to technological routine, having reference to beliefs in mystical beings or powers*" (Turner; Turner, 1978, p. 19), percebido, portanto, muito mais como um mecanismo "bom para agir" do que o que era sugerido por Lévi-Strauss, em termos de "bom para se pensar", principalmente, devido à polissemia de seus símbolos. Dessa maneira, tais símbolos se diferenciavam dos signos pela multiplicidade de seus significados e pela natureza de sua significação.

Turner (1974) sublinha ainda o caráter repetitivo do ritual, destinado a penetrar o espírito do participante. Seja estudando rituais, processos rituais ou dramas sociais, considera que um ritual é sobretudo uma representação dramática que leva o indivíduo a cooperar com seus semelhantes em várias formas de relações sociais, levando o grupo como um todo a superar divisões e a reafirmar sua unidade.

Numa outra linha interpretativa, que do meu ponto de vista é muito mais interessante, temos o instrumental teórico-metodológico desenvolvido por Tambiah (1985, p. 84), para quem o ritual é uma atividade simbólica que envolve concepções, um ato expressivo cujos significados se tornam gestos, num ensaio disciplinado de atitudes corretas.

Influenciado por Leach, Tambiah (1985) sustenta também que culturas e sistemas sociais não são bons apenas para pensar, mas também para viver, e propõe uma reconciliação entre as propriedades estruturais dos sistemas simbólicos e a eficácia dos símbolos, particularmente em unir indivíduos e grupos a regras morais de conduta.

O mais interessante na perspectiva de Tambiah é que seu ponto de partida é justamente a não-pertinência de definir ritual em termos absolutos. É uma abordagem que rompe com uma definição restrita em substituição a uma perspectiva que, sem abandonar o reconhecimento de características formais, valoriza a demarcação feita pelas próprias sociedades. Seu estudo sobre rituais nos mostra como diferentes sociedades estruturam certos eventos, que consideram importantes, de forma similar, e são esses eventos que podemos reconhecer como "rituais". Dessa forma, embora possam variar, tanto no seio de uma sociedade quanto entre sociedades, no que se refere ao grau de formalidade, ao uso de meios, à atribuição de significados e ao nível de dependência para com diferentes contextos em que têm lugar, eles apresentam algumas características em comum.

Portanto, embora não seja possível demarcar claramente um "domínio" do ritual, ainda assim é possível identificar nesses eventos instâncias paradigmáticas que estão sempre presentes, independentemente de seu caráter.

Dessa maneira o autor indica que os eventos normalmente chamados de rituais pelos antropólogos têm basicamente três traços em comum: são momentos distintos dos acontecimentos cotidianos, implicam um sentido de realização coletiva com propósito definido (ou seja, uma *performance* coletiva para atingir determinado fim) e uma ordenação que os estrutura. O ritual entendido dessa forma faz parte de uma cosmologia (Tambiah, 1985).

Além desses, existem outros traços distintivos: a limitação do tempo, a limitação do espaço, a repetição e a alternância, a disputa por um resultado e seu caráter de representação. Podendo-se perceber ainda a introdução de uma nova dimensão, a de que o caráter performativo do ritual está implícito na relação entre forma e conteúdo que, por sua vez, está contida na cosmologia. Dessa forma, ao tomar os rituais como eventos em acepção ampla, o autor inclui aí atos, interações e práticas – eventos que aliam semântica e pragmática. O conjunto de elementos que os constituem os torna capazes de desencadear efeitos pragmáticos através do poder simbólico de que são portadores, por força de convenções sociais. A eficácia da ação ritual fundamenta-se então no fato de acionar crenças culturais essenciais, crenças que constituem uma cosmologia, isto é, concepções fundamentais para um determinado universo social.

Sob esse enfoque, o ritual é um sistema de comunicação simbólico, socialmente construído, e seu conteúdo cultural está fundado em determinados *constructos* cosmológicos ou ideológicos. Nesse sentido, a descrição cultural e a análise formal do ritual se integram em uma mesma interpretação, e a combinação entre forma e conteúdo é essencial para sua eficácia e caráter performativo.

Dessa forma, é conveniente situar, antes de tudo, o que entendo por símbolos e sentidos atribuídos à religião.

Símbolos, significados e a religião como um sistema simbólico

Uma das principais contribuições de Geertz (1978) para a análise da religião é a proposição de uma perspectiva que a entende como um sistema cultural e as coisas sagradas como símbolos. Isso nos remete diretamente à teoria geral da cultura elaborada pelo autor, que sugere que a religião tanto serve como base de formulação quanto como campo de aplicação.

A noção de cultura, central no pensamento de Geertz, é entendida como um sistema de símbolos, os quais articulam e veiculam uma rede de significados, passíveis de serem decodificados. Em certa medida, se a cultura compõe-se de símbolos que permitem interpretar a realidade, existiriam dois tipos de interpretação, tanto a perspectiva do nativo quando a do observador, já que ambos fazem interpretações da cultura. Nesse sentido, os textos antropológicos são, eles próprios, interpretações de segunda ou terceira ordens, uma vez que só o nativo faz a de primeira ordem – é a cultura dele.

No plano mais específico de seus estudos sobre religião, Geertz privilegia a dimensão cultural ao mesmo tempo que procura articular em termos empíricos uma série de categorias e conceitos que em outros autores adquirem estatuto próprio, como, por exemplo, rituais, mitos, magia etc., os quais, de seu ponto de vista, compõem as expressões concretas às quais se aplica uma análise do sistema de significados incorporado nos símbolos que formam a religião.

Um segundo aspecto muito importante diz respeito à valorização que faz da experiência "religiosa", tomada tanto subjetivamente como objetivamente. É justamente por isso que o autor privilegia a apresentação de trajetórias individuais e a construção de caracterizações psicológicas, sem desprezar a perspectiva histórica, constante em seus estudos.

O terceiro aspecto a ser destacado é que, para este autor, a religião articula duas dimensões encontráveis em todo e qualquer grupo, de acordo com as particularidades pelas quais cada uma das culturas se estabelece. Mais quais seriam essas dimensões? De um lado, uma visão de mundo que remete para a metafísica, a cosmologia e a ontologia ou, em outras palavras, para as idéias mais abrangentes sobre ordem. E, no que se refere à outra dimensão, o *ethos* que evoca os valores, o estilo de vida e as disposições morais e estéticas. Sua definição de religião centra-se em torno da noção de "perspectiva religiosa", uma maneira de interpretar a experiência (distinta da de senso comum, da científica etc.).

Essas rápidas observações sobre o pensamento de Geertz são para informar qual o ponto de vista que adoto neste estudo, particularmente quando eu estiver me referindo à perspectiva religiosa. Portanto, entendo a religião, ou melhor, a religiosidade, como uma perspectiva a partir da qual se tem algo a dizer sobre o conjunto da experiência humana. Dito de outra forma, como uma maneira particular de olhar a vida, uma maneira particular de "construir o mundo", como quando se fala de uma perspectiva histórica, estética, ética (Geertz, 1978). Seguindo o autor, se colocarmos a perspectiva religiosa contra o pano de fundo de três das outras perspectivas principais nos termos das quais os homens constroem o mundo – a do senso comum, a científica e a estética –, seu caráter especial emerge com bastante clareza.

Essas colocações iniciais subsidiaram não só a construção do objeto deste estudo, como serviram como importantes referências teóricas na análise da peregrinação a Santiago de Compostela. Por isso mesmo, quando analiso os valores que estão ainda hoje inscritos nesse fenômeno social, discuto também o repertório de símbolos e representações acionados em torno da sua realização e produção.

Mas antes é importante familiarizar o leitor com relação ao fenômeno estudado; para isso apresento, a seguir, uma síntese da história do Caminho de Santiago, sua origem e dinâmica.

Estátua de Santiago vestido de peregrino, na cidade de Samos, na Galícia.
(Foto: Sandra de Sá Carneiro, junho de 2001)

A CONSTITUIÇÃO DE SANTIAGO DE COMPOSTELA COMO CENTRO DE PEREGRINAÇÃO: SINGULARIDADES, TRADIÇÃO E MITO

A história da constituição do mito: o que se fala quando se fala da origem da peregrinação a Santiago

Ao fazer uma síntese dos aspectos históricos mais significativos do período da construção do mito de Santiago, não pretendi de forma alguma dar conta da complexidade do tema, mas apenas situar o leitor no marco dos acontecimentos mais gerais que influenciaram o nascimento da peregrinação. Por isso, procuro sublinhar o que se diz quando se fala dessa história e, assim, situar o cenário onde se desenvolveu e se desenvolve o evento.

O Caminho de Santiago, como é normalmente designado, é uma rota de peregrinação que surgiu na Idade Média e que conduz às relíquias de São Tiago, o Maior.[19]

O fenômeno das peregrinações tem registros imemoriais. Diversos povos têm consagrado ao longo dos séculos lugares únicos por sua tradição, beleza ou misticismo, que atraem multidões movidas por misteriosos sentimentos e desejos ainda pouco compreendidos, porém repetidos há milênios.

Hindus, jainistas, maometanos, judeus, budistas e outros conservam em suas tradições a busca do sagrado através das peregrinações,[20] e nota-se que algumas resistem até os dias atuais, como as de Meca, Hebron, Varanasi, Sarnath, Lumbini e Katmandu.

Nas próprias terras cortadas pela rota de Santiago há, segundo alguns autores, provas arqueológicas de uma peregrinação muito mais antiga que o cristianismo. Comunidades neolíticas, povos celtas e romanos viajavam até o cabo Fisterra – o ponto mais ocidental da Espanha, próximo à cidade de Santiago –,

19. Embora em português o nome do apóstolo seja São Tiago, optei neste trabalho por manter o termo na forma que assume na língua espanhola (Santiago), utilizada por todos os peregrinos que entrevistei, pela Associação Brasileira dos Amigos do Caminho de Santiago e pelos livros escritos no Brasil.

20. V. Turner e E. Turner (1978, p. 6) ressaltam que "all sites of pilgrimage have this in common: they are believed to be places where miracles once happened, still happen, and may happen again".

local que acreditavam ser o fim do mundo devido à sua posição geográfica, onde a vista nada mais alcança senão o horizonte marítimo.

As três grandes rotas de peregrinação da cristandade são: o Caminho de Roma, que leva os fiéis até o mausoléu de São Pedro naquela cidade, percorrido pelos *romeiros*; o Caminho de Jerusalém, que conduz a lugares sagrados da vida de Jesus, percorrido pelos *palmeiros*; e o Caminho de Santiago de Compostela, trilhado pelos peregrinos ou *concheiros*.[21]

Na majestosa Catedral de Santiago de Compostela, meta e meca de peregrinos de todo o mundo, está o túmulo de Santiago, um dos 12 apóstolos de Cristo, padroeiro da Espanha e primeiro mensageiro do cristianismo naquele canto da Europa.

Falar das origens do culto a Santiago[22] é falar de informações referentes à pregação dos discípulos de Cristo em terras do Ocidente, ou seja, de relatos muito antigos conhecidos entre a cristandade da Alta Idade Média.[23] As notícias mais remotas da pregação de Santiago no Ocidente fazem parte da cultura oral da cristandade hispânica, transmitida já nos primeiros séculos.

No entanto, o fato de essas tradições se mostrarem com mais ou menos vigor não significa que a evangelização de Santiago tenha deixado marcas textuais no território da Península Ibérica, visto que a adoção mais geral da religião cristã pelos povos peninsulares ocorreu de maneira paulatina, havendo "adaptações" do novo culto às sensibilidades das comunidades locais, associadas sobretudo ao declínio das crenças pagãs autóctones e romanas importadas.

Sem dúvida, a cristianização da Espanha foi um processo que esteve fortemente vinculado à romanização, muito embora com uma evolução diferente.

---

21. Segundo Singul (1999, p. 57), entre as fontes medievais mais interessantes que ilustram a vivência e a presença da peregrinação ocidental destaca-se Dante Alighieri. O escritor toscano define na *Vita Nuova* (1293), capítulo XL, que romeiro é aquele que vai a Roma por devoção; palmeiro, o que vai a Jerusalém para orar nos santos lugares; e peregrino, o que vai à Casa de Santiago, na Galícia, ou retorna dela.

22. Os primeiros dados biográficos do apóstolo Jacobus (Iago, Tiago, Jacques, Santiago) procedem principalmente dos Evangelhos, e na verdade era conhecido como Iago, o Maior (mais velho), para distinguir de um outro apóstolo com o mesmo nome. O Evangelho informa que Tiago, o Maior, era filho de Zebedeu e Salomé, e irmão de São João, o evangelista (Mt 4, 21). Quanto ao local do seu nascimento, são vários os autores que o situam na localidade de Jaffa, perto de Nazaré. Outros mencionam Betsada, na Galiléia. Quanto à sua profissão há consenso. Ele era pescador (Mc 1, 19), trabalho de família ao qual estavam associados os irmãos Pedro e André. Desse grupo de pescadores Jesus escolheu os primeiros quatro discípulos (Pedro, André, Tiago e seu irmão João), que o seguiram desde o início.

23. Cabe aqui fazer uma ressalva a essas informações, pois se de um lado temos uma série de textos da Antigüidade Tardia e Alta Idade Média que iniciam a tradição escrita sobre a pregação e o sepultamento de Santiago na Espanha, os quais recolhiam a tradição oral que havia sobre o tema, de outro existem os textos gregos dos Catálogos Apostólicos que mantinham a versão de que o trabalho de evangelização de Santiago ficou circunscrito à Samaria e à Judéia (Singul, 1999).

O fato é que o primeiro germe apostólico não encontrou campo receptivo e teve que aguardar vários séculos para obter resultados na península.

O universalismo da pregação apostólica sempre foi destacado na missão evangelizadora dos 12 apóstolos de Cristo, segundo podemos depreender dos textos cristãos dos primeiros séculos. Ou seja, deveria ser interpretada como um projeto de alcance universal.

Sobre o que aconteceu aos apóstolos após a crucificação de Cristo sabe-se muito pouco. A informação que predomina é a de que se espalharam pelos quatro cantos do mundo, para propagar a palavra de Deus. Mateus foi para a Etiópia, Tomás e Simão para a Índia, Judas para a Pérsia, Bartolomeu para a Armênia e há uma forte crença de que Tiago, filho de Zebedeu e Maria Salomé, irmão de São João Evangelista, tenha seguido para a Espanha depois de passar um tempo pregando na Samaria e na Judéia.

A Espanha era uma província do Império Romano e havia um certo tráfego comercial. Hispania como confim do Ocidente seria, nos planos evangelizadores dos apóstolos, meta fundamental a conquistar, pelo seu caráter de limite ocidental. Ali chegaria primeiro Santiago e, algumas décadas depois, São Paulo. Tiago teria chegado na península entre os anos 33 e 42, enquanto São Paulo faria a sua viagem uns 25 anos mais tarde, entre 63 e 67, na época das perseguições de Nero.

O que se passou na província da Galícia, sem esquecer da secular permanência de um substrato religioso pagão, é que as primeiras pegadas cristãs conhecidas não remontam além da segunda metade do século III (Singul, 1999).

O cristianismo estendeu-se pela Galícia durante a época baixo-imperial como religião de forte base popular e, sobretudo, sob o ascetismo gnóstico do priscilianismo.[24]

Segundo a tradição, Santiago desembarcou na Galícia e seguiu pelas calçadas romanas até Zaragoza, lá fundando a devoção à Virgem Pilar. Ninguém sabe ao certo quantas pessoas ele conseguiu converter, embora todos concordem que não foram muitos. Por isso, talvez, ele tenha decidido voltar à Terra Santa. Embarcou acompanhado de dois discípulos, Teodoro e Atanásio, dando por encerrada a sua pregação na Espanha após uma permanência de sete anos.

Ao regressar, Santiago foi preso e decapitado em Cesarea, por ordem do rei Herodes Agripa, tornando-se o primeiro dos apóstolos de Cristo a morrer martirizado.

24. A difusão do priscilianismo entre os galegos deu-se desde fins do século IV até meados do século VI, sendo a sua época florescente o período da condenação e execução de seu mentor, o bispo Prisciliano de Ávila, entre 386 e 387. Ele foi acusado de heresia e bruxaria, sendo por isso executado pelo braço secular do império em Tréveris (Alemanha), do que resultou ser considerado popularmente como mártir e santo. A doutrina priscilianista manteve-se viva entre os galegos, incluindo parte de seu clero, até o II Concílio Bracarense (572), chegando ao ocaso em 600, aproximadamente (López Pereira, 1985).

Seus restos foram atirados fora dos muros da cidade, mas recolhidos por Teodoro e Atanásio, que transportaram o corpo para a Espanha em uma embarcação. Chegando na Galícia, desembarcaram em num lugar que hoje é chamado Padrón, às margens do rio Ulla. Os discípulos pediram permissão à rainha local (uma pagã) para enterrarem o Apóstolo nas terras galegas. A rainha Loba, ou Lupa, a princípio não consentiu.

Conta ainda a tradição que aproximadamente (a data não está clara) entre 820-830,[25] o sepulcro de Santiago foi encontrado no bosque Libredón, na diocese de Iria Flavia, a mais ocidental e periférica do reino de Astúrias. O relato do descobrimento da tumba do santo, registrado em vários textos medievais, menciona a visão que teve um ermitão de nome Pelayo, habitante da localidade de Solovio, de umas luzes misteriosas, uma espécie de chuva de estrelas, que apareciam durante várias noites sobre um local determinado localizado no bosque Libredón.

No local que as luzes pareciam indicar, Pelayo descobriu um túmulo de mármore. Aquele surpreendente fenômeno foi então interpretado pelo eremita como um milagre do céu, e logo ele foi a Iria Flavia, contar para o bispo Teodomiro. O prelado vê também as luzes do "milagre" e acha, sob a densa vegetação, um sepulcro de pedra no qual repousavam três corpos, identificados de imediato como os do apóstolo Santiago e os de seus discípulos.

O bispo Teodomiro fez a notícia chegar a Afonso II, o Casto, rei de Astúrias, que veio logo para constatar a milagrosa revelação ocorrida, como pressagiavam os textos de Beda,[26] nos confins do Ocidente, em terras próximas ao mar Britânico. Logo depois, manda construir no local uma capela de pedras e um monastério para 12 monges agostinos.

Nascia então um dos mais importantes centros de peregrinação da cristandade. Para visitar o túmulo do Apóstolo, as pessoas partiriam de vários pontos da Europa, percorrendo um caminho longo e cheio de perigos, uma estrada que ficaria conhecida pelos séculos futuros como o Caminho de Santiago do Campo da Estrela ou Compostela, uma referência às luzes vistas por Pelayo e à Via Láctea.

---

25. Essa é uma época de muita tensão para a cultura cristã hispânica, ainda que tenha passado o violento século VIII da conquista islâmica, que para Astúrias fora decisivo, pois a permanente resistência armada permitiria a consolidação da identidade do reino e das suas estruturas políticas, sociais e militares. Na época do "descobrimento" do sepulcro de Santiago, Astúrias era a última defesa cristã da Península Ibérica.

26. Depois da conquista islâmica da Península Ibérica, dois eclesiastas deixaram textos sobre a pregação de Santiago na Hispania. Um deles foi o inglês Beda, o Venerável, que escreveu em fins do século VII e início do século VIII; o outro é um asturiano, o monge Beato de Liébana, nos fins do século VIII. A mais importante das notícias de Beda é a referência, nada menos – um século antes do descobrimento do sarcófago apostólico –, à localização na Galícia do sepultamento de Santiago, cem anos antes do rei Afonso II, atendendo ao chamado do bispo Teodomiro, constatar que em seu reino estão os restos mortais do apóstolo Tiago.

A descoberta do túmulo de Santiago no século IX teve implicações políticas e religiosas. Na época em que Pelayo "viu as luzes", o reino de Astúrias estava tentando deter os muçulmanos, que já haviam conquistado quase toda a Península Ibérica. A Igreja medieval e o islamismo disputavam o poder da fé com lanças, flechas e espadas. Os muçulmanos combatiam pelas relíquias sagradas de Maomé. Faltava aos cristãos o poder encorajador de um símbolo concreto. A cruz era um forte símbolo religioso, mas de certa forma "histórico". Era preciso alguma coisa mais próxima, mais eficaz.

Em 844, na famosa batalha de Clavijo, nas cercanias de Logroño, Ramiro I, rei da católica Astúrias, enfrentava as numerosas tropas de Abderrahman II, quarto emir de Córdoba, na chamada Espanha muçulmana. Os cristãos estavam em clara desvantagem, quando correu pelas fileiras cristãs a notícia de que o próprio Santiago lutava, montado em um cavalo branco, contra os mouros ao lado dos cavaleiros de Ramiro. Os cristãos começaram a combater com ânimo renovado e, segundo a lenda, o próprio Santiago teria conduzido suas tropas de fiéis a uma vitória esmagadora sobre os mouros.

Nesse sentido, como é defendida por vários estudiosos, a descoberta do corpo de um apóstolo em plena área de conflito, localizado no reino de Astúrias, era a justificativa que o exército precisava para avançar e atacar.

Essa imagem de Santiago, transformado em cavaleiro medieval, vestido de branco e tendo os mouros sob as patas de seu cavalo, ficou conhecida como Santiago Matamoros, e é uma imagem também venerada[27] nas igrejas da Espanha.

O mito adquiriu então fama mundial e crescente. O movimento de peregrinação e de culto aos restos do Apóstolo estendeu-se por todo o Ocidente.

Em 899, condizente com a aceitação popular, Afonso III (838-910), rei de Astúrias (de 866 a 910), ordenava a ampliação e melhoria da capela original, erguida para abrigar os restos mortais do Apóstolo. Cerca de meio século depois, o capitão muçulmano Almanzor (931-1001), regente de Córdoba e líder dos mouros de Espanha, vence as forças cristãs, saqueia e destrói a capela, mas respeita o sepulcro de Santiago.

Em 1075, o bispo Diego Pelaez, com o apoio do rei de Leon e Castela, Afonso VI (1040-1109), conduziu a construção do que seria a terceira basílica no local santo.

---

27. A criação da idéia do patronato de Santiago surge no século VIII no reino de Astúrias. O santo patrono, defensor do povo cristão da Hispania, general dos exércitos cristãos, conduz os hispano-cristãos à vitória contra os inimigos: na Idade Média contra os mouros e, posteriormente, no século XVI, contra os protestantes europeus. Santiago assim passa a ser símbolo da resistência católica. Para as várias descrições sobre a aparição de Santiago como cavaleiro, como santo guerreiro contra o dragão da maldade (nesse caso, o islã).

Em 1122, o papa Calixto II, de origem francesa, instituiu o Ano Santo Jacobeo (de Jacob: Tiago, em português, Jacques em francês e James em inglês), que também é conhecido como Compostelano, e ocorre de seis em seis anos, quando o dia do aniversário do santo, 25 de julho, ocorre num domingo.

Entre os séculos XI e XV, o trânsito intenso de peregrinos transformou Compostela no mais importante centro político e econômico do Noroeste da Espanha. Em 1188, a Catedral de Santiago de Compostela ganhou seu famoso Pórtico da Glória, obra inspiradíssima de Maestro Mateo, que dá acesso à Catedral. Contudo, as pestes (século XIV) e as guerras religiosas européias ocasionaram o decréscimo da procura pelo Caminho, que submetia os peregrinos a intensos e sérios perigos e privações. Com o fechamento, no século XVI, da rota francesa como via de peregrinação e comércio, em virtude da guerra entre os reinos de Castela e de França, a peregrinação entrou em declínio.

Por volta de 1588, diante do ataque iminente do explorador inglês Francis Drake (1540-1596), o arcebispo San Clemente escondeu a arca com os restos mortais de Santiago, que permaneceu em lugar ignorado por mais de 300 anos.

Em 1878 as relíquias são reencontradas pelo cardeal Palay, quando o culto à Santiago tomou novo vigor. Esse impulso, contudo, teve de esperar não só a redescoberta das relíquias, mas também o apaziguamento da situação interna na região, pois o período posterior traria uma sangrenta guerra civil (1936-1939) em solo espanhol e duas grandes guerras mundiais. O Caminho se ressentiu, mas não se extinguiu a peregrinação.

A multissecular peregrinação a Compostela, também denominada Caminho de Santiago, gerou desde o princípio uma prosperidade cultural e econômica para todas as regiões que atravessava, embora de forma distinta. Fomentou a literatura, a música, a arte e a história e, em conseqüência, apareceram cidades e vilas, além de inúmeras igrejas, catedrais e hospitais, com o objetivo de apoiar e auxiliar os peregrinos. O Caminho assim, desde sua origem, sempre funcionou como catalisador de culturas, transmissor de idéias e promotor do encontro de povos e línguas. Essa virtude acentuou-se particularmente no século XX. Em 1993, o Caminho foi declarado patrimônio da humanidade pela Unesco.

Podemos depreender, portanto, que a peregrinação a Santiago de Compostela sempre representou muito mais que um simples fenômeno religioso, e é isso que procuro discutir a seguir.

Para além da dimensão religiosa

Ainda que se possa dizer que a peregrinação a Santiago se constitui em um fenômeno religioso, ela está tão impregnada pela "mentalidade da época", pelos objetivos e instrumentos de poder "profano" que não é possível compreender um sem a compreensão do outro.[28]

Em seu estudo, Barreiro Rivas (1997) procura identificar os interesses políticos e civis que estavam por trás do fenômeno das peregrinações medievais e demonstrar sua prioridade não só lógica, mas também cronológica, em relação às motivações religiosas que as envolvem. Para isso, em primeiro lugar, ele estabelece uma importante diferenciação entre os termos peregrinação e caminho/rota de peregrinação.

Em sua ampla concepção, a peregrinação é entendida (Barreiro Rivas, 1997, p. 101) como a viagem realizada até um lugar estranho. Um ato individualizado e suscetível de ser classificado metodologicamente com base, por exemplo, nas diversas motivações que o produzem. Já o caminho ou rota de peregrinação é uma tradição coletiva de motivações individuais mediante a qual se unificam suas razões, seus sentidos e suas linhas de influência sobre os valores de toda a comunidade.

O autor assinala também que o traço distintivo da religiosidade no medievo não é a existência das peregrinações, mas sua organização em rotas que integram em uma mesma direção e objetivos uma grande quantidade de fenômenos locais ou regionais preexistentes, permitindo à cristandade assinalar os extremos de um mundo, que ela depois pretenderá garantir civil e militarmente, seja através das Cruzadas ou da Reconquista. E, ainda, que permitem através de sua projeção dotar de unidade e de eficácia prática um movimento que até então não tinha importância política.

Por esses aspectos, vemos que são fundamentalmente políticas as razões pelas quais se potencializou a rota *jacobea*, na qual foram criadas infra-estruturas viárias e assistenciais que a dotaram de grande segurança, oferecendo privilégios e abrigos a seus usuários e garantindo a liberdade de movimentos das pessoas que transitavam em seus espaços, numa época de fragmentação política dos grandes territórios.

A principal tese de Barreiro Rivas (1997) é a de que a história política do fenômeno *jacobeo* começa séculos antes da "descoberta" das relíquias do santo, no século IX. Assim, se quisermos entender melhor o fenômeno é preciso retroceder ao momento da derrubada da ordem imperial romana, quando se destrói a cosmologia do espaço mediterrâneo e emerge a sensação de caos, ou de vazio social, que conduz à reconstrução da sociedade do Ocidente a partir de uma nova legitimidade e de novos pressupostos territoriais e políticos.

É dentro desse contexto que o Caminho de Santiago, sem detrimento de muitos outros aspectos que lhe são próprios, pode ser entendido como a culminação

---

28. Esse foi um dos aspectos mais ressaltados por José Luis Barreiro Rivas, professor de Ciência Política da Universidade de Santiago de Compostela, que aceitou ser o co-orientador de minha tese de doutorado. Durante a minha estada na cidade, foi de fundamental importância discutir com ele alguns aspectos do trabalho, particularmente a função política do Caminho desde a sua origem.

de um processo cosmológico que veio a substituir a topografia pagã pela cristã, para delimitar os espaços ocidentais e dotá-los de uma nova legitimidade universal imposta sobre a precedente divisão e a patrimonialização do poder.

Por esses motivos, não seria possível compreender plenamente a vertente política do culto a Santiago sem fazer referência ao contexto histórico que o torna viável sobretudo para situar em todo o seu alcance os mecanismos cosmológicos empregados na organização do espaço ocidental, visando estabelecer a natureza e a profundidade da fragmentação política que o precedeu, com o objetivo de estabelecer amplas comparações que colocam a descoberto as forças sociais que foram então operativas e que, ainda hoje, subjazem.

O complexo simbolismo cosmológico que se materializa em Santiago como principal meta dos peregrinos do período medieval faz parte de um movimento pendular de reação frente às conseqüências da fragmentação do espaço e dos poderes políticos e econômicos que afetaram o antigo Império do Ocidente depois das invasões bárbaras.

Outro ponto defendido por Barreiro Rivas (1997) é que a característica fundamental do Império Romano foi a criação de um espaço político unificado em torno do Mediterrâneo. No entanto, é preciso lembrar que essa idéia do mundo romano como espaço único e vertebrado não é só o resultado de uma análise histórica efetuada a partir da perspectiva atual, e sim que já era uma visão comum nos tempos do império, cujos cidadãos vivenciavam o peso que produzia aquela poderosa estrutura política na qual se integravam línguas, culturas e etnias diferentes, unificadas por um substrato comum formado pela língua mais universal – o latim –, o direito e a economia.

Dessa maneira, a fragmentação política, social e econômica que afetou as províncias do Império do Ocidente e que constituiu uma das características básicas do medievo europeu, ocorreu em um dilatado período histórico e obedeceu a múltiplas e complexas causas. Algumas das quais já estavam associadas às claras manifestações da anarquia política e militar do Baixo Império e à destruição da burguesia urbana – conseqüência do crescente absolutismo monárquico – durante o período compreendido entre Septimio Severo e Maximino, que se prolonga aproximadamente desde o ano 193 até 238.

Pode-se, portanto, estabelecer como ponto de partida desse processo de fragmentação a divisão do mundo romano, efetuada depois da morte do imperador Teodósio, o Grande, no ano de 395, consagrada de forma irreversível depois do falecimento, no ano de 408, de Estilicón, um vândalo romanizado que havia alcançado os postos máximos de poder dentro do exército e cuja tutela da unidade efetiva do império lhe fora dada por Teodósio.

Nesse período o divórcio entre Oriente e Ocidente obedecia a profundas razões históricas derivadas em boa parte da resistência que o mundo grego ofereceu à romanização. O vigor com que Roma havia desenvolvido as tarefas administrativas e militares permitiu uma integração federativa de ambos os mundos que durou vários séculos, mas que se fragmentou quando a crise afetou o poder imperial e a unidade do exército, provocando a necessidade de recorrer a formas de compromisso para manter em essência a unidade política e econômica do espaço político mediterrâneo.

É dentro desse contexto que se pode perceber como a divisão do mundo romano propiciou as chaves para a criação do Império Bizantino, que se manteve incólume em sua estrutura, reconquistando as costas do Adriático, resistindo aos ataques dos novos bárbaros, dos persas e dos árabes e se prolongando durante mais de mil anos, aproximadamente até 1453. Dessa forma, o mundo romano, suas tradições jurídicas e administrativas e sua cultura por muito tempo estiveram assentados sobre uma estrutura bilíngüe. Mas, ao mesmo tempo, em conseqüência disso, precipitou a derrubada das províncias ocidentais em um caos militar e político que perdurou por quase três séculos, cujo resultado foi a atomização do poder e a fragmentação extrema de seu espaço.

É por isso que Barreiro Rivas (1999) afirma que não existe contradição alguma entre a afirmação de que a partir do século IX uma grande corrente de fé moveu muitos peregrinos a visitar o túmulo do apóstolo Santiago, e uma outra que diz que a eleição de Compostela como meta universal se deve sobretudo à sua posição estratégica para o reino de Astúrias e a organização geral do império cristão, propagada pelo papa e pelos poderes políticos do império.

Essa dualidade de interesses, cada dia mais aceita pelos estudiosos do fenômeno, aponta para o fato de que o culto *jacobeo* se origina, em um primeiro momento, em certos acontecimentos da vida religiosa local e vê potencializados seus aspectos políticos em função de sua capacidade para organizar o espaço cristão de Astúrias e se tornar o eixo central de sua resistência e, somente em um segundo momento, se admite que o culto a Santiago se estende por toda a Europa.

Quando, no final do século VIII, o reino de Astúrias se dispôs a restaurar o espaço cristão ao norte da península, Beato[29] e outras pessoas próximas a ele difundem dentro e fora dos domínios políticos de Mauregato (783-788) o comentário ao Apocalipse, em cujo contexto estavam explanadas algumas idéias cosmológicas com mais tradição no Ocidente cristão.

29. Beato de Liébana foi um monge que viveu no último quartel do século VIII no reino de Astúrias. Na época em que Beato escreve sobre a tradição da pregação *jacobea* na Hispania, ainda faltavam uns 50 anos para o descobrimento do sepulcro apostólico. O monge difunde por todo o Norte peninsular a versão da evangelização de Santiago, que já fora aceita entre os hispano-visigodos, acrescentando a notícia que a tumba do Apóstolo se encontra em território asturiano (Singul, 1999).

A experiência de isolamento perante a cristandade ocidental e à consciência da importância do papel de *finis terrae* parece ter levado os líderes da cristandade asturiana a reafirmar sua condição de terra apostólica, e sentirem a necessidade de sacramentá-la para que toda a comunidade tivesse consciência desse fato e se envolvesse ideologicamente na guerra contra o islã.

A invasão da Península Ibérica pelos árabes, ocorrida no ano 711, mais do que a conquista significou a destruição da ordem política dos visigodos. Nesse sentido, a cristandade hispânica viveu a invasão árabe como uma migração, isenta de qualquer motivação religiosa e, no final do século VIII, teve consciência da verdadeira dimensão das mudanças religiosas que estavam se operando na Espanha (Barreiro Rivas, 1999).

Entre o reinado de Mauregato e o de Afonso III, transcorre a época mais gloriosa do reino de Astúrias. Durante esse período se restaura a legitimidade visigoda com centro na corte de Oviedo, se recupera uma parte de suas leis e costumes e se estabelece a paz interna nos territórios cristãos ao norte. Ao mesmo tempo se cria uma nova ordem eclesiástica, com seu centro religioso situado primeiro em Oviedo e depois em Santiago de Compostela. Com isso, se deslocam os centros de poder político, cultural e religioso desde Toledo e Sevilha até o Norte – Oviedo, León e Santiago.

Em função desses fatos, Barreiro Rivas (1999) comenta que a formação de uma "mentalidade de resistência" capaz de confrontar um objetivo militar racionalmente impossível deve ser atribuída a um "fator com muitas causas". Dentre elas podemos situar o florescimento de uma literatura apocalíptica, como a já mencionada, que, dentro do marco da fé cristã do medievo europeu, dá explicação ao fracasso histórico do reino visigodo com a mesma contundência com que profetiza sua restauração.

No marco dos acontecimentos políticos globais do Mediterrâneo que afetavam os árabes, Bizâncio e o império carolíngio, a coroação imperial de Carlos Magno[30] acaba culminando na ruptura definitiva do poder imperial romano perante o poder cada vez mais unificado dos árabes, ao reconstruírem o império em duas partes: a) uma oriental, que se situava em torno de Bizâncio, e b) uma ocidental, que ficava ao redor de Aquisgran.

Em 812, quando é firmada a paz entre Carlos Magno e Bizâncio, se vê fracassada também a política mediterrânea dos carolíngios, que, ao cederem o Sul da

30. A coroação ocorreu no Natal do ano 800, e logo Carlos Magno alcançou uma dignidade imperial que não correspondia com a unidade efetiva dos povos submetidos a Leão III. Ao lhe outorgar o título de protetor da cristandade, reforça, ainda mais, não só sua autoridade sobre todo o Ocidente que efetivamente dominava, mas também a legitimidade que necessitava para poder estender seu poder em nome da cristandade e de seu projeto ecumênico.

Itália para Bizâncio, renunciavam a qualquer forma de recompor a antiga unidade mediterrânea. Não só devido às contradições internas da sociedade carolíngia, mas sobretudo pelo crescimento do cristianismo, por sua capacidade de integração, inclusive política, que dotou a sociedade do Ocidente de uma extensa estrutura operativa quanto ao seu desenvolvimento econômico, político e social, que tornou possível a transição da fragmentação do mundo medieval até a concentração de poder nos Estados modernos.

Somente no reinado de Afonso II, o Casto (791-842), se consolida então a idéia da Reconquista – a qual atribuía à monarquia asturiana o direito legítimo da conquista e instauração do antigo reino visigodo.

Mas o reino de Astúrias não encontrou facilmente sua homogeneidade interior. Fundado sobre um conjunto de povos das montanhas do Norte, pouco acostumados a conviver dentro de espaços políticos amplos, sua principal vantagem na hora de resistir aos árabes se converte também no principal inconveniente para a organização do novo reino.

Por isso, a conversão da guerra contra os árabes em uma cruzada contra o islã é algo que não se esgota na pura simbologia, nem se explica só pela acentuada religiosidade do homem medieval, mas constitui uma fórmula muito pragmática para dotar de coerência militar e política as comunidades cristãs (Barreiro Rivas, 1997, p. 178).

É dentro desse contexto mais geral que este autor procura identificar fundamentalmente os interesses políticos e civis que estavam por trás do fenômeno das peregrinações medievais e demonstrar sua prioridade não só lógica, mas também cronológica, em relação às motivações religiosas que as envolvem. A ideologia da Reconquista, a inserção do reino de Astúrias no âmbito político ocidental e a fixação da legítima posse cristã dos territórios da Espanha ocupados pelos árabes constituem os elementos principais de todo o processo.

Já as peregrinações, particularmente em seus aspectos estritamente religiosos, aparecem como um instrumento eleito, entre outros possíveis, para transmitir os valores que tornaram possível a urgente tarefa política e militar de reconstrução do reino visigodo-cristão, destruído pelo islã em princípios do século VIII.

Contudo, tempos mais tarde, com a progressiva integração dos espaços políticos da Europa e do Norte da Espanha, o Caminho de Santiago irá perdendo seus significados políticos e militares, ressaltando mais os valores sacrais, até converter-se em um fenômeno predominantemente religioso.

Finalizando, é importante frisar que explicar a formação do fenômeno *jacobeo* a partir somente das necessidades internas de organização e resistência do reino de Astúrias seria um grave erro. Talvez o maior que se poderia cometer nesse assunto, pois isso implicaria limitar as causas iniciais desse processo a certos acontecimentos de cunho local e excluir de suas origens a influência das idéias políticas e das concepções filosóficas que então começaram a transformar o Ocidente (Barreiro Rivas, 1997).

Como se pode ver enunciado pelas colocações acima, estamos diante de um fenômeno que, ao transbordar a fronteira religiosa, se inscreve em um cenário que pode ser entendido como um permanente campo de disputa entre distintas forças políticas e econômicas, de trocas e intercâmbios culturais, um ponto de encontro entre as mais variadas crenças, valores e ideologias, sejam elas religiosas ou não.

As distintas rotas *jacobeas* e a hospitalidade como símbolo da peregrinação *jacobea*

Para o incremento das peregrinações longínquas na Alta Idade Média foi fundamental a criação de uma infra-estrutura que se baseou, entre outras coisas, no desenvolvimento da rede de calçadas e rotas já existentes naquela época.

Constantemente vemos mencionado os termos "Caminho de Santiago" ou "Caminhos de Santiago" – por isso é importante deixar claro qual a noção que estou utilizando. Existe, de algum modo, o Caminho ou Caminhos de Santiago na Europa?

Na maioria dos livros consultados sempre são feitas referências às rotas mencionadas no *Guia de Peregrinos* do *Liber Sancti Jacobi* referindo-se aos quatro caminhos que partem da França e logo desembocam na Espanha tornando-se um só, denominado Caminho francês.

Mas a dúvida freqüentemente levantada é se esse caminho principal na Espanha foi concebido como uma obra inteiramente nova para os peregrinos ou se ele seguia o curso de velhas calçadas (romanas e pagãs) já existentes.

Segundo Herbers (1999), a notícia mais antiga sobre o Caminho de Santiago é a iniciativa de Sancho, o Maior, de Navarra (1029-1035), a quem se deve ao menos uma parte do longo "Caminho clássico". Isso porque a Reconquista contra os árabes tornou necessária a criação de novas rotas, que também possibilitaram aos peregrinos chegar mais rápido a Santiago de Compostela. O testemunho das distintas ordens militares sublinha assim o caráter militar do caminho. Ordens que protegiam os peregrinos não somente em tempos de guerra, mas também em tempos de paz, garantindo a inviolabilidade dos caminhantes. As disposições medievais das escoltas beneficiavam não só os príncipes, como também os peregrinos.

Junto a essas funções militares e de escolta devemos acrescentar os aspectos econômicos dos chamados "caminhos de peregrinos". Para a seleção do caminho os peregrinos eram essencialmente livres, entretanto seguiam em geral rotas já existentes. Alguns locais sagrados e/ou santuários e suas estruturas contribuíram para a formação e utilização das novas calçadas e caminhos. No *Guia de Peregrinos* do século XII são nomeados em um longo capítulo todos os centros de devoção mais importantes no Sul e Sudoeste da França, bem como outros em território espanhol. Assim, ao que tudo indica, alguns lugares de culto já instituídos determinavam com freqüência o caminho individual dos peregrinos.

Dos quatro caminhos que recortam a França se podem distinguir: a via *turonensi* (desde Tours) e a via *tolosana* (desde Arles/Saint-Gilles) e também os outros dois caminhos que atravessam o Maciço Central. Aparentemente, estes tinham menos finalidades econômicas que os primeiros e eram utilizados basicamente por peregrinos. Por isso, os caminhos de Vézelay e Le Puy foram os primeiros a chamarem-se "Caminhos de Peregrinos". Entretanto, é preciso fazer algumas considerações sobre esse aspecto. Ambos caminhos não foram preferidos sempre e em igual medida. A via *podensis*, descrita pelo *Guia dos Peregrinos* como a mais utilizada principalmente pelos alemães e borgonheses, era a rota mais difícil para chegar aos Pirineus. Por isso, os peregrinos alemães da Baixa Idade Média que utilizavam a via *podensis* preferiam ir pelo vale do Ródano. O *Livro dos Milagres* (parte do *Liber Sancti Jacobi*), do século XII, já deixava entrever isso, como, por exemplo, ao mencionar uma peregrina alemã que regressava de Santiago por esse caminho.

O estabelecimento das rotas de peregrinação a Santiago de Compostela, que recortam o solo europeu, foram sem dúvida determinantes para a criação da Europa como civilização integrada à cultura cristã do Ocidente medieval.

Já o chamado Caminho italiano, que cruza de norte a sul a Península Italiana empregando vias romanas, é conhecido como via *francígena* e tem duas direções; ao sul dirige-se a Roma e, ao norte, vai em direção a Santiago de Compostela. Deve-se ressaltar também que o Caminho francês hispânico também tinha duas direções: ao leste levava a Roma, e a Santiago conduzia por oeste. Saindo da França, os peregrinos podiam fazer o percurso através das quatro principais rotas, ativas até hoje – Le Puy, Arles, Vézelay e Paris. Os quatros caminhos da França, que recolhem a maior parte da rede de caminhos europeus em direção a Compostela, vão-se unir na Espanha em um único caminho que recebe o nome de Caminho francês (ou napoleônico), sendo o mais utilizado, confundindo-se com o que se chama Caminho de Santiago.

Os caminhos do mar foram mais utilizados pelos escandinavos, flamengos e britânicos, que chegavam ao porto da Galícia – A Coruña, Ferrol, Ribadeo, Muros – e continuavam a pé pelo chamado Caminho inglês, que vai de Ferrol e A Coruña até Santiago. Os britânicos, por sua vez, foram os que mais chegavam por mar, sobretudo durante os séculos XIV e XV, por causa da Guerra dos Cem Anos contra a França. Em função disso, os peregrinos ingleses só podiam deixar a sua terra com a autorização da Coroa inglesa. Talvez isso explique a vasta documentação baixo-medieval existente nos arquivos reais britânicos sobre a peregrinação marítima a Compostela. A ruptura de Henrique VIII com Roma, por causa do seu divórcio com Catarina de Aragão, ocasionou, contudo, o declínio da peregrinação inglesa a Santiago.

Além dos caminhos já mencionados, existem ainda dois meridionais – o português e a chamada Via da Prata. O primeiro, que vai de Lisboa a Compostela, atravessa de sul a norte a terra portuguesa, chega ao Porto e continua até Barcelos, Ponte de Lima, Valença do Minho, cruza o Minho para entrar em terras galegas. O caminho português, em geral, segundo os registros disponíveis, era utilizado pelo povo, a nobreza e várias figuras da realeza lusa, como a célebre peregrinação de Dona Isabel de Portugal, a Rainha Santa, que deixou como ex-voto ao Apóstolo as suas vestimentas e sua coroa e recebeu de presente da Igreja de Santiago um bordão em *tau*, encontrado no seu sepulcro de Santa Clara.

A Via da Prata cruza a Espanha desde Sevilha até Mérida, Cáceres, Plasencia, Salamanca, Zamora e entra na Galícia por A Gudinha para seguir até Ourense e dali a Santiago. Trata-se do caminho mais longo de quantos atravessam a Galícia. Normalmente, os peregrinos que vinham do Sul da Espanha seguiam essa antiga rota.

Desde as suas origens é possível estabelecer uma profunda relação entre a peregrinação compostelana e a Europa. Esse fato já é apontado no *Liber Sancti Jacobi* (século XII). Lembro aqui que este códice parece ter sido redigido com dupla finalidade, seja de explicar questões essenciais do culto e da peregrinação compostelana, seja para fazer a sua promoção junto à cristandade. Isso pode ser claramente comprovado através da distribuição dos milagres compilados no segundo livro, situados em sua maioria na França, Itália e Alemanha, bem como o *Guia do Peregrino*, que indica os trajetos para Santiago e faz contínuas referências ao grande número de fiéis que chegam de todos os cantos da Europa, que é considerado o primeiro guia turístico do mundo.

Essa vinculação continuou durante os mil anos em que se desenvolveu a peregrinação compostelana. Embora com momentos de maior ou menor incidência, ela nunca chegou a ser interrompida totalmente, constituindo um elo contínuo entre Santiago e Europa, e coloca em contato, ao longo do caminho *jacobeo*, milhões de pessoas, favorecendo um contínuo e fecundo intercâmbio entre elas.

Um dos aspectos fundamentais que sustentaram e sustentam ainda hoje a peregrinação a Santiago é a sua tão protagonizada hospitalidade. De maneira geral, podemos compreendê-la como um fato essencial da piedade evangélica e da religiosidade cristã, sendo que, no caso específico do Caminho, diversas instituições foram criadas em conseqüência disso.

Durante toda a Idade Média encontramos registros de instituições assistenciais que atendiam às necessidades espirituais, materiais e sanitárias do crescente número de peregrinos que faziam o Caminho. De acordo com Pombo Rodríguez (1997), a origem dessas fundações era distinta, podendo ser eclesiástica, civil ou popular. Da mesma maneira, os centros assistenciais e de acolhida podiam ser classificados em hospedagens das ordens militares, episcopais, monásticas, paroquiais, bem como albergues fundados por grêmios ou confrarias.

Segundo Singul (1999) a maioria das instituições hospedeiras para enfermos, peregrinos e pobres foi instituída por doações de comunidades religiosas, de sedes episcopais, de particulares nobres e eclesiásticos e, principalmente, dos reis, que fundaram vários hospitais ao longo do Caminho como manifestação da vontade da Coroa de exercer a virtude cristã da caridade e servir a Deus e ao santo patrono Santiago. Existe ainda farta documentação sobre as distintas coroas hispânicas, Astúrias, Castela e Leão, Navarra que atuaram como fundações hospitaleiras.[31]

Além dos tipos de estalagens e hospedagens já mencionados, os peregrinos também podiam hospedar-se nos santuários da rota que visitavam por devoção, o que era o caso da própria Catedral de Santiago, no final do Caminho, onde muitos passavam a noite dormindo nas naves laterais e nas tribunas.[32] Existem notícias dessas práticas até o século XVI (Singul, 1999), quando, com o nascimento do Estado moderno, a monarquia hispânica passa a centralizar os serviços hospitaleiros, construindo edifícios de grandes proporções.

Há uma concordância entre vários estudiosos do Caminho de que a ação dos reis e dos nobres laicos, as doações em dinheiro e de terrenos destinados à construção e à criação de alojamentos para peregrinos foram fundamentais quanto à criação de uma infra-estrutura assistencial destinada aos peregrinos, sendo decisivas em muitos pontos do Caminho de Santiago, desde a Idade Média.

31. A fundação de alojamentos por parte dos reis é iniciada por Afonso III, o Magno, que outorga em 886 um privilégio à igreja ourense, oferecendo-lhe um território para a sustentação de pobres e peregrinos. Desde o século X existem muitos exemplos de nobres que deixaram as suas heranças em benefício do Caminho. Sendo que um dos albergues mais bem dotados do Caminho é o Gran Hospital del Rey, situado em Burgos, que foi edificado a mando de Afonso VIII. Segundo Singul (1999), o Hospital del Rey já era considerado, no século XIII, pela *Crónica General*, de Afonso X, como uma obra excelente, a qual fazia com que o rei que o mandara edificar merecesse "ser coroado por Deus". A tradição dos hospitais fundados pelos reis continuou viva até o final da Idade Média, sendo que um dos exemplos mais importante e sempre citado pelos estudiosos é o de Isabel I, de Castela, e Fernando V, de Aragão, que fundaram, em 1499, o Gran Hospital Real de Santiago de Compostela. Este existe até hoje, transformado em Parador Nacional, um belíssimo e luxuoso hotel cinco estrelas que fica na praça de Obradoiro, ao lado da Catedral de Santiago, e que hoje tem o nome de Hostal dos Reis Católicos, em homenagem a seus fundadores.

32. É interessante ressaltar que muitos autores relacionam esse fato ao costume existente até hoje do *botafumeiro*, um grande incensário, utilizado em algumas missas na Catedral, particularmente na missa dos peregrinos, que ocorre todos os dias ao meio-dia. Atribui-se o seu uso ao fato da igreja ficar com mau cheiro devido ao fato de muitos peregrinos dormirem dentro dela.

No entanto, existiram também fundações hospitaleiras de caráter privado e as denominadas ordens de cavaleiros,[33] que reforçaram ainda mais a rede assistencial à peregrinação. Particularmente, estas parecem ter dado uma conotação religiosa ao espírito militar medieval dos séculos XII e XIII, ao conduzirem e protegerem os peregrinos durante o percurso. Normalmente, encontravam-se associados, nas ordens de cavalaria, o ideal ascético dos monges com o ideal guerreiro dos cavaleiros de Cristo, tendo como filosofia de vida os votos monásticos de pobreza, castidade e obediência, a caridade de atender aos pobres e aos enfermos e a obrigação militar de proteção aos fiéis que peregrinam aos lugares santos: Jerusalém, Roma e Santiago de Compostela (Singul, 1999).

No século XI, a Terra Santa fazia parte do Califado do Egito e os cristãos contavam com a tolerância religiosa do Estado islâmico, que permitia as peregrinações a Jerusalém. Mas os turcos seljúcidas iniciam uma política de expansão para o Mediterrâneo, capitaneados pelo califa de Bagdá, Alp Arslan. Depois de tomarem Jerusalém e a Síria dos fatímidas, os seljúcidas derrotam os exércitos bizantinos. Com isso, ameaçaram o poder de Constantinopla e instauraram um estado de intolerância religiosa que obrigou os cristãos a paralisarem as peregrinações à Terra Santa. Como conseqüência desse fato, no famoso Concílio de Clermont em 1095, o papa Urbano II proclama a Primeira Cruzada para libertar o Santo Sepulcro e dar assistência aos cristãos do Oriente. Essa luta dos cavaleiros cristãos contra o islã para libertar Jerusalém culmina a 15 de julho de 1099, com a tomada da Cidade Santa pelos cruzados.

Durante a Idade Média, as casas da Ordem de São João de Jerusalém foram sendo fundadas – com a ajuda de reis e nobres – e situadas ao longo do Caminho francês. Já a Ordem do Templo (templários) deve o seu nome à localização da primeira casa, situada ao lado do lugar em que se levantara o mítico templo de Salomão, em Jerusalém. Os monges-soldados do templo vestiam mantos brancos com cruzes vermelhas, estavam regidos pela Regra de Santo Agostinho e levavam uma vida de austeridade, obediência, castidade e ardor guerreiro.

Em 1119, o rei de Aragão, Afonso, o Batalhador, morria sem deixar descendência, deixando o seu reino como herança à Ordem do Templo,[34] que assim

33. A fundação das ordens de cavaleiros é conseqüência das peregrinações cristãs à Terra Santa e das sucessivas cruzadas organizadas para libertar os lugares santos e lutar contra o islã. Um das ordens mais conhecidas foi a dos Cavaleiros Hospitalários de São João de Jerusalém, que se dedicou à defesa dos peregrinos na Terra Santa e no Caminho de Santiago. A primeira casa da ordem foi fundada na Palestina em 1002, para atender ao primeiro abrigo para pobres, enfermos e peregrinos, que era situado muito próximo ao sepulcro de Cristo, pelo que eram denominados Cavaleiros do Santo Sepulcro. Foram reconhecidos como irmandade hospitalária pelo papa cluniacense Pascoal, em 1113. Seus mantos e capas negras, adornados com cruzes (símbolo do cristianismo), ficaram conhecidos.

34. Segundo Singul (1999), a rede de castelos-conventos templários começava em Navarra. A igreja românica de Eunate (situada no Caminho francês) muitas vezes é associada à Ordem Templária, mas, segundo o autor, não existe documentação que comprove essa teoria.

chegou à Península Ibérica. Todavia, por ordem do papa Clemente V, essa ordem desapareceu em 1312.[35] No entanto, no período de pouco mais de dois séculos, desde princípios do século XII a princípios do XIV, essa ordem desenvolveu uma forte rede de castelos-conventos nos reinos cristãos hispânicos, principalmente localizados no Caminho de Santiago. Quando os templários foram extintos, a maioria dos seus bens passou a engrossar os da Ordem de São João de Jerusalém.

Outra ordem importante de ser mencionada é a de Santiago, que teve a sua origem na defesa da fronteira, na época de Fernando II, de Leão. A igreja galega de Santa Maria de Loio foi a casa central da Ordem dos Cavaleiros de Santiago na Espanha, fundada em 1170 com o nome de "freyles de Cáceres", por ter o núcleo inicial o mandado régio de Fernando II de defender essa cidade.

Por fim cabe ainda mencionar a Ordem de São Lázaro, estritamente assistencial e que também mantinha os seus hospitais de lazarentos distribuídos por todo o Caminho. O leprosário localizado em Sarria foi talvez o mais conhecido em toda a Galícia, tendo sido documentado desde 1475. Os monges-cavaleiros da Ordem de São Lázaro vestiam mantos brancos com a cruz verde e tiveram uma atuação maior em Sarria, Portomarín, Melide e Compostela (todas elas cidades galegas).

A origem da hospitalidade no Caminho aparece muitas vezes associada aos reis de Astúrias.[36] Contudo, a organização de uma rede hospitaleira no Caminho deve-se também à regra beneditina e ao esforço administrativo e organizador de Cluny.

Todos os mosteiros pertencentes a essa ordem, situados ao longo do Caminho ou nas suas imediações, ofereciam hospitalidade aos peregrinos, e isso estava em consonância com a regra de São Bento, que dispõe claramente sobre a hospitalidade que os monges devem oferecer a todos aqueles que dela precisem. A idéia que prevalecia era a de que aquele que chegasse em um mosteiro, peregrino, enfermo, devoto ou pobre deveria ser recebido como se fosse o próprio Jesus Cristo, especialmente se fossem peregrinos que estavam a caminho de Santiago de Compostela. Outra tradição de hospitalidade monástica existente era a *Regula Monachorum* de

35. Em junho de 2001, na época em que eu estava realizando o trabalho de campo, saiu uma matéria no jornal *El País* sobre a documentação que algumas pessoas, basicamente sete, estavam enviando ao arcebispo para ser encaminhada a Roma, sobre a possibilidade de se restaurar a Ordem dos Templários. No Caminho existe um hospitaleiro, que vive em Manjarín, que se apresenta como templário (o último, segundo ele, que restou no Caminho).

36. É interessante ressaltar que já no *Codex Calixtinus* aparece um capítulo destinado à hospitalidade que vale a pena mencionar. *Libro V, Capítulo XI – De como los peregrinos de Santiago hayan de ser recibidos*: "Los peregrinos, tanto pobres, como ricos, han de ser caritativamente recibidos y venerados por todas las gentes cuando van o vienen de Santiago. Pues quinequiera que los reciba y diligentemente los hospede, no sólo tendrá como huésped a Santiago, sino también al Señor, según sus mismas palabras, al decir en el Evangelio: 'El que os reciba a vosotros, me recibe a mí'."

Santo Isidoro de Sevilha (século VII), que determinava que seus mosteiros deveriam dividir as rendas em três partes, destinando um terço das mesmas à ajuda aos pobres (Viñayo González, 1991).

Para Singul (1999), com a Reforma cluniacense se desenvolverá uma rede de mosteiros por todo o Ocidente, sob a direção da grande abadia de Cluny, dirigida pelo abade Pedro, o Venerável. A autoridade espiritual e a força econômica, política e espiritual alcançada por Cluny será determinante na conquista da jurisdição sobre os mosteiros hispanos e suas terras, por doação dos reis e dos nobres, que lhes cederam com a idéia de abrir os seus reinos a um jogo político e uma cultura européia influenciada pela gigantesca rede de abadias dependentes da casa matriz em Borgonha. Os conhecidos monges negros administraram por muitos anos os velhos mosteiros beneditinos do Norte da Espanha e as novas fundações piedosas, promovendo as peregrinações a Santiago com o exercício da caridade e da hospitalidade aos peregrinos, acolhidos em hospedarias separadas ou integradas aos mosteiros estabelecidos ao longo do Caminho.

Os principais mosteiros que pertenciam a essa ordem são os de San Juan de la Peña, Leyre, Irache, Nájera, São Pedro de Cardenha (Burgos), Carrión de los Condes, Sahagún e Astorga, que estão localizados ao longo do percurso do Caminho de Santiago.

Também os monges da Ordem de Cister, de origem francesa, filhos de São Bernardo de Claraval (Clairvaux), exercitaram a hospitalidade como os seus irmãos cluniacenses ao longo do Caminho, juntamente com os jerônimos e os agostinianos.

Nos tempos finais da Idade Média (séculos XIII, XIV e XV), a ordem fundada por São Francisco de Assis foi-se estabelecendo nas periferias das cidades e das vilas do Caminho de Santiago. Segundo conta a tradição, São Francisco de Assis foi em peregrinação a Santiago, no ano de 1214, fundando o primeiro convento franciscano na Península Ibérica, extramuros da cidade de Santiago.

Além das ordens monásticas descritas, colaboraram, na criação da infra-estrutura hospitalária do Caminho, fundações caritativas populares, como os grêmios e as confrarias (sociedade devocional de base social popular), que existem até hoje. Essas fundações construíram também vários hospitais, que eram destinados tanto aos peregrinos *jacobeos* quanto aos enfermos e necessitados do grêmio e aos moradores mais desvalidos do burgo.

Em 2001, quando realizei a peregrinação a Santiago, existiam cerca de cem albergues destinados aos peregrinos no chamado Caminho francês. Nesse total, estão incluídos albergues e refúgios, municipais, religiosos ou privados, existentes por toda a rota, desde Saint-Jean-Pied-de-Port (França, ponto de partida para a subida dos Pirineus).

Em todos eles existem hospitaleiros(as), responsáveis pela manutenção do local e acolhida aos peregrinos. Segundo a Federação Espanhola de AACSC, os hospitaleiros voluntários são "peregrinos que decidem dedicar parte de seu tempo para cuidar de albergues ao longo do Caminho de Santiago". Nessa perspectiva, para se tornar um hospitaleiro é preciso que a pessoa tenha antes realizado o Caminho. Isso, no entanto, só seria válido para os estrangeiros, pois muitos hospitaleiros com quem pude conversar e entrevistar, durante a realização do percurso, me disseram que nunca haviam feito o Caminho, embora desde criança "sempre estivessem acostumados a ver peregrinos em suas cidades e vilas", e por isso acabaram se apresentando para trabalhar como voluntários.

Existe, no entanto, uma idéia recorrente nos discursos dos hospitaleiros entrevistados, tenham eles feito ou não o Caminho, qual seja, que trabalhar como hospitaleiro é uma maneira de "devolver ao Caminho a receptividade e a hospitalidade que receberam", seja dos hospitaleiros ou dos outros peregrinos. Além disso, é uma oportunidade de conhecer uma outra face da peregrinação, do ponto de vista de quem exerce, de quem "doa" ou "oferece" a hospitalidade.

Atualmente quem deseja se candidatar a hospitaleiro tem basicamente duas maneiras: a) fazer um curso de preparação na Espanha, considerado extremamente necessário para que o futuro hospitaleiro adquira experiência para atender aos peregrinos. Esse curso tem sido ministrado oficialmente sob a coordenação do padre José Ignacio Diaz, cura da igreja situada em Grañon, que tem sido o responsável pela formação de hospitaleiros que realizam trabalhos voluntários para a grande maioria dos albergues do caminho. A maioria dos albergues não aceita hospitaleiros que não tenham realizado esse curso; b) entrar em contato diretamente com algum albergue privado do Caminho de Santiago.

Embora eu não tenha conseguido dados sobre o número de peregrinos brasileiros que retornam à Espanha para trabalhar como hospitaleiros, pude perceber, através do material coletado, que pelo menos uns 30 haviam passado por essa experiência, sendo que alguns acabaram "ficando no Caminho", como eles dizem. Além disso, na época em que fiz o trabalho de campo, encontrei com quatro brasileiros que, ao terminarem o percurso, voltaram imediatamente para trabalhar como voluntários em algum albergue, como haviam previamente acordado com o hospitaleiro ou responsável pelo albergue em que iam desenvolver aquela atividade.

Alguns albergues são atendidos diretamente pelas distintas associações *jacobeas*, sejam elas espanholas ou localizadas em outros países. Como, por exemplo, em Belorado (associação suíça), San Nicolás de Puente de Fitero (italiana), Ponferrada (alemã), Rabanal del Camino (inglesa). Por isso, não é fácil calcular o número total de hospitaleiros que trabalham em um determinado ano, pois não existe um controle geral desses dados.

O *revival* compostelano a partir dos anos 1990

De maneira geral, é possível distinguir alguns períodos na história da peregrinação compostelana, em função de sua capacidade de atração em cada momento, da origem social dos peregrinos e de suas motivações. Podemos, assim, situar basicamente seis momentos na história compostelana:

1ª fase – que vai desde a data do descobrimento do sepulcro até meados do século X, em que se iniciam as peregrinações a partir dos países estrangeiros;

2ª fase – desde esse momento até o final do século XI, quando se entra na segunda fase de formação ou expansão do fenômeno;

3ª fase – os séculos seguintes (XII, XIII, XIV), que constituem o esplendor das peregrinações jacobeas;

4ª fase – a partir de meados do século XIV até princípios do século XVI, situa-se a fase mais crítica do fenômeno;

5ª fase – desde o século XVI até praticamente o século XX;

6ª fase – século XX, quando começa o processo de revitalização sob novos padrões simbólicos, religiosos, sociais e culturais.

No início do século XX, um fato de suma importância histórica levará o arcebispo compostelano a informar ao núncio papal, em Madri: no ano jubilar de 1909, um grupo de 46 pessoas, encabeçadas pelo arcebispo de Westminster, chega até a tumba do Apóstolo, coisa que não acontecia, de forma organizada e com tais efeitos, desde o ano de 1558.

As posteriores intervenções de Pio XII e Paulo VI, insistindo na importância dessa prática e, já em época mais recente, o compromisso explicitado pelo papa João Paulo II são aspectos considerados decisivos para a atual revitalização do processo. Sendo que este último incluiu-se entre os peregrinos compostelanos de 1982. A relevância de seu trabalho com relação ao Caminho pode ser atestada através de seus pronunciamentos em distintas ocasiões, particularmente quando salientou a importância que tem para a comunidade européia o reencontro com as suas raízes, e convidou a juventude de todo o mundo a visitar a cidade de Compostela em 1989 (encontro que reuniu cerca de 500 mil jovens).

As mudanças sociais que ocorreram ao longo da história, e especialmente no último século, deixaram as suas marcas no fenômeno peregrinatório, tanto em sua estrutura como em sua composição. Além disso, parece evidente que o surgimento de novos meios de locomoção irá mudar substancialmente a forma de se chegar a Santiago, à tumba do Apóstolo. O crescimento do número de pessoas, associado às modificações da rede viária do Noroeste da Espanha, bem como o desenvolvimento das vilas e aldeias, irão modificar o traçado “clássico” do Caminho.

Tudo isso exerceu influência no fenômeno estudado, mas não o extinguiu. Aliás, o que ocorreu mesmo foi a sua incrementação, ainda que tenham sido conservados os meios tradicionais, tanto de locomoção (a pé e a cavalo), como das rotas utilizadas.

Para compreender melhor o novo florescimento da tradição *jacobea* e seu valor e sentido na época atual, é necessário remontarmo-nos particularmente ao ano de 1982. Este sem dúvida é um ano marcante, citado pela maioria dos autores que tentam explicar o revigoramento do Caminho a partir dos anos 1980, devido aos seguintes aspectos:

Em primeiro lugar, é um Ano Santo Compostelano e, pela primeira vez, em toda a Europa, os meios de comunicação dão notável destaque ao fato. A televisão e os jornais falam maciçamente da peregrinação compostelana, despertando o interesse e chamando a atenção sobre um fenômeno que para a maioria era só uma lembrança. Em segundo lugar, esse foi o ano em que o representante máximo da Igreja católica, o papa João Paulo II, fez a sua primeira visita a Santiago. Em seu discurso, proferido na cidade, há uma clara referência a uma tradição européia de raízes comuns, de uma única civilização nascida das peregrinações, como irei discutir mais adiante.

Ao que tudo indica, a partir desses fatos foram desencadeadas várias ações. Direta ou indiretamente, se desperta o que poderíamos chamar da "memória coletiva", seguindo Pollak (1992), em torno do assunto. Este autor trata com propriedade o tema da memória e do esquecimento na construção da identidade dos grupos. Analisa particularmente distintos grupos sociais e as "memórias subterrâneas", e como estas competem na consolidação de uma história, de uma versão, do papel de determinado grupo social, na preservação ou esquecimento de certos fatos e de seus significados. Pollack destaca também o trabalho de "enquadramento" da memória, que reinterpreta continuamente o passado em função dos grupos detentores dessa memória. Outro ponto importante destacado pelo autor e que está diretamente relacionado com nosso tema diz respeito aos processos e atores que intervêm na formalização e consolidação da memória coletiva, destacando a importância da história oral para afloramento das memórias subterrâneas reprimidas em determinado contexto, pelas imposições da ordem social.

É bastante significativo o alcance que a peregrinação *jacobea* passou a ter em vários países da Europa nas últimas duas décadas. Em quase todos os principais países europeus se criaram centros de estudos *jacobeos*. Ao lado do Centre d'Etudes Compostellaines, que já funcionava desde 1955 na França, e do trabalho desenvolvido pela Archicofradía de Santiago com a publicação da revista *Compostela*, pelo Centro de Estudios Jacobeos Compostellanum, se formam outras associações que reúnem centenas de membros. Em 1982 é criada a Associação de Amigos do Caminho de Santiago na Itália, no ano seguinte na Inglaterra, na Bélgica e na Holanda em 1985, na Alemanha (1986) e na Suíça (1988).

Na Espanha existem atualmente mais de 30 associações de amigos do Caminho, que desenvolvem a importante tarefa de divulgação e promoção de todos os aspectos vinculados à peregrinação, cuja federação edita a revista *Peregrino*, que já tem grande difusão dentro e fora do país.

A partir dessa época também foram realizados vários congressos internacionais, que reuniram os principais especialistas sobre o assunto. Por outro lado, a Espanha, ao entrar na Comunidade Européia em 1985, se apresentou com uma exposição sob o título "Santiago de Compostela: Mil Anos de Peregrinação Européia", reunindo conceitualmente: Santiago, Europa e peregrinação. E é precisamente nessa ocasião que o fenômeno *jacobeo* entra como tema junto às autoridades políticas e culturais do Conselho da Europa e nasce a idéia do Caminho de Santiago como primeiro "Itinerário Cultural Europeu", um projeto que teve seu lançamento nessa mesma cidade, no dia 23 de outubro de 1987.

Mas não é só em nível político e social que se vê o ressurgimento do interesse pelo Caminho. Voltam a formar-se "confrarias",[37] se publicam boletins, se restauram hospitais, se abrem refúgios, e milhares de pessoas de todos os cantos da Europa partem em peregrinação até Santiago.

Os dados coletados pela Oficina de Peregrinos da Catedral de Santiago (que apresento mais adiante) e os testemunhos que podem ser recolhidos nos diversos albergues durante o percurso[38] indicam o vertiginoso crescimento do número de pessoas que fazem a peregrinação todos os anos a partir da década de 1980, indicando que hoje é um fenômeno de massa. A ampla difusão do fenômeno através dos mais sofisticados meios de comunicação, como a Internet e a imagem direta via satélite que transmite ao vivo a Catedral de Santiago e seu entorno, 24 horas por dia, inauguram uma nova era na história da transmissão cultural e na história compostelana.

O surgimento e o desenvolvimento dos meios técnicos e das instituições de transmissão cultural e da comunicação de massa é uma das principais características das chamadas sociedades modernas, sendo um processo que esteve estreitamente interligado com o desenvolvimento do capitalismo industrial e com o surgimento do moderno Estado-Nação. É também um processo que transformou, profundamente, as maneiras como as formas simbólicas circulam nas sociedades modernas e, eu acrescentaria, transnacionalmente e transculturalmente.

Nas últimas décadas, essas instituições se tornaram cada vez mais integradas em conglomerados de comunicação de grande porte, e a circulação de formas simbólicas se tornou cada vez mais global. O desenvolvimento e alcance das novas tecnologias de comunicação, como, por exemplo, o computador, a Internet e a

---

37. Confraria é uma associação ou sociedade para fins religiosos.

38. Normalmente os hospitaleiros fazem um levantamento mensal de dados sobre o perfil dos peregrinos, que é encaminhado depois para as respectivas administrações.

televisão a cabo, seguiu e facilitou essas tendências, enquanto que ao mesmo tempo marcava o começo de um novo ponto de partida importante na história das modalidades de transmissão cultural.

As principais causas do crescimento vertiginoso das peregrinações a Santiago, no final do século X, podem ser atribuídas fundamentalmente às seguintes razões: a intensa atuação da Xunta de Galicia, particularmente aquela inscrita sobre o nome de Plano Jacobeo (tanto no ano de 1993 como no de 1999),[39] que contou com o apoio de outros organismos oficiais das administrações centrais, autônoma e local e, principalmente, da Igreja. Esses planos foram concebidos com dois objetivos básicos: a) uma estratégia para o desenvolvimento da Galícia e das comunidades situadas no Norte da Espanha,[40] que são recortados pelo Caminho; e b) fomentar o turismo.

Fundamentalmente, os planos estavam apoiados em dois fatores: a tradição peregrinatória milenar a Santiago e a riqueza do patrimônio artístico e cultural, ambas relacionadas historicamente com a Igreja.

A afluência de peregrinos e visitantes sempre preocupou as autoridades políticas e religiosas. Apesar de os termos dos discursos professados, os propósitos administrativos de consolidação de uma atração turística que beneficia toda a Galícia e os propósitos das autoridades eclesiásticas de evangelização serem diferentes, esse fato não impede que eles atuem muitas vezes em colaboração.

Pode-se perceber que a partir de 1993, ano de aplicação do primeiro plano estratégico, temos uma expressiva revitalização das peregrinações e, a partir de 1994, os números quase duplicam com relação aos períodos anteriores.[41]

O projeto de revitalização da Galícia por meio do turismo ocorreu principalmente a partir de 1990, quando Don Manuel Fraga Iribarne assumiu a presidência da Xunta de Galicia. Em seu governo foi elaborado o Plano Jacobeo 93, um plano de desenvolvimento articulado em torno do Caminho de Santiago por ocasião do Ano Santo. O plano constituiu um projeto de Estado para o Norte da Espanha, com atuação prevista para as oito comunidades autônomas que são atravessadas pelo Caminho. A Coroa e a Administração Central participaram ativamente do projeto.

Grande parte das atuações políticas repercutiu na cidade de Santiago, que se converteu nos últimos anos em um lugar de atração por si mesma, com um crescimento

---

39. O Plano Jacobeo aglutina propostas e metas de um número significativo de ações e iniciativas de intervenção social que partem da Igreja e do governo da Galícia e mobilizam um volume considerável de recursos.

40. As comunidades do Norte da Espanha são: Navarra, Rioja, Aragón, Castela, León, País Basco, Cantabria e Asturias.

41. No Capítulo 3 apresento os principais dados estatísticos sobre o Caminho, como o crescimento do número de peregrinos e sua caracterização geral; no Anexo 2, apresento ainda o trajeto das principais rotas.

urbano importante a partir do momento em que passou a ser a capital da Galícia e sede da junta.

O centro histórico da cidade de Santiago de Compostela foi declarado em 1941 como conjunto histórico de interesse nacional, e está protegido pela Unesco desde 1985. Apesar das diversas mudanças que ocorreram na cidade, em função de seu desenvolvimento, na planificação urbana sempre se procurou respeitar a estrutura do núcleo antigo, sendo que a cidade conta com numerosos prêmios nacionais e internacionais.

Atualmente, as pessoas que chegam em peregrinação à cidade encontram uma série de melhorias e novidades com relação àqueles que vieram antes do Jacobeo 93. As rotas estão melhor sinalizadas, existem mais albergues, as informações estão mais atualizadas e o serviço de proteção ao peregrino é bastante eficiente.

As famosas flechas amarelas, que sinalizam todo o trajeto do Caminho de Santiago, passaram a ser um símbolo *jacobeo*, e suas diferentes representações viraram *souvenirs* vendidos em lojas, albergues, hostais e no comércio geral.

O Plano Jacobeo 93 estabeleceu uma série de objetivos inspirados na declaração do Conselho de Europa de 1987, enquanto que o de 1999 supôs uma continuidade desses objetivos com algumas inovações. De maneira geral, o programa do Jacobeo 99 tem as mesmas metas em termos de sua atuação, em todas as comunidades autônomas pelas quais o Caminho passa. Tal como ocorreu em 1993, o Plano Jacobeo 99 foi também assinado por todas elas, sendo que esse foi o primeiro projeto galego que ampliava sua atuação por outras comunidades e pela Europa.

Os dois projetos abrangem assim uma série de iniciativas que se integram em uma diversificada e renovada proposta cultural e artística. Dentre suas metas de atuação podemos destacar as seguintes: identificação, recuperação, reabilitação e delimitação do Caminho francês, a criação de novos albergues, sinalização e instalação de painéis informativos ao longo do Caminho, programa cultural e atividades de promoção, dinamização socioeconômica de algumas áreas e, finalmente, uma série de ações pontuais em termos de manutenção do patrimônio e de proteção jurídica do Caminho.

Em 1993, a Xunta de Galicia concentrou basicamente toda a sua atenção na reabilitação do Caminho francês (até hoje o mais utilizado), que necessitou de intervenções em dois terços de sua extensão. Já a grande novidade em 1999 foi que, a partir dessa data, se considera que toda Galícia é Caminho de Santiago, já que existem múltiplas rotas que levavam à cidade. Estas foram delimitadas na Lei de Proteção do Caminho, de 1996, que define como Caminho a Santiago os seguintes percursos: o Caminho inglês, o português, do Norte, de Fisterra, a Via da Prata e a rota marítima do mar da Arousa e rio Ulla.[42]

42. Artigo I do Real Decreto 612/1998, de 20 de abril.

A criação de uma rede de albergues foi também fundamental para os peregrinos que chegam caminhando ou de bicicleta. Em 1993, criou-se uma ampla rede de albergues que permite ao peregrino que comprove a sua condição, através da posse da credencial do peregrino,[43] pernoitar de graça (os donativos são facultativos) em todos eles ao longo do Caminho francês. Em 1999, a Xunta de Galicia complementou a rede de albergues públicos ao longo do Caminho francês e abriu cerca de 20 novos albergues nas outras rotas.

A melhoria da sinalização dos caminhos e do sistema de informações ao peregrino foi também um objetivo dos planos. Em 1993, se concluiu a sinalização do Caminho francês, com as tradicionais flechas amarelas, vieiras[44] e painéis informativos, espalhados em determinados pontos por todo o percurso. Também foram elaborados folhetos informativos, que são distribuídos através dos serviços de atenção ao público com informações sobre o Caminho e a Galícia em geral. Em 1999, a sinalização não se limitou apenas às flechas amarelas, foram instalados também marcos de sinalização que indicam os quilômetros que faltam até a cidade de Compostela, de maneira regressiva. São mais ou menos 200 km sinalizados com marcos, com o desenho da concha (símbolo da peregrinação *jacobea*).

Em 1999, a informação destinada ao peregrino foi ampliada e o plano elaborado nesse ano se caracterizou sobretudo pela modernização das intervenções, com a utilização de novas tecnologias na divulgação e na promoção (vídeos, CD-ROM e criação de *sites* na Internet).

A dinamização e revitalização socioeconômica da região foi também uma das preocupações, uma vez que o Caminho de Santiago atravessa distintas zonas, onde o índice populacional é baixíssimo,[45] e a população bastante pobre. Em algumas áreas (zona rural), a economia é basicamente de subsistência.

Também foram postas em prática determinadas ações pontuais em matéria de defesa do patrimônio e proteção jurídica do Caminho, especialmente as que se concretizaram na Lei de Proteção do Caminho, de 1996. Em 1999, a reabilitação dos elementos patrimoniais vinculados ao Caminho, tais como igrejas,

43. A Credencial do Peregrino é uma espécie de caderneta que funciona como um passaporte, obtida no início da caminhada nas Associações dos Amigos do Caminho. Em cada local por onde o peregrino passa ele recebe um selo (carimbo característico de cada local). Ao longo do trajeto, esses selos podem ser obtidos nos albergues, paróquias ou refúgios de pessoas representativas do povoado, vilas ou cidades. O selo certifica a passagem do peregrino por aquele local e é fundamental para a obtenção da Compostela.

44. A vieira ou concha é usada como distintivo, geralmente carregada no peito em cordões ou ainda costurada ou amarrada nas roupas, bolsas e mochilas, desde os primórdios da peregrinação *jacobea*, sendo um de seus principais símbolos.

45. Em algumas localidades (vilas) em que passei durante a realização do trabalho de campo, registrei alguns locais com 200, 20 e até oito habitantes, como é o caso de El Acebo.

fontes, pontes, capelas, mosteiros, vilas e aldeias, sofreu diferentes tipos de intervenção.

Para muitos peregrinos,[46] o principal interesse nos Anos Santos consiste na possibilidade de ganhar o jubileu ou a indulgência plenária depois de cumprirem uma série de condições: visitar a Catedral de Santiago e a tumba apostólica, rezar alguma oração, receber os Sacramentos da Penitência (15 dias antes ou depois dos demais requisitos), da Eucaristia e atravessar a Porta do Perdão.

A partir de 1993, talvez como conseqüência de um contingente significativo de peregrinos que fizeram o Caminho e receberam a Compostela, tanto ao longo do Caminho quanto na cidade de Santiago, ter declarado que o motivo principal que os levou a fazer a peregrinação não era religioso, foi possível perceber uma reação da Igreja, que passou a ter uma preocupação maior em esclarecer a um público mais amplo em que consiste realmente uma peregrinação do ponto de vista cristão, com intuito de impedir que uma das rotas de peregrinação religiosa mais famosa do mundo pudesse perder a sua "espiritualidade e transcendência" e se converter num mero circuito turístico.[47]

Em um artigo publicado na revista *Compostela*, encontramos um texto do monsenhor Ricardo Vázquez que expressa bem essa preocupação. Segundo ele:

> Peregrinar é muito mais que um esporte, muito mais que uma aventura, muito mais que uma viagem turística, muito mais que rota cultural através dos monumentos admiráveis, testemunhas silenciosas de uma rota secular. Sem negar o sentido específico dos motivos indicados, a peregrinação possui uma alma humana e cristã esmorecida, a qual perde a sua íntima eloqüência, a sua chamada a acordar o espírito, a sua capacidade fraternizadora de homens e dos povos. Sem alma, o caminho seria inerte. (Compostela, 1995, p. 8-9, tradução minha.)

Durante os dois últimos Anos Santos a afluência de peregrinos e visitantes ultrapassou em muito as previsões da Oficina de Peregrinos, ocasionando uma série de situações em que ficou patente a intervenção de alguns elementos "inovadores", nem sempre do agrado da Igreja.

É bastante expressivo um dos editoriais da revista *Compostela*, no qual é salientada a necessidade de velar pela autenticidade da peregrinação, uma vez que se detecta certa "mistura" ou "confusão". Como vemos a seguir:

---

46. Segundo a definição feita pela Igreja católica, de acordo com a delegação diocesana de peregrinações, em sentido estrito são peregrinos aqueles que fazem o Caminho a pé (pelo menos últimos 100 km), de bicicleta ou a cavalo (nesse caso são considerados pelo menos os últimos 200 km), os cristãos que utilizem qualquer outro meio para chegar a Santiago, com a intenção cristã. Em qualquer dos casos, a peregrinação deve ter sempre um sentido cristão (*pietatis causa, devotionis causa*).

47. As interfaces entre a peregrinação e o turismo serão exploradas mais adiante.

> A arquiconfraria, que ao longo dos séculos fomentou a peregrinação a Santiago e atende aos peregrinos, sente-se obrigada a velar pela autenticidade da mesma. Por isso esforçamo-nos para dissipar a confusão existente a favor da clareza e veracidade da peregrinação. Estamos convencidos de que a peregrinação que deseja a Igreja é a que se projete para o Terceiro Milênio com toda a sua força de evangelização. Nos assusta pensar que possamos incorrer no risco de despossuí-la do seu verdadeiro conteúdo, reduzindo-a a horizontes imediatistas. (Compostela, 1997, p. 3, tradução minha.)

Independente do arcebispado encontra-se a Oficina de Acolhida do Peregrino, presidida pelo padre Jaime Garcia Rodriguez, delegado de Peregrinações. A oficina é encarregada de emitir a Compostela, o certificado que recebem os peregrinos, e de editar a revista *Compostela*. Santiago é a sede da Arquiconfraria do Apóstolo Santiago, conhecida como confraria das confrarias que existem em todo o mundo sobre o apóstolo Santiago, e que tem entre os seus objetivos "colaborar com a Catedral".

Ainda que se possa considerar a origem histórica do Caminho de Santiago como religiosa,[48] o governo da Galícia e os governos das outras comunidades autônomas pela quais transcorre o Caminho mantiveram durante o Ano Santo uma atitude laica nas suas atuações e políticas de promoção, diferentemente da que tiveram as instituições religiosas, muito embora estas tenham reconhecido o importante trabalho da Xunta de Galicia na promoção dos anos *jacobeos*.

As instituições civis tratam o Caminho como uma rota turística pela qual passam diversos tipos de viajantes, e suas políticas estão a eles destinadas, independentemente de que a peregrinação possua ou não um caráter religioso, muito embora reconheçam e explorem o fato de que a grande atração despertada pela cidade de Santiago é a de ser um "importante centro espiritual universal".

No caso concreto do Caminho de Santiago, convém ressaltar a necessária e intensa colaboração entre as instituições citadas, com relação a aspectos como a conservação do Caminho, a manutenção da infra-estrutura, a celebração de determinados acontecimentos ou a promoção do Caminho. Essa colaboração parece estar desvinculada do partido político que governe a cidade. Em 2001, a prefeitura de Santiago, de cunho socialista, mantinha excelentes relações com a Igreja.

As relações entre a Igreja e o governo aparentemente mostram-se cordiais e fluidas, e um exemplo é a colaboração realizada em inúmeras áreas, incluindo aí um elemento moderno: a página da Internet do governo da Galícia para o Jacobeo 99 (www.xacobeo.es), que destina uma parte importante ao Ano Santo em sua página principal. Aliás, esse tema ocupa o segundo lugar, depois do chamado noticiário e antes da informação histórica, turística e prática sobre o Caminho de

48. As peregrinações são um fato complexo e pode-se argumentar que já nas suas origens a peregrinação a Santiago teve aspecto não só puramente religioso, como comercial (Vázquez de Parga; Lacarra; Uria Riu, 1993) e político (Barreiro Rivas, 1997, 1999).

Santiago. Quando se acessa no *site* o item Ano Santo pode-se entrar em outras páginas relativas ao Arcebispado de Santiago, à Catedral ou aos horários da missa ao longo do Caminho.

O Caminho de Santiago: itinerário comum europeu

Conforme já tive a oportunidade de mencionar, o estabelecimento das rotas de peregrinação a Santiago de Compostela, que atravessam e articulam o solo europeu, foram, segundo distintos autores, determinantes para a criação da Europa como civilização integrada à cultura cristã do Ocidente medieval.

De fato, não há dúvida de que a multissecular peregrinação a Santiago, através do Caminho, gerou desde o início uma extraordinária vitalidade espiritual, cultural e econômica (Fernández Arenas, 1998). Estimulando o florescimento de literatura, música, arte e história, como conseqüência nasceram cidades e vilas, edificaram-se hospitais e albergues, surgiram vias comerciais e mercados, traçaram-se caminhos e pontes e ergueram-se catedrais e igrejas que elevaram a arte românica, particularmente na Espanha, a um esplendor não conseguido por outros estilos. Esse valioso patrimônio fez com que o Conselho da Europa reconhecesse o conjunto de rotas compostelanas como o primeiro "Itinerário Cultural Europeu". Em 1987, uma solene "Declaração de Santiago de Compostela" reconhecia e sublinhava o transcendental valor cultural da peregrinação na formação de uma civilização única e comum a todos os povos europeus (Von Saucken, 1993). Anos depois, a Unesco declarou a cidade de Santiago de Compostela como Patrimônio Cultural da Humanidade.

Sem dúvida, desde os primórdios de sua "invenção", o Caminho tem sido reconhecido como o crisol de culturas, transmissor de correntes e idéias por todo o continente, encontro de povos, culturas e línguas e eixo vertebrado da primeira consciência comum da Europa. Atribui-se a Goethe a seguinte frase: "a Europa fez-se peregrinando a Compostela".[49]

Um dos reconhecimentos mais profundos e significativos de seu valor universal e da sua relação com a Europa pode ser percebido nas distintas intervenções realizadas pelo papa João Paulo II que, em sua primeira visita a Santiago, em 1982, declarou:

> Yo Obispo de Roma y Pastor de la Iglesia Universal, desde Santiago te lanzo, vieja Europa, un grito lleno de amor: vuelve a encontrarte. Sé tu misma, descubre tus orígenes, aviva tus raíces, revive aquellos valores auténticos que hicieron gloriosa tu historia benéfica tu presencia en los demás continentes [...].

49. Embora eu não tenha encontrado a referência bibliográfica dessa citação atribuída a Goethe, ela aparece com muita recorrência nos livros e guias escritos sobre o Caminho.

> Mi mirada se extiende sobre a inmensa red de vías de comunicación que unen entre sí a las ciudades y naciones que componen el continente europeo, y vuelvo a ver aquellos caminos que, ya desde la Edad Media, han conducido y conducen a Santiago de Compostela. (João Paulo II. Ato Europeísta. Catedral de Santiago, 9-XI-1982.)

Trata-se de uma mensagem bastante explícita, estritamente relacionada com a concepção de Europa cristã que o papa sustentava sempre com grande vigor e paixão. Além disso, em outra ocasião ele menciona que os peregrinos que vão a Santiago teriam sido os primeiros "depositários da consciência européia".

É dentro desse contexto que podemos situar a ressignificação que vem sendo realizada em torno do fenômeno da peregrinação a Santiago. Esta deixa de desempenhar um simples valor cultural e histórico para se transformar em símbolo de uma nova identidade, constitutiva e constituinte de uma nova "cultura européia", tal como tem sido veiculada nos discursos de diferentes atores e agentes sociais.

O amplo sistema de signos e símbolos relacionados à peregrinação compostelana, que estou denominando "universo ou mundo compostelano" (Becker, 1977b), tem transportado o finisterra do mundo ocidental, onde a civilização dos últimos séculos parecia tê-lo encurralado, outra vez para o coração da Europa.

O que procuro sustentar neste estudo, apoiada por Geertz (1978) e Hobsbawn e Ranger (1997), é justamente a idéia de que é através de um conjunto de símbolos religiosos, culturais e políticos vinculados ao que se convencionou chamar de Caminho de Santiago que um conjunto de "especialistas", de instituições e de agências a ele relacionados pretendem revigorar uma ideologia (enquanto sistema cultural), vinculada a uma modalidade religiosa (católica), a fim de tentar "restituir" à mesma Europa uma dimensão que havia sido responsável por sua formulação ("invenção") e por sua projeção por todo o Ocidente.

Em certo sentido, pode-se dizer que o Caminho de Santiago tem sido utilizado como a grande metáfora da (re)construção da Europa, a da coexistência e da convivência de comunidades diferentes, que se articulam em um projeto solidário de cooperação econômica (Comunidade Européia) para enfrentar os grandes capitais (leia-se Estados Unidos) a partir da criação de uma moeda comum, com a qual, grosso modo, se pretende superar os grandes conflitos advindos do neoliberalismo e da globalização.

O Caminho é assim sempre apresentado como germe de um sincretismo de línguas, etnias e culturas únicas, um exemplo de como é possível a confluência e o contraste de vozes diversas. Um itinerário que é apresentado também pelos órgãos governamentais como "espiritual e físico", que é reconhecido como o Primeiro Itinerário Cultural Europeu e como Patrimônio da Humanidade, sem menosprezo de seu propagado conteúdo espiritual e, talvez precisamente por isso, um instrumento eficaz para estimular os contatos culturais, artísticos e comerciais entre os cidadãos dos distintos países, tornando o peregrino um "cidadão do mundo".

O *revival* da peregrinação compostelana, sobretudo a partir do final da década de 1980, coincide também com um importante movimento, o da formação do que tem sido chamado de Nova Europa. Levando-me a inferir que mais uma vez a confluência de fatores políticos, econômicos e culturais levariam a distintas agências, como, por exemplo, a Igreja católica, o governo da Espanha, a Comunidade Européia, a recorrerem ao poderoso poder simbólico do "mundo ou universo compostelano", de toda a cosmologia inscrita no que se convencionou denominar Caminho de Santiago. É nesse sentido que ele tem sido representado como símbolo da União Européia e sustentado por determinados tipos de valores que são atribuídos à própria peregrinação e que são atualizados durante a experiência que as pessoas têm ao fazer o Caminho, como, por exemplo, solidariedade, fraternidade, companheirismo etc. O próprio ator social desse cenário, no caso, o peregrino, é visto como um importante canal de difusão não só da cosmologia *jacobea* como de seu "espírito", no contexto da chamada Nova Europa.

Conforme frisou o prefeito de Santiago, Don José Sánchez Bugallo, ao ler a invocação ao apóstolo Santiago em 30 de dezembro de 2000, "não é possível transmitir ao mundo uma mensagem melhor nem mais atual para abrir passagem ao Terceiro Milênio que aquilo que simboliza o espírito do Caminho de Santiago" (Compostela, 2001a, p. 39).

As redes de significados e de relações sociais tecidas em torno do Caminho são, assim, permanentemente ressignificadas. Por outro lado, entra em cena um novo ator social (o peregrino), "cidadão do mundo" que teria como "missão" difundir e propagar os valores vividos em uma experiência tão significativa, em sua volta ao seu país, ao seu trabalho, à sua escola ou sua universidade, à sua família, enfim, ao seu cotidiano.

Em diferentes discursos, seja o da Igreja ou o da Xunta de Galicia, se pode perceber a recorrência com que se aposta e se investe no efeito multiplicador do papel do peregrino como difusor de um ideal. Por isso, diferentes especialistas consideram determinante que o que chamam da "primeira ação", a da formação e construção social do peregrino, sobretudo do "espírito peregrino", se realize dentro de alguns parâmetros. Para isso, conforme já apontei, existe um grande investimento econômico, político e cultural por parte do governo espanhol e particularmente do governo da Galícia, onde se situa a Catedral de Santiago, que se reflete na construção de novos albergues, na formação de hospitaleiros de todas as nacionalidades, na manutenção das vias que ligam as diferentes rotas do Caminho de Santiago, na propaganda, na criação de novas Associações de Amigos do Caminho.

Nesse sentido, a Compostela, certificado que é dado pela Catedral de Santiago como prova de cumprimento da peregrinação, tem quase o valor de um diploma que atesta a conclusão de uma verdadeira experiência formativa, de um verdadeiro aprendizado, como procurarei detalhar com mais profundidade no Capítulo 4. Mais do que um certificado que atesta o término de um duro esforço físico, a Compostela parece representar sobretudo um verdadeiro curso de formação espiritual e cultural que deve converter-se no empenho de continuar vivendo e difundindo os valores vividos ao longo do Caminho de Santiago, numa espécie de contraprestação do "dom" recebido, como nos diria Mauss (1978).

A idéia amplamente vinculada de uma Nova Europa que está (re)nascendo, depois da queda do muro de Berlim, não pode ser reduzida apenas a uma estrutura econômica, fundamentada em um sistema monetário comum, em consumos e quotas de mercado. Como um "ideal mítico", parece ser esperado que essa perspectiva seja construída com base em um sistema de valores, em uma tradição.

Ao fazer algumas observações gerais sobre as tradições inventadas desde a Revolução Industrial, Hobsbawn e Ranger (1997) classificam-nas em três categorias superpostas: a) aquelas que estabelecem ou simbolizam a coesão social ou as condições de admissão de um grupo ou de comunidades reais ou artificiais; b) aquelas que estabelecem ou legitimam instituições, *status* ou relações de autoridade; e c) aquelas cujo propósito principal é a socialização, a inculcação de idéias, sistemas de valores e padrões de comportamento. Do meu ponto de vista, a peregrinação estudada abarca aspectos vinculados às três categorias, uma vez que se pretende um símbolo de coesão social; legitima e reforça o papel da Igreja católica, em que pesem as contradições internas e a ressignificação do que seja religião; e aposta no processo de socialização da experiência enquanto forma de aprendizado e de reforço dos "valores" cristãos.

O alto investimento que é feito em torno da figura do peregrino, particularmente do europeu, parece estar relacionado ao papel que lhe é atribuído dentro desse cenário, ou seja, de difusor de um ideal. Em várias publicações existentes sobre o Caminho aparece a idéia de que é o peregrino que testemunha sua experiência que, ao reintroduzir-se novamente em seu mundo, pode transmitir em seu ambiente os valores que vivenciou e assim contribuir eficazmente para a formação e construção de uma Europa "mítica": a que tem sua espiritualidade, sua maneira de ser, seus princípios morais e sociais, sua cultura, sua arte, sua sensibilidade, ou seja, "suas raízes", como disse João Paulo II em um de seus discursos,[50] indicando a tradição cristã que a articulou e sedimentou profundamente, em cada uma de suas ramificações.

---

50. O famoso discurso sobre a Europa, realizado pelo papa João Paulo II, foi proferido em 9 de novembro de 1982 e, como recordação, existe uma síntese escrita em uma placa de bronze que foi colocada na cripta apostólica na Catedral de Santiago.

A esse ideal de Europa vemos contraposto um outro, de uma Europa fundada, ou, melhor dito, (re)fundada, sob os valores e tradições cristãos, um ideal que sempre existiu e que não se tem que buscar muito longe. Essa Europa "mítica", idealizada, não tem que ser construída porque já existe e não pertence a um passado irrecuperável, faz parte de uma tradição que é assim permanentemente (re)inventada.

Segundo o papa João Paulo II (1988), essa Europa "é cristã nas suas próprias raízes. [...] Nas diferentes culturas das nações européias, quer no Oriente quer no Ocidente, [...] circula uma linfa comum haurida duma única fonte."

Uma Europa que, segundo esse ponto de vista, não necessita inventar-se nem nascer de uma união de bancos centrais, nem de uma moeda única. Pois, acredita-se, deve ser uma civilização fundamentada nos valores da pessoa, de seu destino transcendental e da mensagem cristã, que tem como pressuposto a união de todos os homens e de todos os povos.

Como se pode perceber, a peregrinação a Santiago é algo muito complexo, produzindo e construindo sentidos e significados muito distintos.

Turismo e peregrinação: suas múltiplas interfaces

Como venho demarcando, o tema do presente estudo diz respeito a uma viagem, um deslocamento que é empreendido por milhares de pessoas todos os anos. Sobre como e por que durante um período de tempo as pessoas deixam seus lares, locais de trabalho e de moradia para viverem uma experiência que a princípio também poderia ser classificada como turística. Enquanto turismo, poderíamos dizer que se refere ao consumo de determinados bens e de serviços, que são consumidos porque geram supostamente experiências prazerosas, diferentes daquelas com que nos deparamos na vida cotidiana, implicando sobretudo focalizar, conhecer, lançar um olhar sobre um conjunto de diferentes paisagens, cenários, monumentos ou cidades que se situam fora do cotidiano das pessoas que empreendem a viagem.

Do meu ponto de vista, turismo e peregrinação devem ser entendidos não apenas como experiências históricas de formas distintas de deslocamento espacial, mas também como categorias de análise e de compreensão da realidade que condensam significados que estão sendo atualizados e reavaliados permanentemente na prática social. Por isso mesmo, procuro destacar as distintas interfaces que podem ser estabelecidas entre peregrinação e turismo.[51]

---

51. O turismo se converteu na primeira indústria espanhola, segundo dados da Organização Mundial de Turismo, que consolidam a Espanha como o segundo destino mundial, com 52 milhões de turistas e 5 bilhões de pesetas deixados pelos turistas no país em 2000. Em 1999, Ano Jacobeo,

A viagem sempre gerou representações distintas e muitas vezes contraditórias, tanto na literatura quanto no meio acadêmico. E, de maneira geral, podemos dizer que o turismo pode ser entendido como a manifestação moderna da viagem.[52] Nas ciências sociais o debate sobre turismo surge em meio à controvérsia sobre a natureza do turismo como pseudo-acontecimento ou como evento autêntico, o que embala os debates sobre o tema até hoje.

Araújo (2001), ao discutir e contrapor Boorstin e MacCannell, dois importantes estudiosos do turismo como fenômeno social, destaca a diferença que estabelecem entre viajantes e turistas e a questão da experiência do contato produzida com relação às sociedades receptoras.

Os autores analisados coincidem na crítica à artificialidade das experiências turísticas e à falta de contato direto dos turistas, permanentemente intermediados pelos agentes. No entanto, a diferença em suas argumentações deve-se, entre outros fatores, à associação da idéia de viagem. Enquanto Boorstin entende-a como devedora da tradição do *grand-tour*, MacCannell postula a transformação do paradigma da viagem em turismo. Nesse último modelo de interpretação, a compreensão dos espaços turísticos se dará nesse lugar em que está em operação a idéia de "autenticidade encenada" (Araújo, 2001).

Para MacCannell, então, o turismo aparece como uma busca pela autenticidade, a ser encontrada em outras culturas. Nesse sentido, o turista seria uma espécie de "peregrino contemporâneo", procurando autenticidade em outras épocas e em outros lugares, distanciados de sua vida cotidiana (Urry, 1996).

Em seu estudo sobre o desenvolvimento do turismo,[53] Urry (1996) destaca que a democratização das viagens de lazer, antes privilégio das elites, torna-se ainda maior quando já no século XX se dissemina o uso do automóvel e do avião. Some-se a isso o direito ao descanso remunerado, uma conquista dos trabalhadores. Segundo o autor, por ocasião da Segunda Guerra Mundial, houve uma aceitação geral da idéia de que sair de férias era bom e constituía a base da renovação pessoal. As férias quase haviam se tornado marca da cidadania, um direito ao prazer (Urry, 1996, p. 47).

Vários autores apontam ainda para o fato de que viajar sempre foi uma experiência socialmente seletiva, pois inicialmente estava à disposição de uma elite relativamente limitada e era indicativa de *status* social. A partir da segunda metade

---

a cidade de Santiago de Compostela recebeu mais de 11 milhões de visitantes, o que, segundo um informe da Xunta de Galicia supôs a circulação de mais de 500 bilhões de pesetas.

52. Segundo Feifer (1985 apud Urry, 1996, p. 19), ser turista é uma das características da experiência "moderna". Não viajar é como não possuir um carro ou uma bela casa. É algo que confere *status*, nas sociedades modernas, e julga-se também que seja necessário à saúde.

53. Cabe lembrar que o referencial empírico deste autor é a Inglaterra.

do século XIX, ocorreu um amplo desenvolvimento da viagem de massa por trem, e as distinções de *status* passaram a ser traçadas entre diferentes classes de viajantes, porém menos entre aqueles que tinham condição e aqueles que não tinham condição de viajar. No século XX, o carro e o avião democratizaram ainda mais o deslocamento geográfico. À medida que a viagem se democratizava, amplas distinções de gosto passaram a ser estabelecidas entre diferentes lugares. Nesse contexto, o local para onde se viajava tornou-se algo de considerável significado social. Uma precondição a mais para o crescimento do turismo de massa foi a grande melhoria dos meios de transporte.

Numa abordagem *stricto sensu* podemos definir o turismo como um tipo específico de deslocamento praticado por um tipo também específico de viajante, que é o turista. No entanto, existem muitos tipos de viajante e, inicialmente, podemos dizer que o que os diferencia dos turistas são os elementos que os caracterizam, tais como: o objetivo da viagem, o tempo de permanência, o olhar, a motivação etc.

Se, por um lado, tanto o turismo como as peregrinações podem ser entendidas como exercendo um papel importante na construção social de "tradições inventadas" e da cultura de "preservação", por outro, a viagem como experiência para o turista e a peregrinação como experiência para o peregrino podem resultar em instâncias de construção social da pessoa, de afirmação da individualidade e de socialização. Tanto uma como a outra experiência de viagem permitem experimentar, num dado período de tempo, uma condensação temporal dos momentos da vida inteira do ser social: expectativa de futuro, vivência do presente e balanço do passado.

Um dos fatores que mais contribuíram para a revitalização da peregrinação estudada foi, sem dúvida, o avanço tecnológico que possibilita que hoje em dia milhares de pessoas possam se deslocar para os centros de peregrinação sem a penalidade do esforço físico e em tempo muito mais reduzido. No entanto, existe um elemento crucial das peregrinações que a técnica não pode suprir. Para entendermos isso, cabe insistir desde agora que a peregrinação a Santiago requer um esforço físico prolongado no tempo, que permite aos peregrinos entrar em outra dimensão distinta da vida mundana e mesmo da atividade turística normal. Nesse caso específico, parece evidente concluir que a técnica só influi parcialmente, uma vez que seria um elemento desnecessário quando o que mais se valoriza é fazer o Caminho a pé.

Muitos peregrinos se deslocam de ônibus, trem, avião ou barco até determinados lugares e dali iniciam a peregrinação. Da mesma maneira, muitos peregrinos que fazem a rota a pé retornam às suas casas em algum dos modernos meios de locomoção.

Mas o que diferencia basicamente o turismo da peregrinação? Em certa medida o ponto central pode ser localizado no tipo e nível de envolvimento com que se pratica cada uma das experiências. Também o tipo de "olhar" parece sublinhar suas distinções, em virtude do grau de externalidade proporcionada por cada uma dessas experiências.

Dentro dessa perspectiva, enquanto as peregrinações tendem a ser entendidas como um processo que implica a imersão em um espaço sagrado, cuja centralidade está na própria experiência, o turismo caracteriza-se sobretudo pela externalidade do olhar, fundamental para que um evento possa ser considerado como turístico (Urry, 1996).

Designar ou mesmo relacionar turismo à peregrinação tem sido um assunto polêmico entre os agentes religiosos vinculados à peregrinação em Santiago, transformando-se muitas vezes em uma arena de disputas de sentidos e significações, particularmente no que diz respeito ao controle sobre a produção e manipulação dos bens culturais e ideológicos.

De algum modo, os padres espanhóis, que tive a oportunidade de entrevistar quando fiz o Caminho, mostravam-se muito preocupados com o que consideravam uma "deturpação" do verdadeiro sentido da peregrinação, embora soubessem da dificuldade de se "controlar" e de se distinguir hoje o "verdadeiro peregrino" do "falso peregrino". Segundo eles, o primeiro seria aquele que faz o Caminho por motivos religiosos e até mesmo espirituais. O segundo seria "o turista que se faz passar por peregrino para fazer um turismo barato" ou "que faz por aventura ou esporte". Além desses aspectos, os religiosos entrevistados mencionaram que "se a pessoa não pode ou não quer fazer a peregrinação, seja lá por que motivo for, ela pode conhecer e visitar os locais, conhecer e visitar a Catedral, mas não na condição de peregrino, usando a credencial para se hospedar nos albergues e até mesmo receber alimentação". Há por parte da Igreja, enquanto instituição, e dos agentes religiosos uma preocupação em realizar um trabalho de conscientização sobre essa questão.

Vale aqui descrever uma situação que presenciei em Grañon. Eu estava entrevistando o padre da Igreja local. Na verdade, este talvez seja um dos raros locais no Caminho em que os peregrinos ficam alojados dentro do prédio da igreja, embora em um espaço próprio. Esse padre é também aquele que realiza todos os anos o curso de hospitaleiro, oficialmente credenciado, para pessoas provenientes de vários países.

Avesso a entrevistas, José Ignacio consentiu em conversar, desde que eu não usasse o gravador. No meio da entrevista, logo após uma longa exposição de motivos sobre a importância de se realizar um trabalho de conscientização de que "fazer o Caminho não é turismo barato", da dificuldade que ele dizia sentir em "pôr para fora, ou pelo menos dificultar que falsos peregrinos utilizassem os serviços de albergues no Caminho", de procurar explicar que a credencial do peregrino só deveria ser utilizada pelas pessoas que estavam fazendo o Caminho por motivos religiosos ou espirituais, entrou um casal de franceses no recinto em que estávamos – um grande salão, com cozinha, sofás e mesinhas e uma grande mesa (para aproximadamente 20 pessoas). Sem interromper a conversa, o padre ficou observando o casal, que olhava atento o recinto, examinando cuidadosamente cada item. Até que, intrigada, a mulher começou a fazer perguntas em voz alta, ao que se seguiu o seguinte diálogo, entre ela e o padre:

> Mulher – Onde ficam as camas?
>
> Padre – Aqui não há camas para peregrinos, as pessoas que ficam aqui dormem no chão.
>
> M – Mas não há colchões? Onde as pessoas dormem?
>
> P – Na parte de cima (indicando um jirau construído na parte superior do recinto onde estávamos). Existem colchonetes para aqueles que não querem se deitar apenas sobre os sacos de dormir (respondeu já demonstrando uma certa irritação).
>
> M – Nós estamos aqui só para conhecer, pois ano que vem queremos fazer a peregrinação e assim estamos aproveitando para conhecer os albergues e ver aqueles que são mais confortáveis e que nos agradam mais.
>
> P – Isto aqui não é hotel, é a casa do Senhor. Nós recebemos peregrinos e não turistas.
>
> M – Mas nós vamos fazer o Caminho! Como é o selo daqui?
>
> P – Aqui não selamos as credenciais.

O casal acabou indo embora logo depois de terminar de inspecionar todo o recinto. Tão logo eles saíram, José Ignacio continuou suas explicações sobre o quanto era difícil hoje impedir atitudes como aquela do casal, em que ficou patente, segundo o padre, de que eles jamais iriam realizar a peregrinação "com espírito peregrino".

No entanto, em que pesem os esforços da Igreja, das confrarias e das associações de amigos do Caminho, a peregrinação estudada está sujeita cada vez mais à ação secularizadora do turismo. E isso se deve, entre outros fatores, ao papel que vem sendo desempenhado pela própria Igreja e pela Xunta de Galicia, que fazem uma farta divulgação e propagação do evento, em que se prioriza sobretudo o seu caráter de espetáculo e de festa.

Quase todos os locais atravessados pelas rotas de peregrinação,[54] incluídos aí os principais monumentos, igrejas, capelas, catedrais, museus, mosteiros etc. são considerados "sagrados", mesmo os que ocorrem fora dos espaços tradicionais, como, por exemplo, fatos históricos como as Cruzadas, as principais lutas travadas

54. Particularmente o Caminho francês.

pelo exército de Carlos Magno em sua viagem à Hispania etc. Entretanto, esses mesmos aspectos podem aparecer associados a datas "turísticas" e mesmo apresentados como "locais turísticos", e nessa nova categoria estarem incluídos em diferentes guias e rotas turísticas, incorporados e classificados no item de bens culturais. Durante o trabalho de campo foi possível observar como determinados locais profanos podem ser transformados em locais sagrados, e vice-versa.

Difícil não enfatizar que o sistema cultural espanhol aparece fortemente relacionado à essa peregrinação, tal como as touradas, em que pesem as diferenças e sentidos que possam ter em relação ao contexto mais amplo. No primeiro caso, o elemento turístico de certa maneira potencializa e ressemantiza o fenômeno religioso. Trata-se, na verdade, de um evento importante dentro do calendário de atrações promovidas pela Espanha. A visita à Catedral de Santiago é um evento consolidado na agenda cultural espanhola, em termos do fluxo de turistas, muito embora não possa ser comparado às touradas em termos numéricos.

A política também é um aspecto importante na peregrinação. Particularmente nas instâncias que influem em sua realização ou que servem de canal para a sua permanente difusão e revitalização. Segundo Álvarez Sousa et al. (1999), no caso do Caminho de Santiago, diferentes poderes civis tendem atualmente a aproveitar-se de todos aqueles recursos que implicam deslocamentos e atração populacionais. Esse é o caso do interesse demonstrado pela Administração da União Européia para que os cidadãos europeus percorram a rota *jacobea* com o objetivo de aproximar e intercambiar culturas e descobrir elementos de identidade comum. Valem também como exemplo as ações desenvolvidas pela Xunta de Galicia, entre outros governos autônomos, para recuperar o Caminho.[55]

Por outro lado, a política materializa-se também como intervenção pública no turismo e na peregrinação enfocada, embora hoje em dia tenham se modificado os aspectos concretos de intervenção e o alcance da mesma.

No caso da peregrinação a Santiago, podemos citar distintos aspectos que vão desde a histórica isenção ou diminuição de pena aos presos que faziam a peregrinação (prática particularmente utilizada pelo governo da Bélgica), até as regulamentações para proteger os peregrinos (instrumentos jurídicos-políticos existentes desde a Idade Média), passando pelo alcance político de transformar o Caminho no primeiro itinerário comum europeu.

55. É importante também destacar a legislação que surgiu, tanto ao longo da história como em datas recentes, para proteger, recuperar e revitalizar determinadas atividades ao longo do Caminho. Veja-se, por exemplo, o Real Decreto 612/1998, de 20 de abril, através do qual se desenvolvem determinadas disposições da Lei 66/1997, de 30 de dezembro, visando medidas fiscais, administrativas e de ordem social sobre benefícios aplicáveis ao Ano Jacobeo de 1999 e a Santiago de Compostela, Capital Européia da Cultura em 2000 (Álvarez Sousa et al., 1999, p. 19).

Outro aspecto importante diz respeito à maneira pela qual os poderes públicos intervêm na adequação das infra-estruturas necessárias para se chegar à Catedral, garantindo a segurança do peregrino. Um exemplo excepcional de apoio para os que fazem o Caminho é o fato das autoridades públicas, particularmente na Galícia, colocarem a serviço dos peregrinos albergues totalmente gratuitos.

O sistema econômico sempre esteve eminentemente relacionado às peregrinações e ao Caminho. Ao longo da história, se pode constatar que ao redor do Caminho sempre se produziu um relativo desenvolvimento econômico. Muitas cidades floresceram em função da peregrinação. Além disso, e isso já estava assinalado no *Codex Calixtinus*, desde a Idade Média sempre houve um intercâmbio econômico muito intenso, envolvendo populações, etnias e países distintos.

Tudo isso influi, sem dúvida, no atual crescimento do número de pessoas que visitam Compostela como peregrinos ou não.[56] A visibilidade que hoje alcança essa peregrinação está fortemente relacionada à forma como a mídia tem alimentado o fenômeno através dos inúmeros programas e matérias produzidos na Espanha e também em outros países. As altas cifras de turistas que consegue atrair inserem-se na lógica da economia de mercado que estrutura o turismo em termos globais.

Na verdade, trata-se de uma divulgação maciça que tem promovido um sistema integrado de trocas de serviços e investimentos, fundamental para o desenvolvimento do turismo na região. A Catedral, inaugurada no século XIV e localizada no centro da cidade, exibe uma magnificência extraordinária, surge como um símbolo dessa consciência da necessidade de aprofundar a sua integração, aprimorar os serviços e diversificar a oferta de bens culturais e de entretenimento para que a região possa competir efetivamente com outros pólos turísticos do país e da Europa, particularmente dos países que pertencem ao Mercado Comum Europeu.

Para responder à intensa demanda de consumo dos turistas, a Catedral inclui em sua programação três grandes "espetáculos", abarcando setores diferenciados do consumo: o botafumeiro, o museu da Catedral e a visita guiada. Esses eventos não só movimentam um volume significativo de dinheiro no comércio local, mas também fazem circular signos e símbolos que são associados à peregrinação *jacobea*.

Na própria Catedral, e em seu entorno, existem centenas de lojas, onde é vendida uma grande variedade de produtos que podemos chamar de "compostelanos" ou "jacobeos", em sua maioria produzidos por artesãos e indústrias locais, tais como: cruz, conchas, santos, *pins*, bruxas (meigas em espanhol e símbolo de boa sorte), camisas etc., dos mais diferentes modelos. Os principais símbolos e

---

56. Não podemos nos esquecer de mencionar também o compromisso revitalizador da Igreja e dos papas que, especialmente desde Leão XIII, insistem na importância de peregrinar a Compostela, claramente ilustrado com as visitas de João Paulo II a essa cidade. Ao lado disso, as confrarias têm também um papel relevante como elemento de animação e dinamização.

signos relacionados à peregrinação *jacobea* passam a integrar o conjunto diversificado de bens simbólicos e culturais de diferentes naturezas que, ao serem transformados em mercadorias, podem ser vendidos e comprados.

O acesso a esses produtos e à paisagem local (um cenário europeu típico da Idade Média), reforçado pela cobertura da mídia, permitem que os peregrinos brasileiros (que pertencem aos setores médios da sociedade brasileira[57] e que, em sua grande maioria estão viajando pela primeira vez para a Europa) realizem um "sonho", que é entrar em contato com o chamado Primeiro Mundo.[58]

Falando sobre a variedade de produtos de consumo, diversão e bens culturais que compõem o comércio local de Santiago de Compostela, assim se expressou uma peregrina brasileira, do interior de Minas Gerais:

> É de enlouquecer, tem tanta coisa sobre Santiago, sobre a cidade, que não sei o que comprar. Eu penso em levar camisetas, pingentes em forma de concha, seta, santo, bonecas, cordões, *pins*. Tem tanta coisa e eu queria levar lembrancinhas para cada amigo, [...] afinal não é todo dia que podemos viajar para a Europa.

Muitos turistas que visitam a cidade vivem o "espetáculo" de Santiago e, assim, quando visitam a Catedral, se sentem inseridos numa peregrinação imaginária, a qual possivelmente poucos realizarão.[59]

Um outro fator que contribui para essa impressão, além do cenário de cidade da Idade Média, é a paisagem da chegada de dezenas, alguns dias centenas, de peregrinos diariamente à cidade, bem como a multiplicidade de suas origens étnicas, tanto dos peregrinos como dos visitantes. Esse componente étnico, contudo, para além de um dado objetivo ou histórico, também se institui através do olhar turístico que produz. Trata-se, portanto, de uma exterioridade que é assumida pelos visitantes e que faz parte de um movimento mais geral, forte na Espanha, de afirmação de uma identidade transnacional.

A interface da peregrinação com o turismo produz assim uma ressemantização dos eventos e rituais religiosos. Aliada aos interesses de mercado, que

---

57. O evento da peregrinação parece ser eficaz na atração desses estratos sociais, justamente porque aquele parece adequar as significações dos rituais e símbolos acionados ao sistema de representação desses segmentos. No entanto, se é possível pensar nesse fenômeno como uma experiência religiosa, é preciso ressaltar que é uma experiência restrita àqueles que têm condições financeiras de participar do evento.

58. Campbell (1995) observa, em relação ao consumo moderno, que ele é inspirado por uma fantasia de auto-realização e de auto-expressão que repousa numa atitude de descontentamento e desejo, rumo ao aprimoramento do *self* ou identidade autêntica.

59. Quando cheguei a Santiago, encontrei na cidade pessoas vestidas de peregrino, tal como aparecem na iconografia do Caminho na Idade Média, que ficavam andando na praça em frente à Catedral se oferecendo para serem fotografadas ou para se deixarem fotografar ao lado dos turistas, serviço pelo qual cobravam.

transforma grande parte da cosmologia *jacobea* em produtos que possam circular no mercado turístico, e também estimulada pelos aspectos econômicos decorrentes do desenvolvimento engendrado pelo turismo, a cidade de Santiago tem sido constantemente apresentada como um dos mais importantes centros turísticos da Espanha, e mesmo da Europa.

De certo modo, o turismo, em sua relação com a peregrinação, não só reproduz e atualiza os símbolos *jacobeos*, mas também potencializa o processo de (re)invenção da tradição da peregrinação a Santiago.

O *marketing* em torno desse universo simbólico vai desde a divulgação e propagação da peregrinação até a celebração de uma missa de peregrino (muitas vezes, com direito a botafumeiro), até as atrações artísticas e culturais da cidade, como *shows*, museus, cinemas etc.

O fato é que a peregrinação hoje se produz e reproduz dentro da lógica do mercado, carreando lucros e insumos para aqueles que investem em sua produção. Existe, sem dúvida, um mercado turístico que movimenta milhões de pesetas no comércio local e onde cada visitante gasta em média mil pesetas por dia em serviços de turismo.

O mercado, ao entrar como mediador do sagrado, procede a uma seleção daqueles elementos que melhor expressam o "espírito jacobeo", operando uma seleção de bens simbólicos e inventando tradições.

A agenda cultural da cidade é intensa, com a apresentação de um programa extenso e variado de atividades musicais e artísticas. Uma programação bastante eclética, que mistura uma grande variedade de estilos e gêneros, visando atender a um turismo de massa, mas exigente em termos culturais. A listagem de alguns desses espetáculos nos oferece uma visão do que se pode assistir em Santiago: vários conjuntos musicais se apresentam pelas ruas da cidade, concertos, orquestras sinfônicas, *shows* com artistas anônimos, *performances*, *shows* de música nativa (com gaita de fole) etc. A lista é diversificada e extensa e, a cada ano, se acrescentam novas atrações, com o objetivo de garantir a presença dos turistas.

Recentemente, a praça da Catedral foi transformada em espetáculo multimídia,[60] cuja programação privilegiada são os peregrinos, os turistas e seus movimentos. O centro da cena é a Catedral, que é oferecida como objeto do espetáculo. Todos os dias a igreja se arruma e se prepara para receber as centenas de peregrinos e turistas "como se fosse ocorrer uma grande festa". A principal instituição laica que patrocina o evento, como já tive a oportunidade de destacar, é a Xunta de Galicia, à qual se somam as empresas e o comércio locais.

60. Diariamente, por 24 horas, é possível acessar pela Internet a praça da Catedral. Quando estive na cidade, pude presenciar diversos peregrinos que telefonavam para suas casas e combinavam um horário com sua família ou amigos em que estariam na praça para que eles pudessem ser vistos.

Ao mesmo tempo que o clero local reconhece que vários elementos contribuem para "deturpar" o verdadeiro sentido da peregrinação, entre eles o mercado, a mídia, a propaganda e o *marketing* produzidos, reconhece a necessidade e a importância desses elementos para a preservação do fenômeno. O que parece trazer um certo desconforto ao clero nessa situação é, sem dúvida, a perda do monopólio institucional sobre a mediação que tradicionalmente realiza com o sagrado, particularmente nesse contexto. Dessa forma, o que poderíamos chamar de turismo religioso, seguindo o argumento de Steil (1998), ganha um extraordinário peso econômico no caso do contexto aqui estudado.

A própria Igreja católica também influiu fortemente na peregrinação e no turismo. Particularmente, ao considerar o turismo como um importante meio de comunicação, uma conquista do homem que permite retirá-lo das preocupações do trabalho, elevando-o a um instrumento que o possibilita dialogar com ele mesmo e com outros homens num clima mais natural.[61]

Atualmente não se pode considerar as peregrinações à margem da prática turística; mesmo que a motivação fundamental que move o peregrino tenha origem religiosa, na prática se reveste de um componente turístico.

Ao falar dessa relação, Graburn (1992) destaca que a peregrinação é um antecedente do turismo atual. Para este autor, o turismo tem antecedentes e equivalentes em outras instituições, aparentemente mais conscientes dos seus objetivos, como as viagens de estudos da Idade Média, as Cruzadas e as peregrinações pela Europa e Ásia.

Na análise que realizo sobre as motivações das pessoas que fazem o Caminho, no Capítulo 3, poder-se-á verificar que muitos dos entrevistados afirmam que foram movidos por razões que poderíamos denominar tipo turístico. Veremos também que mesmo entre os peregrinos que recebem a Compostela, uma percentagem significativa manifesta não estar motivada pelo aspecto religioso ou espiritual.

Também ocorre o inverso, um grande número de turistas apresenta-se diante dos elementos de "atração turística" como se fossem "autênticos peregrinos", venerando Santiago ou praticando os ritos que são realizados na Catedral em Compostela. É o caso de um grande número de visitantes que, embora não tenham realizado a peregrinação, participam dos rituais, muitas vezes marcados por forte emoção. Dessa forma, ao visitarem a cidade, fazem questão de conhecer a Catedral, colocam as mãos no Pórtico da Glória,[62] batem ou encostam a testa na escultura

61. Sobre esse tema ver Uioot, L., 1967 (apud Álvarez Sousa et al., 1999, p. 20).

62. O Pórtico da Glória é um dos arcos centrais da Catedral de Santiago, obra de Maestro Mateo do século XII, que tem a figura de Cristo sentado com quase três metros de altura, ladeado pelos evangelistas e seus símbolos. Na parte inferior, estão os anjos com os instrumentos da Paixão e na parte superior os quatro cavaleiros do Apocalipse. É considerado por

de Maestro Mateo, passam junto ao santo e o abraçam pelas costas. Este é o que poderíamos chamar de "peregrino do rito".

Numa linha de análise como a proposta por Steil (1998), peregrinação e turismo podem ser entendidos como estruturas de significados, ou "tipos ideais", no sentido weberiano, apontando para duas possibilidades extremas de vivenciar a experiência da peregrinação ou do turismo religioso. Enquanto a peregrinação remete para uma *performance* onde ator e espectador se confundem, o turismo enfatiza o espetáculo, estabelecendo uma diferenciação e exterioridade dos peregrinos-turistas em relação ao evento.[63]

O turismo, por meio da intensificação da mobilidade, coloca em circulação uma perspectiva de relacionar-se vinculada ao consumo e ao lazer (Banducci Jr., 2001). Não só devido a fatores econômicos, mas também porque, junto com a mídia, constitui um dos veículos daquilo que Canclini (1998) chama de hibridação, emergindo daí uma multiplicidade de lógicas e de sentidos que imbricam campos antes separados: mercado, religião, lazer, o que parece reafirmar um *ethos*[64] moderno.

Segundo ainda Urry (1996), uma das condições básicas para ser reconhecido ou reconhecer-se como turista é a construção de um "olhar", que é socialmente organizado e sistematizado. Por isso, é fundamental perceber os processos mediante os quais esse olhar é construído e reforçado, bem como quais são as conseqüên-cias que trazem para os lugares que constituem seu objeto e como se dá a sua inter-relação com outras práticas sociais. É importante destacar, como faz Urry, que esse olhar varia de acordo com a sociedade, o grupo social e o período histórico. Além disso, ele é construído de forma relacional com seu oposto, ou melhor, com formas não turísticas de experiência e de consciência social. Permitindo um distanciamento simbólico em relação aos outros que não compõem o próprio grupo.

Trata-se, na verdade, de uma aprendizagem relacional, onde o contraste com o outro permite estabelecer uma melhor definição de si e reforçar o sentimento de pertencimento ao seu próprio grupo. O estatuto de turista cria, assim, um

---

muitos como a mais importante obra iconográfica cristã do século XII. Junto ao pórtico é repetido todos os dias o ritual que é feito desde a época medieval pelos peregrinos: colocar os cinco dedos da mão direita num local da coluna que, de tão gasto, faz com que eles afundem. É um sinal de gratidão e de fé.

63. Segundo Steil (1998), MacCannell (1973, 1976) foi um dos primeiros autores a desenvolver a idéia de que o turismo moderno pode ser visto como uma continuação das peregrinações tradicionais, carregando sentidos e valores que em outros momentos estiveram condensados nessa experiência religiosa. Já Cohen (1988) afirma que a peregrinação e o turismo reinventam uma experiência que permite às pessoas, ao defrontar-se com o "outro", tomarem um distanciamento crítico em relação aos valores, às idéias e às instituições que regem suas vidas cotidianas.

64. Bateson (1968) define *ethos* como um sistema culturalmente padronizado de produção e organização de emoções.

contexto específico de distanciamento simbólico, onde os distintos matizes são transformados em contrastes, as diferenças relativas em absolutas e o seu "lugar social" passa a ser visto como definitivo.

Em termos analíticos, podemos distinguir duas estruturas de valores e sentidos associados ao campo da peregrinação e do turismo, mas, ao nível empírico, esses campos aparecem sempre imbricados, tornando suas fronteiras bastante fluidas e indefinidas, devendo ser entendidos como estruturas de significados que se articulam, resultando em múltiplas possibilidades de combinações. Como ressalta Steil (1998), são arranjos sincréticos, ou melhor, lógicas contemporâneas que emergem em determinadas situações, dando aos eventos diferentes configurações e sentidos.

É dentro desse contexto que vemos surgir no campo da religião uma estrutura turística de significados e valores que muitas vezes encompassa a tradição da peregrinação, produzindo aquilo que vem sendo denominado *turismo religioso.*

É dentro da categoria de *turismo religioso* que podemos também, numa linha interpretativa, situar a peregrinação a Santiago de Compostela. Esse evento, na medida em que se associa ao turismo, sinaliza para uma transformação fundamental da representação social da peregrinação. Dessa maneira, sentidos, vivências e rituais, que no universo tradicional se expressam através das peregrinações, no contexto moderno e secularizado podem assumir uma forma turística de expressão.

Assim, seguindo Steil (1998), em vez de focalizarmos o turismo como um elemento exterior ao campo religioso, deturpando, por exemplo, o sentido "original" da peregrinação, devemos entender a sua emergência como uma expressão moderna da peregrinação, que estaria exigindo, ela mesma, a inclusão de elementos profanos, provenientes do mundo do turismo, onde valores referidos a um sistema religioso tradicional se tornam particularmente vulneráveis pela ação da lógica econômica que preside os empreendimentos turísticos.

Mas é bom lembrar que o fato do turismo ser percebido como um novo aspecto que emerge do próprio campo religioso não significa ausência de tensões a essa nova forma de sociabilidade.

Ao introduzir uma certa exterioridade em relação ao evento, o turismo estabelece um outro conjunto de sentidos construídos em torno de novos aspectos. É nesse sentido que busquei interpretar a centralidade da dimensão do caminhar, no evento da peregrinação, que eu me propus analisar. Na verdade, como veremos mais adiante, para a maioria dos peregrinos que se dirigem a Santiago de Compostela, trata-se de deslocar-se em busca de uma experiência pessoal que guarda forte relação com um *processo iniciático,* que os leva a vivenciarem uma situação liminar e momentos que se aproximam do que podemos denominar *communitas,* e não de se colocar como um observador externo, na qualidade de espectador.

Surge, assim, uma nova categoria de peregrinos turistas, ou de turistas peregrinos, que se diferenciam dos peregrinos "tradicionais" ou "autênticos" não apenas pelo conjunto de motivações que os levam a deslocar-se para os locais de peregrinação, mas sobretudo pelas estruturas de significados dentro das quais inserem sua experiência.[65] Essa experiência, por sua vez, permite perceber não apenas uma reinvenção das peregrinações nos contextos turísticos, mas também aponta para as transformações que vêm ocorrendo no campo religioso que, ao incorporar o turismo como mediação do sagrado, acaba absorvendo elementos de consumo a ele associados. Nesse sentido, é construída uma nova linguagem religiosa que se vincula ao aspecto turístico, sendo esse um aspecto fundamental de sua dinâmica.

Essas lógicas, portanto, não são excludentes, mas constituem os pólos de tensão entre duas estruturas de significados que nos remetem para as múltiplas possibilidades de arranjos sincréticos entre tradição e modernidade (Steil, 1998).

Convém lembrar que para Urry (1996), no entanto, não existe um "olhar do turista" enquanto tal, pois ele está sempre determinado pela sociedade, pelo grupo social e pelo período histórico no qual ganha forma. Por essa mesma razão não podemos falar também de um "olhar peregrino", uma vez que ambos são olhares construídos por meio da diferença. Por isso mesmo é que Urry salienta que não existe apenas uma experiência universal verdadeira para todos os turistas, em todas as épocas. Pois o olhar do turista é sempre construído em relação ao seu oposto, com formas não turísticas de experiência e de consciência social.

Dessa maneira, qualquer olhar pressupõe um sistema de atividades e signos sociais que localizam determinadas práticas, não em termos de suas características intrínsecas, mas através dos contrastes implicados com outras práticas sociais.

A peregrinação, assim como a viagem turística, envolve o conceito de "afastamento", de "deslocamento", de uma ruptura com rotinas e práticas cotidianas, permitindo que os sentidos daqueles que vivenciam essas experiências se abram para um conjunto de estímulos que contrastam com o cotidiano.

Os processos envolvidos são parcialmente aqueles consagrados na análise que Turner (1974) faz das peregrinações, que já tive a oportunidade de mencionar. A estrutura básica pode ser caracterizada a partir de três etapas: separação (afastamento social e espacial do lugar de residência e dos laços sociais convencionais); liminaridade, onde o indivíduo encontra-se em uma "antiestutura", fora do lugar e do tempo, em que os laços convencionais são suspensos, e é vivenciada a situação

65. Acreditamos que, se o objetivo declarado da viagem já não constitui um elemento importante de classificação para distinguir peregrinos de turistas, devemos buscar nas estruturas de significados a que cada um está referido e aciona ao participar do evento o critério possível de classificação.

de *communitas*; o terceiro é a reintegração, em que o indivíduo é reintegrado ao grupo social anterior, normalmente em uma nova situação.

Tradicionalmente aplicado às peregrinações, esse modelo de análise formulado por Turner (1974) foi estendido a outros universos e objetos, tais como o turismo. As aproximações estabelecidas podem ser assim resumidas: tanto na peregrinação quanto no turismo, as obrigações cotidianas são suspensas ou invertidas, abrindo espaço para um comportamento diferenciado, com maior proximidade social com o "outro", levando os indivíduos a vivenciarem momentos de *communitas*. Com freqüência, o que é estabelecido nessas ocasiões é uma espécie de ruptura com o cotidiano.

Mas é necessário perceber exatamente aquilo que é invertido e como a experiência liminar se desenvolverá. Em ambos os casos há um contraste com as experiências cotidianas. Além disso, é necessário refletir também sobre aquilo que produz um olhar turístico diferenciado. Tanto o turismo como a peregrinação resultam de uma ruptura entre o cotidiano e o extraordinário. Ambos envolvem (ou podem envolver) a contemplação, a interiorização, a expectativa de novas e diferentes experiências (sobretudo prazerosas). Por isso mesmo, o caráter do olhar é fundamental tanto para a peregrinação quanto para o turismo.

Outro aspecto a ser considerado é a internacionalização do turismo contemporâneo. Com isso, cada objeto potencial do olhar do turista agora tem de competir internacionalmente, o que levou a modificações substanciais daquilo que é extraordinário e daquilo que é internacionalmente ordinário.

Especificamente no caso aqui estudado, se o objetivo dos turistas, ao viajarem para Santiago, é deixar-se invadir pelo "espírito *jacobeo*", cabe à comunidade local produzir esse *espírito* e transmiti-lo através de um sistema integrado de bens e serviços. E esta o faz através do mercado.

Ao entrar como mediador do sagrado, o mercado, na verdade, privilegia aqueles que poderão alcançar esse "espírito *jacobeo*", operando uma seleção de bens simbólicos e inventando tradições que possam ser adequadas ao padrão de vida dos consumidores, particularmente os pertencentes às camadas médias. Reproduzindo, portanto, no campo do sagrado, os mesmos mecanismos de exclusão social com que o mercado opera noutros campos da vida social. O que nos permite afirmar que, se o evento da peregrinação é tão eficaz na atração desses estratos sociais, é justamente devido à sua capacidade de adequar as significações dos rituais e símbolos acionados ao sistema de representações desses segmentos. As camadas médias nele se identificam e se refletem. Os turistas parecem encontrar-se a si mesmos em todo esse cenário mediado pelo *marketing*. Afinal, se é possível pensar neste fenômeno como uma experiência religiosa, é preciso ressaltar que é uma experiência restrita àqueles que têm condições financeiras de participar do evento.

Há críticas quanto à grande comercialização em torno da peregrinação, especialmente entre os moradores da cidade. Essa mesma posição é partilhada pelo clero local que, como já dissemos, sente a perda do controle e do monopólio institucional sobre os sentidos que são associados atualmente à peregrinação.

O consumo associado ao evento parece assim revestir-se de um valor positivo em termos da experiência marcadamente religiosa, apresentando-se como um meio capaz de acionar memórias e emoção.

Em suma, no contexto analisado, o turismo pode ser entendido como uma mediação para o sagrado, que se torna acessível via mercado e que deve ser qualificado como um sagrado que está ancorado na religião do *self* (Heelas, 1996), nas formas destradicionalizadas, onde as mercadorias, o lazer, o espetáculo se tornam os instrumentos indispensáveis para produzir significados espirituais e morais.

Mas quem são as pessoas que peregrinam a Santiago? De que forma podemos caracterizá-las? Qual o perfil dos brasileiros que se deslocam até a Espanha para fazer a peregrinação? Essas são, assim, as questões que irei tratar a seguir.

Peregrino na entrada da cidade de Azqueta e a histórica localidade de Villamayor de Monjardin, onde dizem que Carlos Magno lutou. No alto do monte está o castelo de San Esteban, do século X. (Fotos: Sandra de Sá Carneiro, maio de 2001)

Capítulo 3

Quem peregrina a Santiago: personagens e atores sociais

Perfil geral dos peregrinos

Quando se tomam as informações relativas à evolução da peregrinação a Santiago, a partir da segunda metade dos anos 1980, estas apontam para uma constatação imediata: vem ocorrendo, nos últimos 15 anos, um expressivo crescimento de peregrinos – que, claramente, indica uma reversão da tendência que se observava no século XIX.

Tabela 1: Evolução do número de peregrinos que receberam a Compostela – de 1986 a 2001[66]

1986	1491	1994	15.863
1987	2905	1995	19.863
1988	3501	1996	23.218
1989	5760	1997	25.179
1990	4918	1998	30.126
1991	7274	1999	154.613
1992	9764	2000	55.004
1993	99.430	2001	61.418

Os dados acima indicam, em primeiro lugar, um incremento vertiginoso do contingente de peregrinos: estes saltam, em termos absolutos, de 1491, em 1986, para 61.418, em 2001; crescimento que – excluídos os anos jubilares de 1993 e 1999 – corresponde, em termos relativos, a 4,019%.[67]

Em segundo lugar, apontam para um fato não menos importante: há um significativo aumento no número de peregrinos: *seu número cresce, ano a ano, desde 1986* – só o ano de 1990 se apresenta como uma exceção. Essa tendência se

66. Fonte: Registro de la Oficina de Acogida de Peregrinos. Elaboración: Oficina de Sociologia del Arzobispado de Santiago de Compostela. (www.archicompostela.org).

67. Ao atualizar os dados para a publicação deste livro verifiquei que o número de peregrinos que recebeu a Compostela em 2002 foi 68.952; em 2003, 74.614 e, em 2004 (ano compostelano), 179.944, o que indica o crescimento constante da peregrinação.

vê respaldada ainda pelo comportamento que se verifica nos dois anos jubilares – o número desses cresce de 99.436 indivíduos, em 1993, para 154.613 indivíduos, em 1999[68] – incremento da ordem de 55, 50%. Chegando, no primeiro Ano Compostelano do Milênio (2004), a 179.944 indivíduos.

Tabela 2: Tendência da evolução da peregrinação – de 1986 a 2001[69]

Anos em paralelo	Variação absoluta	Variação relativa
1987-1986	1414	94,83%
1988-1987	596	20,52%
1989-1988	2259	64,52%
1990-1989	-842	-14,62%
1991-1990	2356	47,90%
1992-1991	2490	34,23%
1995-1994	4000	25,22%
1996-1995	3355	16,89%
1997-1996	1961	8,44%
1998-1997	4947	19,65%
2001-2000	6414	11,66%

Gostaria de fazer, desde logo, algumas observações pertinentes a esta tendência de evolução da peregrinação. As informações levantadas e reunidas pela Oficina do Peregrino foram a minha principal fonte de consulta. Elas são coletadas através de uma ficha padronizada, em que um "funcionário" registra as informações prestadas pelo peregrino[70] que se dirige à oficina para solicitar a Compostela – certificado oficial concedido pelo Arcebispado de Santiago a quem realiza a peregrinação.

---

68. O maior contingente de peregrinos já registrado na história da cidade de Santiago.

69. A tabela considera o número de peregrinos, ano a ano, apenas nos anos não-jubilares. Quanto ao procedimento utilizado para "medir a variação" (ou, se quisermos, para calcular "a taxa de crescimento"), operou-se do seguinte modo: tomou-se o número de peregrinos do "ano posterior", subtraiu-se desse total do número de peregrinos do ano imediatamente anterior (dado que corresponde à "variação absoluta" na tabela) e mediu-se, em termos percentuais, a relação entre este resultado e o número de peregrinos do "ano anterior" (dado que corresponde à "variação relativa" na tabela). A título de exemplo: em 1986, o número de peregrinos era de 1491; em 1987, 2905. Em termos absolutos, considerado o ano de 1986, o número de peregrinos aumenta em 1414; em termos relativos, considerado o ano de 1986, houve um aumento de 94,83%. Adotou-se o mesmo procedimento para comparar os dados relativos aos anos jubilares.

70. Rigorosamente, o funcionário formula oralmente as perguntas e assinala, com um "x" na quadrícula correspondente, a resposta dada pelo informante, conforme as alternativas que constam da ficha.

A ficha permite que se coletem informações pertinentes ao modo de peregrinação, à rota utilizada, à motivação, à idade, ao sexo, à ocupação e à procedência do peregrino. São esses os dados que se constituem nas estatísticas oficiais da Igreja e que nos permitem traçar o perfil dos peregrinos que se dirigem a Santiago.

De início, é necessário circunscrevê-los: trata-se de dados que são de natureza muito específica, pois se referem aos indivíduos que, tendo solicitado, receberam a Compostela. Para que um indivíduo receba esse documento e, em decorrência, integre as estatísticas na qualidade de peregrino, são necessários os seguintes requisitos:

a) ter Santiago de Compostela como meta do percurso;
b) percorrer uma determinada *distância mínima* de um dos Caminhos de Santiago (por exemplo: o Caminho inglês, o Caminho do Norte, o Caminho francês, o Caminho português, a Rota da Prata);
c) comprovar a passagem pelos locais mais relevantes do trajeto, através de selos, carimbos, ou assinaturas pertinentes;
d) comprovar, na chegada, ter feito determinada parte do trajeto valendo-se de um modo de locomoção específico (ter percorrido os últimos 100 km a pé ou a cavalo; ou ter percorrido os últimos 200 km de bicicleta);
e) declarar fazer o percurso por uma motivação determinada (por razões, exclusivamente, religiosas; ou por razões, exclusivamente, culturais; ou por razões de ordem religiosa e cultural, combinadas).

Além disso, para fazer jus ao certificado, o indivíduo deve solicitar a credencial do peregrino no início do trajeto, a qual vai sendo preenchida ao longo do percurso e constitui-se em instrumento comprobatório da peregrinação. Findo o percurso, a credencial deve ser apresentada, no momento da solicitação da Compostela.

Os dados que me serviram de base são, pois, específicos, porque fundados em uma acepção muito particular, e restrita, de "peregrino". Ou seja, aquele indivíduo que responde a três requisitos básicos: ter solicitado a credencial; ter cumprido as exigências estabelecidas pelo Arcebispado; ter solicitado e (em decorrência) recebido a Compostela.

No entanto, esses dados apresentam uma primeira limitação – de ordem quantitativa: eles subestimam o número dos que fazem o Caminho. Se forem consideradas as informações da Federação Espanhola de Associações de Amigos do Caminho de Santiago, fundadas no número de credenciais emitidas, verifica-se uma significativa diferença quanto ao número de "peregrinos" – por exemplo, em 1999, a federação registrava 166 mil e a oficina, 154.613; em 2000, a federação apontava 60 mil; a oficina, 55.004. A diferença entre os dados, é claro, explica-se posto que nem todos os que solicitam a credencial do peregrino solicitam a

Compostela, mesmo que tenham cumprido as exigências relativas ao percurso. A experiência de campo permite afirmar que muitos peregrinos não-espanhóis, ainda que de posse da credencial, sequer sabem da existência do segundo documento (a Compostela); outros, mesmo que cientes, nele não estão interessados.[71] Em suma, os números coletados pela Oficina referem-se apenas àqueles que terminam o percurso em Santiago e vão ao escritório para receber a Compostela, o que não significa o número efetivo de pessoas que fizeram a peregrinação.

Mas a questão é um tanto mais complexa: é muito difícil conseguir precisar o número exato dos que fazem o Caminho. As estatísticas disponíveis, no máximo, aproximam-se do número de "caminhantes", pois a população é variável – do começo do percurso (seja Roncesvalles, Saint-Jean-Pied-de-Port, Pamplona ou outra localidade) até o fim, em Santiago, há uma grande rotatividade; a composição ao longo do percurso é sempre fluida. Por exemplo, e novamente a observação *in loco* é reveladora, muitos dos espanhóis percorrem a totalidade do Caminho de modo segmentado – valem-se de fins de semana, de feriados ou de férias para, gradativamente, concluírem o trajeto. Como se mensura essa "população flutuante"?

A essa primeira limitação agrega-se outra, de ordem conceptual. Os dados quantificam os "peregrinos"; mas, nesse caso, "peregrino" é menos uma categoria analítica do que uma "classe de indivíduos" – indivíduos que, por possuírem alguns atributos estipulados, se acham reunidos em uma denominação. Dito de outro modo, o único critério que preside a classificação é o cumprimento de determinadas exigências formalmente estabelecidas; é esse critério que determina a inclusão/exclusão dos indivíduos na qualidade de peregrinos. O que nos leva a pôr em questão a "categoria": esta não se funda nem no sentido tradicional do termo peregrino, nem na representação dos próprios indivíduos que fazem a peregrinação. Assim, em primeiro lugar, consideradas determinadas concepções da ortodoxia religiosa *jacobea*, alguns daqueles que cumprem os requisitos não seriam considerados peregrinos; outros, ainda que não os cumpram, seriam. Em segundo lugar, considerada a representação dos indivíduos, muitos dos que se autodefinem como peregrinos não são considerados como tal.[72]

---

71. O relato a seguir constitui-se em exemplo de situações mais gerais que se encontram ao longo do Caminho. Durante cinco dias tive como companheiros de percurso seis pessoas (três suíços, um francês, um americano e uma portuguesa). Os seis comentaram que não tinham a intenção de buscar a Compostela; ainda que cinco deles utilizassem a credencial. A sexta fazia "sua própria credencial" – em uma pequena caderneta de folhas brancas colocava o carimbo do albergue das localidades por que passava e uma flor típica da região.

72. Conforme depoimentos coletados na pesquisa de campo, muitos indivíduos consideravam-se "no Caminho", desde o momento em que saíam de suas casas (particularmente da Holanda, Alemanha ou Suíça), e se autoclassificavam como "peregrinos", mesmo que não buscassem qualquer certificado que comprovasse a peregrinação.

À primeira grande ressalva – que respeita ao número de peregrinos e que compreende questões de ordem tanto quantitativa quanto qualitativa – agrega-se outra, que considero fundamental e que concerne aos motivos que levam os indivíduos a realizar a peregrinação. Como já disse, os que se dirigem ao escritório para buscar a Compostela necessitam "preencher" uma ficha que compreende um conjunto de informações, dentre as quais a razão da peregrinação – um dos quesitos fundamentais (também como já se viu) para receber o documento. Essa ficha, no entanto, restringe as alternativas àquelas três determinadas pela Oficina, vale dizer, direciona e limita a opção do peregrino, e, nesse sentido, camufla e empobrece os dados.

Durante a realização do trabalho de campo, a conversa com vários peregrinos (brasileiros ou não) revelou que muitos ficavam, nos seus próprios termos, "totalmente perdidos", "sem saber o que dizer", "indecisos", e até "constrangidos", diante da questão da motivação: os dados do diário de campo mostraram-se mais uma vez esclarecedores.

> Eles perguntam por que estamos peregrinando – por razões religiosas, espirituais ou culturais?[73] Eu penso, todas. No entanto, só coloquei religiosa porque sei que é isso que interessa à Igreja. (Depoimento de uma dona de casa, de 49 anos, residente em São Paulo.)

Outros manifestavam um certo desconforto por se sentirem "enquadrados", "rotulados", e impossibilitados de expressar o que "efetivamente sentiam". Outros, ainda, afirmavam que, findo o percurso, repensavam as razões que, de fato, os teriam movido. Estes, se a princípio acreditavam que a peregrinação se devia a "razões espirituais", após o término percebiam que razões de ordem "cultural" ou "turística" ("encontrar e conhecer pessoas e lugares") sempre estiveram presentes:

> O barato mesmo é encontrar pessoas de todas as nacionalidades, trocar cultura, falar por gestos, descobrir os sinais de uma possível comunicação entre línguas tão distintas, ver os monumentos, ter um banho de historia *in loco*. Mas na hora de responder, sei lá, acabei colocando motivo: religioso, acho que na hora a formação católica que eu julgava esquecida falou mais forte. (Depoimento de um universitário, de 23 anos, brasileiro.)

Na maioria das vezes perdidos, indecisos, constrangidos, rotulados ou perplexos, os indivíduos davam a resposta, que julgavam, esperada – aquela que, supunham, seria a única que lhes permitiria receber a Compostela:

> Como vou voltar para casa sem o meu diploma? Vão pensar que eu não fiz a peregrinação ou não consegui concluí-la. Honestamente, eu ainda não sei por que vim. Só sei que foi muito bom, emocionante, chorei que nem criança; aprendi coisas que vou ter que digerir ainda por bom tempo. Mas na hora, respondi: religioso, nem espiritual eu consegui dizer. (Depoimento de um advogado, residente em São Paulo.)

---

73. Classificação estabelecida pela Oficina de Peregrinação.

Ou ainda:

> No início eu não dava tanta importância, mas agora que terminei quero levar para casa a Compostela, mostrar para os amigos e parentes. Por isso respondi motivo religioso, mas foi só pelo medo de não me darem o papel. (Depoimento de uma terapeuta corporal, 38 anos, residente em Florianópolis.)

Há, portanto, diferentes estratégias na apresentação que os peregrinos fazem de suas motivações, o que indica uma negociação permanente de razões e sentidos com relação à experiência da peregrinação.

A terceira observação diz respeito à discriminação precisa do país de origem dos peregrinos nas estatísticas realizadas. Como se verá na tabela seguinte, na maioria das vezes os dados aparecem agregados por região ou continente – o que não permite que se perceba *a diversidade de procedência* dos peregrinos. Acham-se claramente indicados (como país de origem), além de alguns países europeus, os Estados Unidos e o Canadá (e este só a partir de 1999); os demais, possivelmente por sua dispersão interna, acham-se ou agrupados por região/continente ou, ainda, reunidos na categoria "outros". Os dados não permitem, pois, retratar de modo fidedigno a diversidade de origem dos peregrinos – diversidade não só inferida pela observação de campo, mas referendada por "dados concretos". Senão vejamos: ao longo do Caminho, alguns albergues fazem um levantamento mensal do número de peregrinos que acolhem;[74] em Rabanal (a título de exemplo), em um albergue administrado pela Associação de Amigos do Caminho da Inglaterra, havia um quadro afixado na parede onde se mostrava o número total de peregrinos que por ali passaram no último ano: cerca de 12 mil, de "98 nacionalidades distintas".

Enfim, trabalhei com dados secundários, sobre os quais não tive controle: não formulei o instrumento através do qual eles foram coletados e nem construí as "categorias" a partir das quais eles foram organizados. Por isso, não disponho da base de dados – não sendo possível reorganizá-los ou propor cruzamentos entre variáveis.

No entanto, eles são os únicos dados "globais" coletados ao longo do tempo e de maneira uniforme – o que permite construir uma série histórica, com dados comparáveis. Além disso, eles estavam atualizados e permitiram traçar um perfil daqueles que fazem a peregrinação a Santiago, servindo de parâmetro para construir o perfil do peregrino brasileiro, que tinha para mim um interesse especial. Enfim, apesar da limitação, são dados que nos põem questões, que nos levam a uma reflexão mais acurada.

---

74. Esses dados são remetidos para a instituição que administra o albergue. O formulário recolhe algumas informações básicas sobre a viagem. Ainda que não haja uniformização desses formulários, em geral, na recepção dos albergues, são solicitadas as seguintes informações: nome, idade, nacionalidade, modo de viagem e ponto de partida.

Na Oficina de Peregrinos são coletadas informações sobre o local de origem, idade, sexo, modo da viagem, motivação e profissão, e, quando se comparam os dados gerais de 2000 e 2001, pode-se observar que não há diferenças significativas quanto ao modo pelo qual se realiza a peregrinação. Os peregrinos dirigem-se a Santiago, fundamentalmente, a pé. Os dados de 2000 a 2004 são exemplares: na média, 80,5% dos peregrinos concluíram os últimos 100 km a pé, 19% cumpriram os últimos 200 km de bicicleta e um percentual bem reduzido fez o Caminho a cavalo.

Em 2003, o Caminho francês – a rota mais utilizada desde a Idade Média – continuava sendo a preferida pela quase totalidade dos que se dirigem a Santiago, representando 93% do total. Em seguida encontramos: 2,75% dos peregrinos realizaram o Caminho português, 2,75% o do Norte, 1,56% a Via da Prata, 0,18% o Caminho inglês, sendo que apenas 0,01% não responderam.

Com relação ao sexo, verifica-se a predominância de peregrinos do sexo masculino nos cinco últimos anos: temos respectivamente 61,9%, 61,16%, 60,33%, 59,83% e 44,18% do total, no período de 2000 a 2004. Sendo, no entanto, perceptível a crescente diminuição da participação masculina no intervalo considerado.

Quanto à idade dos peregrinos, é interessante destacar que a faixa etária modal é aquela que corresponde aos que se encontram entre os 21 e os 30 anos. Os mais jovens (os que têm menos de 21 anos) representam em torno de 19% dos peregrinos – 18,82%, em 2000; 18,96%, em 2001. Não obtive os dados de 2002, mas no período de 2003-2004 percebe-se uma pequena diminuição da participação dos mais jovens: 16% e 17,68%, respectivamente. E, também, nota-se que os mais velhos (os que se acham acima dos 60 anos de idade) correspondem a 6,70% do total em 2000; 7,28% em 2001; 9,3% em 2003 e 8,1% em 2004. Em quarto lugar, viu-se ainda que os peregrinos concentram-se no intervalo que compreende aqueles que se acham entre os 21 e os 40 anos: 44,89%, em 2000, 45,12%, em 2001, 42,254% em 2003 e 39,51% em 2004.

Reagrupando-se os dados, em intervalos mais amplos, tem-se que, na população, preponderam os "adultos maduros": em média, mais de 54% dos peregrinos, no período de 2000 a 2004, têm mais de 30 anos. Cabe, no entanto, ressaltar que não é desprezível, nesse período, a presença "dos jovens": do total de peregrinos, em torno de 45% têm no máximo 30 anos.

Em termos de inserção no mercado de trabalho – ou melhor, em relação à situação ocupacional declarada – os dados mostram-se dispersos. Considerando os últimos anos, o grupo modal é sempre o de estudantes, em média 28%. Seguindo-se na ordem decrescente, temos o grupo dos técnicos (12,4%), o dos profissionais liberais (12%), o dos empregados sem quaisquer especificações (11%), o dos professores (9,1%) e o dos aposentados (7,54%).[75] Os dados sobre ocupação sugerem que a maioria dos peregrinos tem um nível razoável de escolaridade e, presumivelmente, de renda.

Em que pesem as limitações dos dados, é possível traçar o seguinte perfil geral dos peregrinos que se dirigem a Santiago: homens, escolarizados, em idade madura, que fazem o percurso a pé e, pela ocupação a que se dedicam (e o nível de escolaridade exigido para o desempenho profissional), parecem ser provenientes dos segmentos médios.[76]

O perfil que tracei – baseado nas informações pertinentes aos que receberam a Compostela é similar aquele traçado por Frey (1998) – que se ocupou dos dados relativos ao ano de 1996. Frey sugere uma explicação para a preponderância de peregrinos do sexo masculino. Segundo a autora, esta poderia ser atribuída à aventura e aos aspectos físicos da jornada; a diferenças no tipo de lazer masculino e feminino; e à falta de encorajamento social na Europa (até os anos 1970) e, especialmente, na Espanha (até os anos 1980), para que a mulher desenvolvesse uma vida profissional e fosse independente.

Minha investigação traz elementos que endossam as ponderações analíticas de Frey (1998) – a título de exemplo, segue-se a transcrição de uma passagem do diário de campo, que reproduz conversa com um casal de espanhóis:

> Estávamos saindo de Sarria, onde estivemos por algum tempo admirando as ruas cobertas de folhas e flores, preparadas para a procissão de Corpus Christi que iria ocorrer no final da tarde. Embora não estivéssemos fazendo o percurso juntos, talvez pelo adiantado da hora (mais de 13 horas) e um certo cansaço que nos dominava, por diversas vezes nos encontramos ao longo do percurso e, num dado momento destes encontros, Rodrigues caminhando mais atrás e eu e Mercedes conversando sobre filhos, flores, espiritualidade, motivações etc., perguntei:
>
> – Veja Mercedes, eu vinha pensando que até agora não encontrei nenhuma espanhola fazendo o Caminho sozinha. Aliás, pelo que pude perceber, ou as mulheres espanholas estão com seus maridos ou namorados ou, em especial as mais novas,

---

75. Não é possível cruzar as variáveis de idade e de ocupação, mas algumas relações talvez possam ser estabelecidas. Temos que 19% dos peregrinos, na média dos dois anos observados, acham-se entre os 11 e os 20 anos (população em idade escolar); 26% destes acham-se entre os 21 e os 30 anos – faixa etária que não se pode desmembrar; finalmente, 7% têm mais de 60 anos. Parece haver uma compatibilidade entre a faixa etária e a ocupação entre os extremos de idade – os mais jovens declaram-se estudantes (28% – maior incidência); os mais velhos, aposentados (7,54%). O segmento constituído pelos que se encontram na faixa intermediária acha-se distribuído de maneira dispersa em várias ocupações (cujo índice de maior incidência corresponde a, no máximo, 12%, na média dos dois anos).

76. Utilizo essa categoria analítica concebida em termos sociológicos a partir do grau de escolaridade e o tipo de ocupação, distinta da idéia mais homogênea de "classe média".

em par com alguma amiga. Mas até agora não vi nenhuma sozinha, como vejo as francesas, alemãs, brasileiras, holandesas etc.[77]

Ao que Mercedes respondeu:

– É verdade, eu também não vi nenhuma. Aqui não é muito comum a mulher andar sozinha. Eu só não faço porque este aí atrás (olhando para o marido) não deixa.

Ao ouvir isto, Rodrigues, imediatamente passou a nossa frente, olhou para sua esposa e, continuando a caminhar, exclamou:

– Mas é você que não se atreve!

De fato, a impressão que se tem após inúmeras conversas com mulheres espanholas – de idades diferentes e, na maioria, provenientes das grandes cidades – é de que estas (em especial as com mais de 50 anos, de classe média) não haviam sido socializadas para ter a liberdade de deixar sua família e sua casa e empreenderem uma viagem independente, ainda que por motivos religiosos (ou espirituais); assim como não estavam acostumadas a se expressar através da atividade física.

O perfil delineado condiz também com o construído pela Federação Espanhola de Associações de Amigos do Caminho de Santiago,[78] que se baseia nas informações atinentes àqueles que solicitaram a credencial do peregrino, no Ano Jubileo de 1999; perfil que se vê enriquecido por contemplar variáveis que a fonte que nos serve de base não abarca.

Da perspectiva deste estudo depreende-se que o peregrino *jacobeo* é, majoritariamente, do sexo masculino e, independentemente do sexo, fundamentalmente, proveniente dos meios urbanos (80,5%); sua faixa etária concentra-se nos que se acham entre os 20 e os 30 anos de idade; além disso, ele realiza a peregrinação a pé – percorrendo diariamente, em média, 22 km. Seu local preferido de partida, que concentra 27,2% dos casos, é Roncesvalles (Navarra) e a rota mais utilizada, o Caminho francês (de que se valem 94% dos informantes).

Essa pesquisa introduz duas variáveis anteriormente não contempladas: nível de escolaridade e crenças religiosas. Com relação à formação dos peregrinos, esses dados revelam que 45,6% indicam ter curso superior, seguidos por 41,2% daqueles que têm curso secundário. Esse fato justifica assim o aumento do número de peregrinos com estudos secundários, 27,6% em 1998 para 41,2% em 1999; diferentemente dos outros anos, este incremento pode estar sem dúvida relacionado ao fato de que, no último Ano Santo do Milênio, aumentaram consideravelmente as peregrinações em grupo, realizadas por alunos secundaristas acompanhados

---

77. Cabe um breve registro: a observação direta mostrou que não apenas as mulheres espanholas andam acompanhadas; mesmo os homens espanhóis andavam em par.

78. Perfil que é produto de pesquisa realizada pela Federação Espanhola de Associações de Amigos do Caminho de Santiago, com o apoio de suas outras associações existentes em vários países e da Oficina de Informações Jacobea.

por seus professores, aproveitando os feriados durante o ano. No que tange às crenças religiosas, a pesquisa revela que os peregrinos majoritariamente afirmam ter algum tipo de crença, sendo que 74,1% declaram-se católicos (dos quais apenas 37,1% definem-se abertamente como praticantes).

Quanto às razões que movem os peregrinos, os dados recolhidos na Oficina do Peregrino[79] revelam que a motivação de ordem religiosa (exclusiva ou não) é a principal para mais de 91% dos peregrinos no período de 2000 a 2004. Mas percebe-se uma certa variação que vale a pena destacar: a) de 2000 para 2001: decresce o número dos que declaram motivos religiosos (em termos exclusivos e/ou combinados aos culturais) e cresce o número daqueles que alegam fazer o Caminho por motivos exclusivamente culturais (de 4,34% para 8,67%); b) de 2002 a 2004 cresce significativamente o número dos que declaram motivo exclusivamente religioso e diminui o percentual dos que declaram motivo religioso combinado com o cultural e também daqueles que fazem a peregrinação por motivo exclusivamente cultural, como podemos perceber na tabela a seguir. Tais resultados sinalizam uma significativa mudança em relação aos motivos declarados por aqueles que recebem a Compostela. Ou seja, parece ser crescente a participação daqueles que dizem ter realizado a peregrinação por motivos religiosos.

Tabela 3: Distribuição dos peregrinos por motivo da peregrinação – de 2000 a 2004

Motivo	2000	2001	2002	2003	2004
Exclusivamente religioso	65,69%	63,48%	69,91%	69,88%	74,65%
Religioso-cultural	29,96%	27,85%	23,72%	23,25%	19,74%
Exclusivamente cultural	4,34%	8,67%	6,37%	6,87%	5,61%
Não respondeu	0,01%	–	–	–	–
Total	100%	100%	100%	100%	100%

Quando se observa os dados da Arquiconfraria do Apóstolo para o período de 1990 a 2004 – série que cobre uma década – constata-se que razões de ordem religiosa (exclusivas ou combinadas) são apontadas por mais de 90% dos peregrinos – independentemente do ano – como determinantes para a peregrinação (ver Tabela 4).

É possível perceber ainda um aumento bastante significativo da motivação estritamente religiosa: em 1990, menos da metade dos peregrinos declararam essa opção, percentual que recobre 65,69% do total, em 2000. Em 1990, a diferença

79. Lembremos que, nesse caso, as possibilidades de motivação reduzem-se, necessariamente, a três: a estritamente religiosa, a estritamente cultural ou a combinação de ambas, de acordo com as opções apresentadas pela Oficina.

entre os que declararam motivos estritamente religiosos e os que declararam motivos para além de religiosos era de 5,55%; em 2000, essa diferença atinge 35,73%. O crescimento da motivação estritamente religiosa estende-se aos anos *jubileos* (anos em que esta é maior, *vis-à-vis* os anos não jubilares): em 1993, 68,58% dos indivíduos afirmavam fazer a peregrinação por razões tão-somente religiosas; percentual que alcança 74,39%, em 1999 e 74,65% em 2004.

Tabela 4: Evolução histórica dos motivos da peregrinação – de 1990 a 2004

Ano	Religioso	Religioso-cultural	Cultural	Não respondeu
1990	47,97%	42,42%	5,20%	4,41%
1991	50,49%	44,24%	4,91%	0,36%
1992	53,96%	40,38%	5,50%	0,15%
1993	68,58%	28,58%	2,57%	0,26%
1994	60,75%	35,65%	3,49%	0,11%
1995	59,95%	36,95%	3,10%	-
1996	66,89%	29,24%	3,87%	-
1997	68,16%	28,80%	3,05%	-
1998	66,75%	27,25%	6,00%	-
1999	74,39%	23,52%	2,07%	0,02%
2000	65,69%	29,96%	4,34%	0,01%
2001	63,48%	27,85%	8,67%	-
2002	69,91%	23,72%	6,37%	-
2003	69,88%	23,25%	6,87%	-
2004	74,65%	19,74%	5,61%	-

Essas informações parecem indicar que hoje os peregrinos são motivados, muito mais do que há quase 15 anos, por razões de ordem exclusivamente religiosa. Conclusão que, ainda que pertinente (considerados os dados), revela-se apressada. Primeiro, porque esses resultados não consideram os caminhantes que não comparecem à Oficina de Peregrinos (seja porque desconhecem a Compostela, seja porque não estão interessados no certificado),[80] segundo, porque mesmo os que se dirigem à Oficina, receosos de não receber o documento se não manifestarem que fazem a peregrinação por motivo religioso, acabam declarando que o fazem por esse motivo.

80. Segundo os dados da pesquisa desenvolvida por Garcia Docampo (1999), 10,4% dos peregrinos entrevistados afirmam não ter passado pela Oficina de Peregrinos.

Outros dados interessantes sobre as pessoas que fizeram o Caminho são os apresentados pela pesquisa realizada pela Federação Espanhola, precisamente no ano de 1999. Aqui – já que o instrumento de coleta não limita as opções e os indivíduos não "temem" responder livremente – emerge a pluralidade dos motivos declarados para se percorrer o Caminho de Santiago. Assim, a pesquisa assinala que o *aspecto espiritual*, descrito como "no mais amplo sentido do termo", representa o principal, com 20,5%, em que pese que esse motivo decresceu em quase 5% com respeito ao ano anterior. O segundo motivo mais apontado foi a possibilidade de conhecer novas paisagens ao longo de toda a rota *jacobea* (19,4%), seguido por razões esportivas (14,1%) e motivação exclusivamente religiosa (13,2%).

O Caminho, como espaço físico, apresenta múltiplos atrativos. A beleza dos locais, a arquitetura, a arte, os museus etc. constituem, sem dúvida, fortes atrações. Dessa forma, as motivações apresentadas para fazer o Caminho não são necessariamente excludentes, e sim complementares.

A "Pesquisa a Turistas e Peregrinos", realizada por Garcia Docampo (1999), agrupa os diferentes atrativos do Caminho em cinco categorias: arte, religioso, gente, paisagem e outros. O atrativo mais citado é a paisagem, apontado por 71,4% dos entrevistados; a que se segue, em importância relativa, o interesse por conhecer e relacionar-se com outras pessoas (colegas de viagem ou residentes nos locais do trajeto), assinalado por 46,2% dos indivíduos; em terceiro lugar, com incidência bastante próxima, surge a possibilidade de desenvolver uma forma de viver a religião, atrativo presente no discurso de 44,1% dos entrevistados; o quarto elemento seria o patrimônio artístico-arquitetônico (32,4%) e, por fim, foi possível agrupar outros atrativos de diversas ordens (a possibilidade de fazer esporte, o clima, a língua etc.), que representam 21%.

O caráter não excludente desses elementos apontados acima nos permite perceber suas inter-relações. A paisagem, considerada como o atrativo principal pela maior parte dos viajantes, é o elemento que se manifestará ao lado de outros atrativos do Caminho. O restante dos elementos aparece dividido em dois grupos, permitindo uma reclassificação motivacional: de um lado, os que valorizam o atrativo religião-gente-paisagem e, de outro, os que valorizam preferentemente a arte, a paisagem e os outros atrativos. Também foi possível analisar a valorização desses atrativos segundo algumas características do perfil social, educacional, geracional e demográfico dos viajantes. De maneira geral, gostaríamos de sintetizar alguns dos resultados: a paisagem como elemento recorrentemente valorizado é mais apreciado nas classes mais altas e em todos os grupos de idade, de instrução e de prática e crença religiosa. O contato humano e a relação com as pessoas são mais valorizados quanto mais é avançada a idade, e mantém relação positiva com as crenças e práticas religiosas. Do mesmo modo, mas ainda mais claro, o elemento religioso é especialmente perceptível entre as pessoas de mais idade, crentes e praticantes e, o que resulta especialmente indicativo, entre as classes altas e instruídas.

No entanto, a definição e percepção subjetiva desses atrativos é nebulosa, cabendo salientar a possível concepção de todos eles desde uma ótica, se não religiosa, ao menos espiritual. Isso explica que, por outro lado, os peregrinos manifestam em 62% dos casos que a sua principal motivação para fazer o Caminho é de tipo espiritual. Deles, 18% dizem que o motivo real é de tipo volitivo para o Apóstolo e 22% (sem negar o primeiro motivo) fazem alusão à significação religiosa de todo o trajeto e do sofrimento em que implica. É menor a percentagem de pessoas que assinalam que o motivo principal se limita ao cultural ou ao esportivo, o que em nenhum dos casos supera 8%.

O último aspecto importante a ponderar diz respeito à nacio-nalidade dos peregrinos que recebem a Compostela. Considerada a série histórica, os dados revelam que o maior percentual de peregrinos é de espanhóis: em todos os anos, sem exceção, eles representam mais da metade do total geral (mesmo em 1990, ano em que é menor seu peso relativo, eles correspondem a 55,94% da população). Nos anos *jacobeos* de 1993 e 1999 essa presença é ainda mais marcante: do total de peregrinos, respectivamente, 95,64% e 87,87% são espanhóis (dados que se expliquem por ser Santiago o patrono da Espanha).

Tabela 5: Distribuição dos peregrinos conforme a nacionalidade - de 1989 a 2003[81]

Ano	Espanhóis	Não espanhóis
1989	58,48%	41,52%
1990	55,94%	44,06%
1991	67,89%	32,11%
1992	72,48%	27,52%
1993	95,64%	4,36%
1994	73,63%	26,37%
1995	70,96%	29,04%
1996	71,07%	28,93%
1997	69,53%	30,47%
1998	66,76%	33,24%
1999	87,87%	12,13%
2000	67,39%	32,61%
2001	64,19%	35,81%
2003	59,55%	40,45%

81. Na fonte (www.archicompostela.org) onde obtive esses dados não há informações a respeito dos anos 2002 e 2004.

As informações discriminadas por país e distribuídas no tempo (ver Tabela 6) permitem que se tenha uma visão um pouco mais ampla acerca da origem dos peregrinos não-espanhóis, indicando que estes provêm das mais diversas partes do mundo, reiterando o cosmopolitismo da peregrinação.

Pode-se depreender também que o comportamento dos peregrinos estrangeiros acompanha o comportamento geral: seu número cresce substantivamente, independentemente do país de origem, comparados os extremos da série histórica (1989/2003); sua evolução acompanha a tendência geral de crescimento, já apontada quanto à totalidade dos peregrinos, tanto nos anos não jubileus, quanto nos anos jubileus (ainda que se percebam eventuais oscilações no comportamento de belgas, italianos, ingleses e americanos, no período).[82]

Os dados nos ajudam também a identificar a preponderância relativa das nacionalidades dos peregrinos: de 1989 até 2001, o maior número de estrangeiros vem da França e, em seguida, da Alemanha, situação que é invertida em 2003; até 1995, os belgas representavam o terceiro maior contingente, posição que, a partir de 1998, assumem os italianos.

Nos últimos anos é possível perceber uma expressiva e crescente participação de norte-americanos e de ibero-americanos[83] – estes últimos, em 1999 e 2000, chegam a superar o contingente de italianos.

Tabela 6: Origem dos peregrinos – de 1989 a 2003[84]

País	1989	1990	1991	1992	1993	1994	1995	1996	1997	1998	1999	2000	2001	2003
Espanha	3.367	2.731	4.927	7.003	94.343	11.680	14.064	16.508	17.508	20.112	135.852	37.069	39.429	44.430
França	967	486	490	492	1248	867	1.202	1.452	1.729	2.169	4.016	3.926	4.278	5.157

82. Quanto aos peregrinos italianos, os anos de 1991 e 1997 indicam um decréscimo; o mesmo ocorre entre os belgas em 1992 e 1996; quanto aos ingleses, os anos de 1994 e 1995 são completamente "atípicos" – primeiro uma queda assombrosa, seguida de uma elevação significativa; situação semelhante à dos americanos em 1997 e 1998.

83. É nessa classificação que estão incluídos os brasileiros.

84. A distribuição dos peregrinos que receberam a Compostela nos anos de 1993 e 1999, por país de origem, foi integral ou parcialmente calculada a partir de amostragem. Assim, a distribuição dos 99.436 peregrinos que receberam a Compostela no ano de 1993 foi calculada mediante uma amostra aleatória simples de um total de 9880 peregrinos, considerando-se a sua distribuição no tempo. A margem de erro tolerada foi de + ou - 1%, para uma margem de confiança de 9%. Dos resultados obtidos na amostra, inferiu-se a distribuição total dos peregrinos para o ano considerado. Quanto ao ano de 1999, os 101.920 peregrinos que receberam a Compostela nos meses de julho, agosto e setembro foram calculados com base em três amostras aleatórias simples de um total de 2598, 5813 e 1624, respectivamente para os meses considerados, respeitadas as suas distribuições no tempo. A margem de erro tolerada também foi de + ou - 1% para uma margem de confiança de 9%. Dos resultados obtidos na amostra se calculou a distribuição total dos peregrinos. O resto dos meses, assim como o total de peregrinos por mês, são sempre quantidades exatas (nota da fonte: www.archicompostela.org).

País	1989	1990	1991	1992	1993	1994	1995	1996	1997	1998	1999	2000	2001	2003
Alemanha	648	561	751	862	866	995	1.209	1.599	1.545	1.833	2.606	2.833	3.693	5.967
Itália	212	300	130	188	312	299	484	628	470	842	1.597	1.865	2.601	4.210
Bélgica	240	267	357	310	503	512	773	589	759	816	1.048	1.136	1.118	1.155
Holanda	109	180	213	241	302	338	416	561	716	754	992	843	974	1.252
Suíça	61	90	115	148	151	164	132	205	271	293	456	428	547	643
Inglaterra	62	108	133	140	292	3	407	282	257	538	770	754	982	1.223
EUA	22	36	28	63	262	74	273	309	1	711	1.642	-	1571	1.532
Áustria	25	21	32	61	70	83	165	121	168	227	293	562	794	1.220
Portugal	7	7	4	46	211	43	84	72	87	198	1.144	579	974	1.658
Irlanda	–	–	–	–	–	–	–	–	–	–	176	172	306	421
Europa	–	–	–	–	–	–	–	–	–	–	378	244	353	1.595
África	–	–	–	–	–	–	–	–	–	–	43	44	72	147
América Ibérica	–	–	–	–	–	–	–	–	–	–	2544	2.172	2147	1.617
Canadá	–	–	–	–	–	–	–	–	–	–	1642	1.490	629	1.030
Ásia	–	–	–	–	–	–	–	–	–	–	192	117	133	309
Países nórdicos	–	–	–	–	–	–	–	–	–	–	616	540	–	1.003
Oceania	–	–	–	–	–	–	–	–	–	–	117	721	3	379
Outros	38	95	77	200	876	805	612	892	1668	3792	131	9	–	–
N. R.	44	36	17	–	–	–	–	–	–	–	–	–	–	–
Total	**5.802**	**4.918**	**7.274**	**9.764**	**99.436**	**15.863**	**19.821**	**23.218**	**25.179**	**30.126**	**154.613**	**55.004**	**61.418**	**74.614**

Ainda que mais detalhada, essa tabela não nos permite visualizar a multiplicidade da nacionalidade dos peregrinos.[85] Como já foi dito, os dados sobre essa variável acham-se, em muitos casos, agregados e, quiçá, o são "aleatoriamente", ou "indevidamente". Um breve olhar revela, por exemplo, que, em 1998, o maior contingente de não-espanhóis foi classificado em "outros".[86] Problemas de coleta ou de classificação à parte, importa salientar que esses dados, embora apontem a

85. Reiteramos: uma das poucas fontes que encontramos e que arrolava dados precisos sobre a origem dos peregrinos foi em um albergue; suas informações (trata-se de informações não-oficiosas, pois foram formalmente coletadas e remetidas à instituição que o administra) apontavam para "98 nacionalidades diferentes" – diversidade que os dados oficiais não permitem constatar.

86. O que revela um sério problema de coleta de informações ou de organização dos resultados. Se a situação mais grave diz respeito a 1998, desde 1993 o problema ocorre. Nesse último ano, "outros" era o país de origem do segundo maior contingente de peregrinos estrangeiros; em 1994, o terceiro; em 1995, o quarto; em 1996, o terceiro; em 1997, o segundo. A partir de 1999, a organização dos dados mostra-se mais rigorosa, posto que se acham discriminados países/regiões/continentes outrora não especificados.

diversidade de origem dos peregrinos, não nos permitem perceber a presença dos brasileiros, classificados enquanto originários da "América Ibérica".[87]

Existem, no entanto, alguns dados desagregados, para o ano de 1999, que possibilitam verificar a presença dos peregrinos brasileiros. Os primeiros achamse na revista *Compostela* (2000): esta, em extensa tabela – com o sugestivo título de "Peregrinos de 99 países dos cinco continentes solicitaram e obtiveram a Compostela durante o último Ano Santo do século XX" – registra que 1570 brasileiros receberam a Compostela. Esse dado, *vis-à-vis* às demais informações ali reunidas, leva-nos a duas constatações a respeito desse ano específico: de toda a América, o maior contingente de peregrinos era brasileiro, que se constituía na quarta maior representação de estrangeiros que realizou a peregrinação – precediam-nos os franceses (4057), alemães (2512) e italianos (1961).[88]

O segundo conjunto de informações desagregadas encontra-se na já mencionada pesquisa realizada pela Federação Espanhola de Associações de Amigos do Caminho de Santiago. Seus dados mostram que, quanto à procedência, os peregrinos são fundamentalmente espanhóis – estes representam 80% do total de peregrinos em 1999 – dados que, *grosso modo*, correspondem àqueles por nós levantados.[89] Considerados, especificamente, os estrangeiros (20% da totalidade), o maior contingente é de franceses (29,6% do total de estrangeiros), a que se seguem os alemães (13,5%); em terceiro lugar aparecem os brasileiros (10,1%), seguidos de italianos (9,8%) e belgas (6,75%). O estudo faz menção especial aos brasileiros: mostra que seu número cresce ano a ano; e ressalta que, comparados os anos de 1998 e 1999, sua presença em relação à totalidade dos peregrinos que percorrem a rota, procedentes de outros países, eleva-se de 4% para 10,1% – aumento da ordem de 6%.

Mas quem são os brasileiros que vão a Santiago de Compostela? Qual a sua composição social? Quais as suas expectativas ao fazer o Caminho?

---

87. Ressalto a falta de clareza a respeito de dados relativos aos peregrinos brasileiros porque estes se constituem no objeto de investigação. As observações se estendem a argentinos, uruguaios, chilenos, cubanos, nicaragüenses, enfim, aos latino-americanos, reunidos sob a mesma classificação – provenientes da América Ibérica – a partir de 1999 (antes, sequer essa especificidade nos singularizava: incluíam-nos na categoria "outros").

88. Lembramos que, como ressalta a própria fonte, os dados da Tabela 6 foram parcialmente inferidos para o ano de 1999 – o que explicaria a eventual diferença nos valores absolutos.

89. Cabe uma observação. Tanto os dados que nos servem de base, reunidos pela oficina, como os levantados pela federação apontam para a presença majoritária de espanhóis no ano de 1999. No entanto, há uma discrepância, não irrelevante: enquanto aqueles indicam que 87,87% dos que receberam a Compostela eram espanhóis, estes indicam que os espanhóis correspondiam a 80% dos que solicitaram a credencial. Vale dizer, um número razoável de peregrinos estrangeiros, não importa por que razão, não busca o certificado que atesta a peregrinação – e, portanto, não integra os dados oficiais da Igreja.

Perfil dos peregrinos brasileiros e suas expectativas

Com o intuito de fazer uma caracterização dos brasileiros que fazem a peregrinação a Santiago de Compostela, busquei várias fontes de informações.

A primeira tem por base as fichas preenchidas pelas pessoas que solicitam à Associação Brasileira dos Amigos do Caminho de Santiago (com sede no Rio de Janeiro) a credencial dos peregrinos. Essas fichas apresentam basicamente quatro tipos de dados: idade, profissão, local de moradia e forma de peregrinação. Com base nesses dados pude verificar que, em 2001, o perfil dos brasileiros que solicitaram e receberam a credencial do peregrino[90] podia ser definido da seguinte forma: 52% eram do sexo masculino e 48% do feminino, 63% tinham entre 31 a 50 anos, sendo que o maior percentual (34%) está compreendido entre a faixa dos 31 aos 40 anos. Mais da metade (53%) iniciou a peregrinação em Saint-Jean-Pied-de-Port (França), sendo que o segundo local que tem a preferência dos peregrinos brasileiros é Roncesvalles (Espanha), com 25% das escolhas. Do total, 92% fizeram o percurso a pé e 8% de bicicleta. Quanto à profissão, podemos observar que 46,4% são profissionais liberais, 8,5% empregados (sem especificação), 8% técnicos, 8% funcionários públicos e 8% aposentados (que não especificaram a profissão anterior).

Essa classificação segue ao que é estabelecido pela Oficina de Peregrinos, que solicita às associações de todos os países um relatório anual com os dados agrupados dessa maneira por categorias, sendo difícil desagregá-los.

Como a associação analisada está localizada no Rio de Janeiro,[91] é também nessa região que reside a maioria dos peregrinos. Assim, 38% vivem no Rio de Janeiro, 17% em São Paulo, 9% no Paraná e 8% em Brasília.

Grosso modo, em que pesem as limitações dos dados apresentados, podemos dizer que o peregrino brasileiro médio teria o seguinte perfil: vive nas grandes capitais brasileiras, é do sexo masculino, majoritariamente desempenha uma profissão liberal, está na faixa dos 31 aos 40 anos (33%) e inicia sozinho a peregrinação a pé, em Saint-Jean-Pied-de-Port.

---

90. Gostaria de ressaltar que não foi possível obter o número total de brasileiros que solicitaram a credencial do peregrino e/ou receberam a Compostela em 2001. Os percentuais que apresento nesta seção correspondem a uma amostra de 202 pessoas, que significa o número total de credenciais que foram solicitadas e entregues pela AACS-Brasil, com sede no Rio de Janeiro. No entanto, existe uma outra AACS, com sede em São Paulo, que também fornece credenciais, além do fato de muitos brasileiros deixarem para pegar a credencial na Espanha ou França, conforme o local escolhido para o início da peregrinação.

91. Existe uma outra associação de amigos do caminho denominada Associação de Confrades e Amigos do Caminho de Santiago de Compostela, em São Paulo. Esta associação é vinculada à Federação Espanhola de Associações e reconhecida oficialmente pela Xunta de Galicia, província onde está localizada a cidade de Santiago de Compostela. No Brasil conta com o apoio do Centro Oficial de Turismo Espanhol, localizado em São Paulo.

Tendo em vista essa caracterização geral e o fato do custo da passagem para a Espanha ser em torno de 750 dólares e que, em geral, o custo médio da viagem fica na faixa de 1,5 mil a 2 mil dólares, podemos localizar os brasileiros que fazem o Caminho de Santiago como pertencentes aos chamados segmentos médios urbanos, em que pesem todos os cuidados existentes no emprego dessa denominação, como apontado por inúmeros autores.[92]

Mas o que levaria um contingente cada vez maior de brasileiros a participar de uma peregrinação em outro país, de cunho predominantemente religioso, sem o apelo de locais como Roma e Jerusalém, para chegar ao túmulo de um apóstolo que não tem a preferência dos brasileiros em termos de devoção, nem representa um santo relacionado às nossas tradições?[93]

Em primeiro lugar, cabe destacar que a maioria dos peregrinos entrevistados teve contato com o Caminho através da leitura do livro *O Diário de um Mago*, escrito por Paulo Coelho (1995). No entanto, os outros dois fatores mais mencionados foram as reportagens produzidas pela TV Globo para o programa *Globo Repórter* e os livros publicados por brasileiros sobre o Caminho, principalmente, a partir da década de 1990. Por isso mesmo, este livro e dois programas do *Globo Repórter* foram objeto de reflexões, que são apresentadas no Capítulo 5.

Apenas um dos entrevistados (um economista pós-graduado) menciona ter tido conhecimento através do filme de Buñuel (*O Estranho Caminho de Santiago*), mas, mesmo assim, referiu-se também à leitura do livro de Paulo Coelho.

A resposta mais intrigante é a de um advogado e professor universitário, que declarou ter entrado em contato pela primeira vez com o Caminho através de "uma música do Robertinho do Recife, que menciona a expressão 'do Caminho de Santiago'".

Além dessas indicações são mencionados ainda um documentário da TV Cultura, uma reportagem da revista *Terra*, um roteiro turístico oferecido por uma operadora espanhola que tinha uma programação que incluía uma parte da rota de peregrinação e a visita à Catedral.

Com relação às expectativas, observa-se que alguns indicam respostas que apontam para o lado turístico e dessacralizado do Caminho, conforme declarou um advogado de 44 anos: "Eu acreditava que viveria uma aventura: lugares novos, exotismo, alguma dificuldade, mas diversão acima de tudo." Ou, como afirmou um universitário, que faz o curso de comunicação, de 23 anos: "Eu queria umas férias memoráveis, ao mesmo tempo que não esperava do Caminho nada além

---

92. Ver Velho, G. (1994), Salem (1989), Russo (1993) e Heilborn (1999), entre outros.

93. Apesar de existirem várias igrejas de Santiago em todo o Brasil, particularmente nas grandes capitais, o santo em questão não é tão conhecido como Santo Antônio, São Judas Tadeu, São Sebastião, São Jorge e outros.

daquilo que ele é. Antes de ir tive a chance de conhecer a verdade do *caminante no hay camino, se hace camino al andar.*"

Muitos, mas não a maioria, como eu havia suposto no início da pesquisa, indicam o sentido místico ou de autoconhecimento que esperavam encontrar, podendo, nesse caso, estar ou não associado a uma fase crítica em suas vidas (aposentadoria, rompimento de relação) que estavam vivendo naquele momento, como se pode perceber através dos seguintes relatos:

> Precisava de um pouco de paz e buscava um encontro comigo mesma. (Psicóloga, empresária, 31 anos, solteira.)

> Esperava muita magia, muitas revelações pessoais, e achava que ao percorrê-lo fosse alcançar a iluminação (muita pretensão!). Que voltasse mais clarividente, corajoso, decidido e que, uma vez vencido este desafio, os outros em minha vida seriam fáceis. (Funcionário público estadual, nível universitário, 54 anos.)

> Eu queria ver como eu reagiria diante do desconhecido, meus limites físicos e espirituais. (Engenheiro civil, 42 anos.)

> Era poder estar comigo mesma, avaliando todas as experiências pelas quais passei durante toda a minha vida até aquele momento. E através do Caminho, eu sei que eu poderia rever tudo que vivi, porque tempo não iria falta. (Professora com curso universitário, 39 anos.)

> O objetivo era apenas caminhar os 800 km, com a certeza de que os acontecimentos possuem um ritmo próprio. Sempre acreditei – e acredito – que a simultaneidade é uma linguagem da nossa vida, e através de "acasos e coincidências" é que eu poderia absorver o que me esperava no Caminho de Santiago... Minha expectativa sempre foi de encontrar algo, e viver alguma coisa não definida, mas relacionada à minha passagem pela Terra. (Médico, pós-graduado, 54 anos.)

> Estava aposentada há uns quatro meses, meio perdida, querendo achar um novo rumo na vida. Sabia exatamente o que não queria, mas não conseguia decidir o que queria. Acreditava que teria ao longo do Caminho um tempo/espaço de crescimento espiritual, e uma oportunidade de ter muita intimidade comigo mesma, coisa que já há muito me fazia falta. Quero deixar claro que não vivia nenhuma crise existencial séria. (Engenheira, pós-graduada, 49 anos.)

Alguns entrevistados ressaltam que suas expectativas estavam mais vinculadas à oportunidade que teriam em caminhar e aprender com a experiência. Outros indicam que suas expectativas foram sendo construídas em função das leituras realizadas na época da preparação:

> Ver tudo o que eu tinha lido a respeito e viver o dia-a-dia como peregrina. (Arquiteta, 42 anos.)

> As minhas expectativas eram moldadas pelos textos que li, mas todas foram superadas pela realidade. (Médico, pós-graduado, 59 anos.)

> Como eu já tinha lido alguns livros e guias a respeito, a maior expectativa era se realmente poderia concluí-lo a pé, como seriam os albergues, havia também o receio de me perder, uma expectativa de que, talvez, acontecesse alguma experiência mística. (Técnico da Petrobrás com nível secundário, 45 anos.)

Conforme já tive a oportunidade de mencionar, um dos principais responsáveis pelo crescente interesse dos brasileiros pelo Caminho de Santiago é o escritor Paulo Coelho (1995) que relata suas experiências de iniciação junto a uma ordem mística através de seu livro *O Diário de um Mago*. Lançado em 1987, o livro tornou-se um *best-seller* não apenas nacional, mas também internacional, com aproximadamente 7,5 milhões de cópias, o que lhe valeu uma condecoração do governo espanhol.

A partir dessa data, vários outros livros sobre o assunto foram publicados, e também vários vídeos foram produzidos. Ao lado desses fatores, a criação de várias *homepages* sobre o tema, a organização de inúmeros grupos de discussão via Internet e a fundação da Associação Brasileira de Amigos do Caminho de Santiago foram fundamentais na ampla divulgação do fenômeno no contexto brasileiro. Por isso, foi importante procurar entender como tem ocorrido a penetração e divulgação do Caminho de Santiago no contexto brasileiro, o que será discutido no quinto capítulo. Mas, antes, é imprescindível apresentar etnograficamente os múltiplos sentidos e significados da peregrinação a Santiago.

Ruínas e entrada de Foncebadón, localidade emblemática e "mística" do Caminho. (Fotos: Sandra de Sá Carneiro, junho de 2001)

Capítulo 4

Chão de estrelas: um campo minado de significações

Toda peregrinação, em sua dimensão temporal e espacial, conduz os indivíduos a reapropriações dos sentidos, símbolos e crenças que compõem o universo das suas representações. As peregrinações podem ser analisadas através do conceito de ritual, que fornece um poderoso instrumental analítico para o desvendamento de fenômenos particularmente críticos. Segundo Tambiah (1985), os eventos que os antropólogos normalmente definem como rituais teriam alguns traços comuns, uma ordenação que os estrutura, um sentido de realização coletiva com propósito definido e também uma percepção de que eles são diferentes dos do cotidiano. A análise da peregrinação como ritual permite ainda apreender especificidades em um fenômeno que se pretende universalista – ao proclamar valores que são assim considerados –, mas que se revela multifacetado nas suas manifestações.

A peregrinação a Santiago, como ação coletiva de caráter expressivo, atravessa mais que percursos, rotas ou "carreteras". Atravessa um espaço e tempo sagrado – um solo moral cujo agente principal é o peregrino e um tempo que conjuga a dimensão externa e interna. Nessa perspectiva, esse ritual/peregrinação será aqui interpretado como um texto. Neste capítulo busco discutir a sua dinâmica e verificar como os peregrinos familiarizam-se com sua própria subjetividade, absorvendo o que ela tem a transmitir.

Realizar esse percurso, bem como reconstituí-lo em texto junto com os peregrinos brasileiros, se tornou uma experiência reveladora dos significados, crenças e valores, dilemas e impasses que se expressam em torno dessa prática milenar. O Caminho de Santiago se torna um *locus* privilegiado para se observar não só os princípios estruturais, como também para detectar as dimensões processuais (separação, ruptura, crise e reintegração) que operam em termos da produção do evento. No entanto, para além da função restrita de marcar simplesmente as etapas da vida de uma pessoa, ou de colocá-la em uma situação liminar, compreendo a peregrinação relacionada à transformação de processos sociais amplos.

Parto do reconhecimento das múltiplas motivações, da contínua atualização de valores, classificações e distinções presentes, da disputa de sentido dentre diferentes atores, no interior do que venho denominando "mundo *jacobeo*". Pretendo mostrar que a peregrinação estudada contém também significados para além da função restrita de renovação da linguagem católica, sendo uma espécie de *close-up* da vida social, com redes de significados postos no espaço público.

A rigor, o que é vulgarmente conhecido como o Caminho é uma realidade plural, fragmentada, e a sua constituição em objeto de investigação é marcada pela diversidade de sentido que produz. Ao me deter mais atentamente aos dados, percebi a existência de um estoque de idéias e de referências que me permitiram mapear tais sentidos. Esse fato, no entanto, transporta consigo uma certa ilusão de facilidade, já que aparentemente a peregrinação é uma prática universal. Contudo, a peregrinação aqui enfocada atinge hoje, como já vimos no capítulo anterior, a públicos bastante diversos, e seus sentidos e significados são também muito diversificados, sendo atualizados permanentemente nas narrativas, nos livros, nos depoimentos nas reuniões da AACS, enquanto símbolos e signos próprios da peregrinação em questão. O Caminho de Santiago caracteriza-se, assim, como um objeto em constante mutação.

Em geral, os discursos sobre a peregrinação são feitos de valorações e projeções ideológicas, entre a adesão ou a apologia, entre a paixão e a descrença, assim como é construído em torno de modelos e de imagens simplificadores e recorrentes que mascaram a sua apreensão como fenômeno social. Essa pluralidade e diversidade implícitas nas representações construídas sobre o Caminho são reforçadas pelo seu percurso no tempo e evidenciadas em momentos e nas condições de sua constituição como fenômeno de longa duração, bem como a sua reprodução, permanência e transformação.

Falar da peregrinação a Santiago exige que se fale da sua história. Foi por isso, ainda que de maneira breve, que me preocupei em mostrar ao leitor um pouco da sua história e de suas origens, tanto o que diz a Igreja católica, que sustenta o mito, como a perspectiva que entende a dimensão política a que o mito serviu na Idade Média.

A compreensão dessas origens foi, sem dúvida, extremamente pertinente e relevante para a compreensão de um fenômeno que se expandiu na hibridização com vários fatores, tanto ao ajudar a construir uma cidade como projeção de uma expressão (ou sentimento religioso) internacional.

Fazer o Caminho, experiência que vivi durante 35 dias, foi como efetuar um mergulho, uma imersão em um "mundo ou universo sagrado", onde estão em diálogo permanente a tradição e a modernidade, o discurso da Igreja católica e do governo espanhol, a religião e a magia, referências católicas e referências culturais mais amplas. Essa imersão diz respeito sobretudo aos fortes apelos dos signos, símbolos, mitos e lendas que são colocados "à disposição" dos peregrinos por toda a rota. Em cada trecho do Caminho há uma lenda, um fato histórico, histórias dos santos, dos reis, dos bruxos. Como disse um hospitaleiro, o peregrino, ao entrar no Caminho, "é bombardeado pelas forças mágicas, telúricas". Todo o cenário construído ao redor do Caminho leva muitos peregrinos a afirmarem que "tiveram a sensação de entrarem em uma película que se passava na Idade Média". Personagens como Carlos Magno, Rolando, Ferragut, reis católicos e muçulmanos, padres e bruxos, templários e anjos povoam as histórias. Enfim, existe um imaginário social que atua e sustenta o Caminho.

Atualmente os peregrinos atravessam pontes antigas e modernas; hospedam-se em albergues, alguns dentro de mosteiros medievais. Os estilos românico, gótico e barroco marcam a passagem dos séculos em igrejas e outros monumentos, ao longo de todo o percurso, que é considerado patrimônio histórico-cultural. Peregrinos de distintos países, com diferentes crenças, culturas e histórias de vida caminham juntos, convivendo e trocando experiências.

Ao se referirem ao Caminho e falarem de suas experiências, durante a peregrinação, os peregrinos brasileiros evocam um determinado estoque de conhecimentos prévios. Legitimam, de certa forma, suas crenças e representações, seus padrões de comportamento permanentemente atualizados ao serem colocados em prática por um contingente cada vez maior de pessoas. Essas idéias conformam uma certa "teoria nativa" do mundo ou universo *jacobeo*, e este também será um dos temas tratados neste capítulo.

No Caminho das estrelas

Acompanhar a construção da peregrinação pareceu-me um momento indispensável ao estudo, convencida de que a ação aqui considerada é fundamental para a valoração da ação que implica construção de sentidos. Minha intenção não é fazer uma descrição exaustiva, mas apontar para alguns traços que nos permitam discutir as razões e os sentidos pelos quais milhares de brasileiros se colocam a Caminho.

A construção da realidade social não se resume a uma simples troca de símbolos; também importa a construção de discursos – inclusive rituais.[94] Além disso, toda prática é discursiva, articulada por normas, símbolos e signos, sem contar o não dito – como determinadas práticas mágicas – que é também discurso no interior da ação. Por isso, foi fundamental identificar as principais referências éticas para pensar a sociedade e, também, para pensar a atuação individual na vida social.

94. A abordagem teórico-metodológica que adotei é devedora dos ensinamentos que construí no diálogo com diferentes autores, entre os quais destaco Geertz (1978), Turner (1974), Turner e Turner (1978), Eade e Sallnow (1991) e Tambiah (1985).

Para isso, procurei me deter nos significados construídos, tanto sobre a religião como sobre a espiritualidade, enquanto dimensões culturais que se expressam necessariamente, embora não exclusivamente, através de símbolos.

Sair em peregrinação a Santiago requer, antes de tudo, um tempo de preparação que não pode ser fixado, uma vez que vai depender muito da disponibilidade da pessoa em questão. Durante o tempo que acompanhei as reuniões da AACS, pude perceber que enquanto uns diziam que sua preparação demorou mais de um ou dois anos, outros afirmavam que em menos de 15 dias já estavam no Caminho. Mas, independentemente do tempo, nas representações dos peregrinos sobre o Caminho há um consenso em torno da idéia de "quem vai, vai atendendo a um chamado". Laura, psicóloga e empresária de 31 anos, enfatiza que foi o Caminho que lhe chamou. Segundo ela:

> Sou uma pessoa que está em permanente busca espiritual... ainda hoje tenho a impressão que foi o Caminho que me chamou, e não eu que resolvi fazê-lo... parece estranho, mas não planejei nada, em menos de 15 dias estava tudo acertado para minha partida.

Roberto, um empresário de 49 anos, também reafirma essa idéia de chamado, associada, no entanto, às lições que devem ser apreendidas. Em suas palavras:

> Fui para o Caminho atendendo a esse chamado interior. Na verdade, poderia fazer esse "caminho interno" em Fortaleza mesmo, sair de férias para uma praia isolada ou algo assim, [...] mas creio que, quando o Caminho de Santiago faz o chamado, é para as terras espanholas que temos que ir, e é lá que vivenciaremos os encontros necessários e obteremos as lições que não podem mais esperar.

No meu caso, também era através do *chamado* que muitos peregrinos da AACS interpretavam a minha ida para o Caminho. Como eu não sabia ao certo a data em que iria, fiquei quase um ano, antes de ir para a Espanha, acompanhando as reuniões mensais, realizando entrevistas e lendo vários livros sobre o tema. Também nesse período de preparação fiz um curso de hospitaleiro (a princípio tinha pensado em desempenhar essa função para facilitar a pesquisa do trabalho de campo) e acompanhei, por cerca de uma semana, a vinda de um hospitaleiro espanhol ao Brasil.[95] A preparação implica também condicionamento físico, acostumar-se a fazer longas caminhadas com peso nas costas (a mochila considerada

95. Esse hospitaleiro, um personagem paradigmático do Caminho, como veremos mais adiante, esteve no país em outubro de 2000, com passagem paga por Paulo Coelho, e foi ciceroneado por vários peregrinos brasileiros em diferentes estados (particularmente, Rio de Janeiro, São Paulo e Paraná). Considerado um bruxo, Jesus Jato tem um forte carisma, realizando cura com as mãos tal como os benzedeiros descritos por Brandão (1988). Ex-padre beneditino, Jesus Jato em diversas ocasiões fez forte críticas à Igreja católica. Voltarei a falar sobre os personagens emblemáticos do Caminho mais adiante.

ideal deve ter 10% do peso do peregrino), calçado apropriado (que levava a intermináveis discussões tanto na Internet quanto nas reuniões da AACS – bota ou tênis?), roupas (calças, bermudas e blusas) de secagem fácil, utensílios considerados indispensáveis. Esses elementos já são considerados como importantes sinalizadores do perfil do peregrino. O que levar? O que é dispensável ou não? Uns afirmavam que não podiam ficar sem usar desodorante, outros sem perfume, outros sem cremes, alguns querem levar roupas para todas as situações, outros levar livros, guias. Essa questão, aparentemente banal, na verdade expunha as pessoas a longas discussões tanto nas reuniões da associação como no grupo de discussão via Internet. Mas, como me confidenciava Francisco, tudo vai depender "das circunstâncias emocionais e materiais".

Já no final do Caminho, quando eu estava subindo o Monte do Gozo,[96] no trecho que é a última etapa para chegar a Santiago, Lourdinha, uma advogada que eu havia conhecido em Recife e que acompanhou também a visita de um hospitaleiro espanhol (Jesus Jato) ao Brasil em 2000, minha companheira na fase final, grita em minha direção, caminhando do outro lado da estrada: "Você está sempre perguntando por que as pessoas fazem o Caminho, agora já posso te responder. Fazer o Caminho é descobrir o mundo com o nosso mundo nas costas".

Essa definição é bastante reveladora da colocação que fiz acima, mas essa é apenas uma das possibilidades de dizer o que significa o Caminho, entre tantas outras que, nesse caso, oferece uma dimensão de que a escolha do que levar na mochila é sempre subjetiva, apesar de os livros e a associação recomendarem o que poderia ser considerado o *kit* básico do peregrino.[97]

A maioria dos peregrinos sempre leva mais coisa do que irá necessitar, e a avaliação do que se deve despachar pelo correio, ao longo do Caminho, já é considerada pela grande maioria como um exercício de "desapego", um dos grandes ensinamentos da peregrinação, que na verdade se inicia quando você arruma a mochila pela primeira vez. Devido à necessidade de levar somente o "essencial" e

---

96. Monte do Gozo é o último monte que se desce antes de chegar à cidade de Santiago. É chamado assim por ser o local em que pela primeira vez os peregrinos podem ver a parte mais alta da Catedral de Santiago, depois de tantos dias de sacrifício. Nesse local existe o maior albergue do Caminho, construído em 1989 por ocasião da visita de João Paulo II à cidade de Santiago de Compostela.

97. Muitas são as listas feitas com instruções do que o peregrino deve levar, mas, em termos gerais, podemos resumir assim: mochila anatômica com correias ajustáveis no peito e na cintura; a bagagem não deve exceder a 10% do peso do peregrino; saco de dormir e uma manta impermeável para isolar o frio e a umidade do solo; roupas confortáveis e leves, fáceis de lavar e secar; capa de chuva; meias (finas e grossas); chapéu ou boné; cajado (que pode ser comprado ou conseguido no próprio Caminho); tênis ou bota de *trekking*, de preferência as confeccionadas com goretex (material que permite ao pé respirar e ao mesmo tempo impede a entrada de água); toalha; material de asseio pessoal; cantil; vieira, guia do Caminho.

com isto evitar o excesso de peso da mochila, as pessoas, por analogia, entendem que não precisam de tantos bens materiais para viver, ao contrário do que é pregado pelo mundo do consumo desenfreado.

Metaforicamente significaria "despojar-se do supérfluo", "das cargas pesadas da vida", "dos fardos", "das culpas", "do excesso de roupas", "das coisas acumuladas", enfim, de uma série de coisas que são entendidas através daquela ação, conforme citado em diversos depoimentos. Nas palavras de um peregrino:

> O Caminho começava a me fazer deixar de lado certos bens materiais, como também pequenos luxos e vaidades. E o chão duro do ginásio de esporte, onde dormi em um pernoite, acabou transformando-se em uma grande lição de vida. (Gustavo, 37 anos.)

No meu caso, fui para o Caminho sem muita preparação física (só um pouco de treinamento de exercício de esteira, que não durou dois meses), com uma mochila que pesava quase 11 kg, com um tênis que não havia sido amaciado no meu pé (era do meu filho), mas com o *kit* peregrino quase completo (através do empréstimo do saco de dormir e da capa de chuva de um amigo peregrino).

Enquanto estava me preparando para viajar recebi vários telefonemas dos amigos peregrinos desejando "bom Caminho". Com Manuel (o que me emprestara os objetos acima descritos) comentei que estava passando por uma situação de "crise familiar", pois eu estava chorando quando ele telefonou. Depois de ouvir o meu relato, Manuel comentou:

> Sandra, é assim mesmo. Quem se move e caminha faz com que os que estão à sua volta também reajam, seja de que forma for. Isso vai ser para você refletir no Caminho, ali você terá tempo. As respostas virão, pode confiar. Você vai chorar muito, como eu e a Helena havíamos dito. Todo mundo chora. Eu, que não costumo chorar muito, chorei que me acabei. Mas peça, que receberá.

Eu já havia presenciado várias despedidas, não só nas reuniões da AACS, como também tive a oportunidade de ir me despedir de uma peregrina, Gaia, no dia de sua partida, no aeroporto. Por sugestão dela entrevistei-a antes que ela pegasse o avião. De certa forma eu já tinha visto essa situação antes, mas vivenciá-la não é a mesma coisa.

Como se organizam as emoções? Como falar das emoções?[98] A linguagem emotiva é a tônica do Caminho. Não apenas como veículo expressivo dos sentimentos, mas

---

98. Tanto Bateson (1968) como Geertz (1978) fizeram belos ensaios sobre o tema. Mais recentemente, Lutz e Abu-Lughod (1990) e Rosaldo (1984), entre outros, exploraram a construção social dos conceitos emotivos. Ao adotarem uma postura relativizadora de fazer uma tradução cultural das emoções, estes autores mostram sobretudo a especificidade de certos conceitos emotivos que estariam profundamente ligados a questões mais amplas da sociedade que investigaram, ou seja, nas situações específicas em que elas são expressas.

como atos pragmáticos e *performances* comunicativas, sobre questões tão diversas quanto conflitos sociais e disputas emocionais. Importa tanto o que é dito quanto o contexto em que o discurso é feito – por quem, quando e com que propósito.

Mesmo antes de iniciar a peregrinação, pude perceber como e por que a maioria dos peregrinos afirmam que se sentem "bombardeados", "infiltrados" pela "magia do Caminho".

Como já mencionei, normalmente a peregrinação a Santiago é feita a pé. A maioria dos peregrinos que chega à Catedral chega dessa maneira. Os que vêm de bicicleta representam apenas 8% do total daqueles que recebem a Compostela, sendo bem menor o número daqueles que chegam a cavalo.

Durante o percurso conheci um peregrino que fez todo o trajeto acompanhado de um burro. Era um francês de aproximadamente 40 anos. Segundo um funcionário da Oficina de Acolhida aos Peregrinos em Santiago, ultimamente crescia o número de franceses que faziam a peregrinação dessa forma, havendo também um serviço de aluguel de burro próximo à fronteira entre a França e a Espanha. Patrick, o francês que conheci, ia com sua mochila nas costas e utilizava o animal basicamente para carregar mantimentos.

A valorização da realização da peregrinação a pé está intimamente associada à forma mais autêntica de como ela deve ser feita, pois somente dessa maneira não se perde a "essência do Caminho", idéia que será desenvolvida melhor mais adiante. Para os peregrinos que estão caminhando, a decisão de não fazer nenhuma etapa de carro, ônibus ou trem é quase sempre uma questão de honra ou princípio.

Em Logroño, encontrei com um jovem brasileiro que havia sido guia turístico e estava há mais de um mês fazendo o Caminho, só que caminhava no sentido inverso ao da direção habitual, que é de leste para oeste, rumo a Santiago. São poucos os que voltam de Santiago caminhando. Ele na verdade fazia o trajeto ao contrário, pois pretendia ir até o Egito caminhando. Para tal empreendimento, havia vendido quase tudo o que tinha no Brasil e tentara conseguir patrocínio. Como não alcançou esse objetivo, saiu em peregrinação contando com a ajuda das pessoas nos locais por onde ia passando.

Diariamente os peregrinos seguem um trecho (em torno de 20 km) do percurso escolhido (Caminho francês, aragonês, português, inglês ou Via da Prata), descrito como etapa e que liga uma cidade ou vila até outra. Cada peregrino pode seguir o trecho que quiser, mas normalmente eles seguem as etapas indicadas pelos guias.[99]

Desde a Idade Média, já no famoso *Codex Calixtinus*, é indicada uma rota específica (Caminho aragonês e francês) e as etapas que devem ser seguidas para

99. Ver as etapas descritas no Anexo 2.

a realização da peregrinação. Hoje em dia, os dois guias mais utilizados (*El País/ Aguillar* e *Everest*) fazem, basicamente, a mesma indicação, através de um roteiro que indica os quilômetros de cada etapa, sinalizados em uma espécie de mapa. Considerados indispensáveis pelos peregrinos, esses guias oferecem informações também sobre a localização de albergues, lugares a serem visitados, histórias e lendas do Caminho. A análise do conteúdo desses guias revela, de certa forma, uma construção social do Caminho.

Existe toda uma legislação que, desde a Idade Média, garante ao peregrino a sua estada nas cidades atravessadas pelo Caminho. Ao longo da rota existem vários albergues ou refúgios, onde, após cada etapa diária, o peregrino faz o pernoite. Muitos albergues funcionam em instalações que pertencem à própria Igreja local, ou ao seu anexo, mas a maioria fica em outro estabelecimento. De natureza distinta, eles podem ser municipais, privados ou administrados por alguma associação de amigos. Ao longo da rota também existem vários albergues administrados por AACS de outros países.

Os albergues (refúgios) que existem, destinados ao pernoite dos peregrinos, ficam localizados nas diferentes vilas e cidades atravessadas pela rota. No Caminho francês existem cerca de cem albergues disponíveis. O estilo desses estabelecimentos, apesar de variado, normalmente apresenta um padrão – são cômodos (às vezes quartos) coletivos com várias camas-beliches (de dois ou três lugares), com banheiros também coletivos, existindo, em alguns, um local próprio para a lavagem de roupa. O peregrino, mediante a credencial, tem direito a dormir nos albergues e refúgios. Muitos desses solicitam donativos, outros cobram uma pequena taxa. O mais caro que paguei foi em torno de 13 dólares.

Esses locais servem de abrigo para os peregrinos que fazem o caminho a pé, de bicicleta ou a cavalo, seguindo-se essa ordem de preferência para a ocupação das camas. Entende-se que um peregrino que enfrenta todas as dificuldades naturais dos longos percursos, quando chega a um refúgio cansado, sujo e com fome, deva ter prioridade.

Seguir o Caminho significa também procurar as setas amarelas que sinalizam todo o percurso, e que estão pintadas em vários lugares ou coisas como árvores, pedras, sobre o asfalto, placas, muros e cercas. As flechas amarelas orientam os peregrinos durante todo o Caminho pelo Norte da Espanha, até Santiago. Os peregrinos se habituam a procurar essas flechas. Quando elas não aparecem depois de um certo tempo de caminhada, isso significa que o peregrino saiu (errou) do Caminho. As flechas são os elementos mais importantes da sinalização por toda a rota.

A hospedagem do peregrino nos refúgios é garantida, desde que haja lugares disponíveis, bastando apresentar a credencial do peregrino. A maioria dos albergues possui cozinha equipada para o preparo de refeições e, em alguns poucos, existem máquinas onde se pode adquirir café, chás, biscoito e chocolate. Poucos oferecem comida no próprio local. Nas cidades maiores é possível comprar comida nos supermercados existentes. Nos *pueblos* e nas pequenas vilas, ao longo do Caminho, existem geralmente pequenas "vendinhas". Nos restaurantes próximos aos albergues é comum ser oferecido o "menu do peregrino", por um preço-padrão. Na maioria dos albergues há água quente e os banheiros geralmente são limpos. Ainda que bastante genérico, esse é um rápido panorama de alguns aspectos gerais da peregrinação.

Em todos os albergues existe um livro de visitas, onde os peregrinos costumam escrever depoimentos, registrar suas impressões sobre o Caminho. Normalmente são registros emocionados de pessoas contando detalhes de suas histórias, dando apoio a outros peregrinos. Outras transmitem recados para amigos que ficaram para trás, funcionando nesses casos como um importante veículo de comunicação.

Ao longo do Caminho ficam plasmadas certas inquietudes nos textos deixados anotados, que refletem o moral, o cansaço e o companheirismo que o caracteriza. No livro dos peregrinos de Estella e Larrasoaña pude ler diferentes tipos de registro, dentre os quais destaco os seguintes:

> O Caminho é um passo para o reencontro do nosso "eu" interior, espero ansiosamente achar o meu. (Simone, 19/09/2000.)
>
> Para ser feliz, basta olhar as coisas como elas são, e seguir somente a voz do coração. E às drogas, diga não. A Deus, perdão. E a si, resistência. (Mirtes, 10/11/2000.)
>
> Por que estou a fazer o Caminho? Há loucos para tudo. Os loucos a serviço do mal destroem o mundo. Outros loucos constroem. Estou tentando construir um novo mundo dentro de mim para viver e servir melhor. (Murilo, 19/06/2001.)
>
> Estivemos aqui, amigos, buscando desenvolvimento espiritual. A solidariedade aparece e nos faz lembrar a todo tempo que viver é maravilhoso. (Ana, 09/04/2001.)
>
> Fé e esperança são os alimentos da vida. Até aqui foi uma prova de fogo e força. Fé e esperança são os maiores objetivos. Força, que Deus está sempre em quem acredita no seu poder. (Angela, 27/04/2000.)

O mais freqüente é uma simples saudação aos companheiros que seguem a mesma rota e, principalmente, aos que nos dias anteriores passaram por esse mesmo albergue ou abrigo. Essa saudação em geral é um estímulo, uma maneira de dar ânimo aos que vêm atrás. Nessas referências, também encontrei menções às dificuldades do percurso, mas mesmo assim era sempre ressaltada a satisfação que proporcionava o trajeto.

Em outros casos vi alusões a valores (religiosos ou não). Normalmente, eram afirmações sobre a necessidade de as pessoas refletirem ou pensarem sobre determinados valores ou sentimentos (companheirismo, gratidão, generosidade, amizade, tolerância, paciência, caridade) que, segundo alguns peregrinos, deveriam "governar as relações humanas". Havia também referências a ações de graça em retribuição às forças necessárias para chegar até ali, assim como por viver aquela experiência. De maneira geral, encontrei manifestações sobre definições do significado subjetivo da peregrinação, nas quais eram sublinhados os benefícios de tipo psicológico e espiritual – se conhecer melhor, perceber os seus limites, contato maior com Deus ou com o divino.

Na mesma direção, são freqüentes as alusões ao ato de caminhar, como, por exemplo, a idéia de que "caminhar, andar é a melhor forma de sair da mente". Outra idéia bastante recorrente é a de que uma rota não pode simplesmente ser simplificada por cause de uma origem ou de um destino, precisa sobretudo ser entendida a partir da ótica: "a própria vida é um permanente caminhar".

No dia-a-dia dos refúgios há uma "intimidade distante" entre as pessoas. Todos perdem, de certa forma, a privacidade, ao compartilhar banheiro, espaços, roncos, conversas pessoais, cheiros e, ainda assim, tentam manter suas individualidades como que se se protegessem de algum tipo de invasão.

Como diz um dos peregrinos em seu livro: "em um refúgio os reis estão nus, todos sabem disso e, como na fábula, fingem não ver."

Quando se está no Caminho, a comunicação é feita através de vários recursos. Os peregrinos que estão de bicicleta muitas vezes são utilizados para enviar mensagens ou objetos perdidos. São elos entre os que fazem a rota a pé, que se comunicam à distância enviando e recebendo mensagens. Se o companheiro ficou para trás, são utilizados os livros dos albergues; se está na frente, os ciclistas.

Normalmente os albergues têm hora de fechar, em torno das nove horas da noite. De manhã, o horário estabelecido para o peregrino sair do albergue é entre oito ou nove horas. Após este horário o local precisa ser limpo para receber os novos peregrinos do dia.

A mochila normalmente tem que ser esvaziada cada vez que se necessita de alguma coisa, expondo assim seu conteúdo. O barulho dos sacos plásticos (muito utilizado para guardar, separar as roupas e demais objetos) embrulhando as coisas, o chiado dos zíperes abrindo ou fechando as mochilas, a descarga do vaso sanitário, as conversas e cochichos pelas manhãs tornam difícil o sono de quem quer permanecer mais tempo dormindo.

Segundo Sérgio Reis (1998, p. 36), a mochila é a cruz do percurso, e se a via-crúcis do Caminho termina em Santiago de Compostela, a via-crúcis de todos os nossos dias só termina quando saímos desta vida.

Essa associação à via-crúcis cristã está presente em várias ações e práticas do Caminho, sendo que a afirmação mais precisa sobre a matriz católica está na expressão freqüentemente utilizada pelos entrevistados, católicos ou não, padres ou bruxos, de que "com pão e vinho se faz o Caminho".

Durante o período do trabalho de campo, encontrei ingleses e alemães que faziam a peregrinação em grupo, mas a pé. Normalmente eram acompanhados por uma caminhonete (espécie de *van*), que ia seguindo bem devagar o grupo que caminhava na frente. Esse veículo, chamado pelos espanhóis de "carro de apoio", transportava as mochilas de todos os integrantes do grupo, que assim realizavam a peregrinação sem o desconforto do peso nas costas.

No Caminho conheci também um grupo de americanos (um professor e seus seis alunos do *high school*) que faziam o Caminho para aprofundarem o "aspecto espiritual" de suas vidas.[100] Segundo Juan, o espanhol que os acompanhava como guia, John (o professor) era muito "espiritualizado", por isso ele o convidara a fazer o Caminho, após o período em que ele permanecera como professor visitante na Universidade de Pamplona. Mas, para sua surpresa, John sugeriu ir acompanhado de seus alunos. Por insistência do professor, Juan acabou concordando, embora ele frisasse que assim, em grupo, jamais iriam conhecer a "essência do Caminho", ainda que pudessem ter uma boa experiência.

A idéia de "fazer o Caminho a pé e sozinho" é sempre considerada positiva por todos os peregrinos com os quais tive contato, seja durante o trabalho de campo na Espanha, nas reuniões da associação, livros ou grupo de discussão, muito embora houvesse a idéia mais geral de que "cada um faz como pode e não como quer".

Os peregrinos definem sua identidade a partir de diversos elementos. Um deles é o vestuário peculiar que inclui basicamente mochila nas costas, cajado nas mãos, chapéu, que varia em estilos e feitios, e a concha (vieira), que normalmente levam pendurada no pescoço ou amarrada na mochila. A vestimenta é um dos elementos que distingue os peregrinos dos "outros", sejam estes moradores das cidades e vilas ou turistas. É um dos sinais diacríticos. Por outro lado, essa mesma vestimenta "não diferencia", em princípio, os peregrinos entre si, por ser muito semelhante.

---

100. Tive a oportunidade de encontrar este grupo várias vezes durante o percurso, e assim acabei sabendo que o professor havia ficado um tempo como professor visitante na Universidade de Pamplona. Ele era professor de literatura, e durante essa permanência na Espanha teve conhecimento do Caminho, mas não chegou a fazer a peregrinação. Depois que voltou aos Estados Unidos, continuou a manter contato com um outro professor da universidade, que vem a ser membro da Associação de Amigos de Santiago de Compostela de Pamplona, o qual acompanhava o grupo. Entrevistei Juan (da associação) numa situação bastante curiosa. Eu estava em Estella, visitando o Museo de los Reyes de Navarra, e na saída encontrei com ele. Após as apresentações de praxe, de onde veio e por que está fazendo o Caminho, ele me perguntou se eu podia responder a algumas questões que ele havia formulado para uma matéria a ser publicada em um jornal sobre o Caminho. Falei então a ele sobre o trabalho que estava realizando, e assim combinamos a entrevista mútua.

Pegar um ônibus ou carro (táxi) entre cidades ou andar a pé, mas transportar as mochilas de táxi, por toda a rota, é entendido como um comportamento oposto ao que seria "ser peregrino" ou "ter espírito peregrino", embora muitos discutam esse ponto de vista, alegando que o que vale é a intenção ou motivação.

As conversas sobre as dificuldades enfrentadas, o peso da mochila, as motivações para fazer o Caminho eram recorrentes, mas também eram freqüentes as conversas sobre os monumentos, as igrejas e catedrais, os mitos e histórias que impregnam a rota *jacobea* e que são altamente valorizados pelos guias, que, além de fazerem uma descrição de cada cidade ou vila, ainda narram todos os mitos, lendas e histórias dos santos padroeiros que povoam o percurso. Sem dúvida, é uma imersão na construção de uma dada sacralidade.[101]

As crenças em torno do Caminho têm, naquilo que poderíamos chamar de magia, seguindo Mauss (1974), uma dimensão fundamental, daí a tendência constante de privilegiar o contato com o sobrenatural, traduzindo uma experiência distinta em termos de princípios únicos e de valor universal.

Se a linguagem científica pretende descrever o mundo, a linguagem mágico-religiosa exprime como o homem vive, em relação ao mundo. Os símbolos religiosos são revelações das condições de subjetividade. Na linguagem religiosa, o ego transpõe seus limites e projeta suas significações sobre a realidade, proclama que toda a realidade é humanamente significativa, invocando o cosmo inteiro para significar a validade da experiência humana (Geertz, 1978).

Ao longo do caminho, tive a oportunidade de entrevistar vários peregrinos e conversar com outros sobre o sentido de suas ações. Todos concordavam que a longa viagem de peregrinação tornava-os mais sensíveis em todos os níveis – auditivo, visual, olfativo. Muitos comentavam também sobre os efeitos da endorfina, que atuava depois de longas caminhadas, o que alterava de certa forma suas percepções.

Um dos elementos que mais se destacam na análise do mundo *jacobeo* é a ênfase na emoção. Há muita emoção na fala e nos relatos dos peregrinos. Através do emocionalismo, os peregrinos rompem com um tipo de concepção intelectual da religião, que concebe a emoção como algo que distancia o ser humano da verdade e, conseqüentemente, de Deus.

Como dizem os peregrinos, a emoção os "tomava". A expressão das emoções através do choro constante, dos abraços, beijos, dos pulos e gritos, da música,

101. Em quase todos os locais onde existem os albergues, os peregrinos são sempre convidados a assistir à missa celebrada na igreja principal do local. Não há obrigatoriedade, mas a freqüência que pude observar em todos os locais em que parei é sempre muito grande. Posso estimar em quase 70% a presença de peregrinos nas missas celebradas em todas as localidades do Caminho.

constituem sem dúvida uma forma de comunicação entre os peregrinos. O componente dos sentimentos das emoções é colocado no centro das ações.

Bateson (1968) ressalta que as formas de expressão das emoções variam de cultura para cultura, e Elias (1994), que nenhuma emoção é completamente não aprendida ou, em outras palavras, não se trata de um modelo de reação fixado geneticamente. Assim como a linguagem, as emoções humanas resultam de um processo que combina elementos aprendidos e não aprendidos.

No entanto, Elias faz uma ressalva ao termo "expressão das emoções", por considerar que ele obscurece a função social comunicativa, tanto facial como de outros movimentos. Por isso, propõe uma reorientação dos estudos que lidam com esse tema. Segundo o autor, as emoções e os movimentos a elas relacionados, como o que normalmente se denomina expressões, são, em síntese, elementos que demonstram como os seres humanos estão constituídos pela natureza para a vida em companhia de outros, para a vida em sociedade (Elias, 1994, p. 329).

Nas narrativas peregrinas a emoção é, assim, moeda corrente:

> Foram dias e dias seguidos de muita emoção, diferenciadas a cada etapa, de experiências renovadas a cada manhã, até o vento, o sol, enfim, tudo se mostrando diferente dia após dia. (Ribeiro, A., 2001, p. 35.)

"Peregrino, quem te chama? Que força oculta te atrai?"[102]

A questão central levantada por este poema é o tema de que irei tratar a seguir, mas antes gostaria de retomar o relato do Caminho.

Para iniciar a peregrinação na França,[103] fui de ônibus de Pamplona a Roncesvalles.[104] O ônibus estava repleto de peregrinos, quase todos estrangeiros (não espanhóis), e a sensação que eu tinha era que estávamos numa excursão. No percurso

---

102. Esse poema, que está transcrito na íntegra no Anexo 3, está escrito (pintado) em um muro na entrada de Nájera, cidade situada na província de La Rioja.

103. Iniciei a peregrinação no dia 16 de maio de 2001 em Saint-Jean-Pied-de-Port, vila francesa de aproximadamente 1,7 mil habitantes, capital da província da Baixa Navarra, a noroeste da França (região predominantemente de etnia basca, minoria tanto naquele país quanto na Espanha, onde há um movimento separatista muito intenso). Na saída da cidade, em direção a Saint-Michel, pega-se a Route Napoléon, conhecida como Caminho francês.

104. A cidade de Roncesvalles está situada no meio dos montes Pirineus. O local abrigou um dos mais ricos hospitais da rota *jacobea*. Parte do antigo hospital é utilizada como abrigo para os peregrinos que iniciam ali a peregrinação a Santiago de Compostela. A igreja, a Real Colegiata de Roncesvalles, é uma das paradas mais emblemáticas do Caminho. Construída em 1127, é um complexo que inclui um refúgio para os peregrinos e uma igreja onde vivem cerca de sete religiosos, dirigidos por Javier Navarro, padre que abençoa os peregrinos numa missa noturna (às 20h), celebrada com canto gregoriano. É aí que a maior parte dos peregrinos (brasileiros) assiste à sua primeira missa na caminhada.

fui ouvindo diversas histórias, sobre as ansiedades, as expectativas, onde iriam iniciar a rota, por que estavam ali.

Quando chegamos a Roncesvalles,[105] fomos recebidos por uma hospitaleira que ia separando as pessoas que iam ficar ali e as que, como eu, iriam continuar descendo os Pirineus até chegar à fronteira com a França. Tão logo desci do ônibus, no qual havia umas 30 pessoas, conheci dois brasileiros que também iriam até a França (um era juiz trabalhista aposentado e o outro, um funcionário público de uma empresa estatal; eram cunhados e moravam no interior de São Paulo). Após uma rápida consulta ao motorista de uma caminhonete, parada em frente ao refúgio de peregrinos, descobrimos que ele poderia fazer o traslado comportando oito pessoas. Mas nos éramos nove – dois casais sul-africanos (que eu encontrara na saída da ferroviária no dia anterior quando fiz o percurso Madri-Pamplona), uma uruguaia (que morava no Canadá havia mais de dez anos), uma alemã, os dois brasileiros e eu. Os brasileiros logo se prontificaram a negociar com o motorista para que todos nós fôssemos juntos.

Ao entrar na caminhonete, sentei-me ao lado de Vick (a alemã), e ato contínuo à resposta sobre a minha nacionalidade, dirigiu-me a pergunta que seria a recorrente, dirigida pelos "outros" aos brasileiros: "Você leu o livro do Paulo Coelho sobre o Caminho? Por que você veio fazer o Caminho? Foi por causa dele?"

Pude perceber a partir desse primeiro contato que a pergunta sobre por que você está no Caminho ou por que decidiu fazer o Caminho era muito comum, funcionava como uma espécie de introdução nas conversações que se estabeleciam entre as pessoas durante o percurso. Como uma espécie de saudação, servia como mote para se iniciar uma conversa. Essa pergunta surgia naturalmente entre os peregrinos em, no máximo, dez minutos de conversa. Muitas vezes, as respostas podiam ser motivo de aproximação ou afastamento automático. Era como se o porquê de alguém estar ali definisse a sua identidade, expusesse suas necessidades, servindo de ponto de referência. Também nesse primeiro dia, pude me dar conta da diversidade da procedência dos peregrinos. O que levaria pessoas provenientes de países (e continentes) tão distintos a realizarem o Caminho?

Como o meu recorte incide sobre os brasileiros, uma questão central orientou o estudo – por que os brasileiros realizam essa peregrinação? Pergunta que se desdobrava em muitas outras, como: quais são suas motivações? O que os põe em ação? Como fazem? Em que medida isso afeta suas vidas?

Ao se referirem ao Caminho e falarem de suas experiências vivenciadas durante a peregrinação, os peregrinos brasileiros evocam ou acionam um conjunto de referências que foram sendo acumuladas em torno do Caminho. Ao evocarem

105. Roncesvalles é o primeiro lugar habitado depois da cordilheira. Cruzar ou não os Pirineus? Esse é um dos dilemas da maioria dos brasileiros.

esse estoque de argumentos, legitimam, de certa forma, certas idéias e representações, determinados padrões de comportamento, que vão sendo permanentemente atualizados ao serem colocados em prática por um contingente cada vez maior de peregrinos brasileiros. Essas idéias conformam uma certa "teoria nativa" que compõe o universo ou mundo *jacobeo*. Para a construção do imaginário social sobre o Caminho, os peregrinos brasileiros contam com livros, com os relatos realizados todo mês, durante as reuniões da AACS, e com as informações veiculadas pelo grupo de discussão da Internet (questões que serão abordadas no próximo capítulo).

Assim, ao procurar levantar as razões que mobilizam os brasileiros, percebi que, ao contrário das romarias[106] e outros locais de peregrinação, os milagres, votos, graças e promessas não são os elementos centrais. Encontrei apenas dois brasileiros que mencionaram que estavam fazendo o Caminho em sinal de agradecimento. Quando estávamos (um grupo de cinco pessoas, contando comigo) chegando à Astorga, depois de quase oito horas de caminhada, Fernanda (um peregrina de Maceió) perguntava em tom de brincadeira ao grupo: "Afinal, que milagres fez esse santo? Vocês conhecem algum milagre de Santiago?"

Diante da negativa dos presentes, ela continuou a fazer a pergunta a todos os brasileiros que encontrou no albergue de Astorga. Somente um lembrou da lenda de que Santiago havia lutado contra os mouros, vestindo-se de cavaleiro medieval, montado num cavalo branco, e que com isso os espanhóis ganharam a batalha.

Quanto à realização da peregrinação, já mencionei que os motivos apresentados indicavam a diversidade. Muitos declaravam duas ou até mesmo três razões diferentes, outros diziam que ainda procuravam respostas.

Os principais motivos alegados pelos brasileiros foram "aventura", "férias diferentes", "por gostar de atividade física", "percorrer caminhos e descobrir lugares novos", "encontrar pessoas", pela "história e arquitetura". Também foi possível perceber as motivações de cunho mais "místico-religioso":[107] "sou esotérica", "me interessam os assuntos esotéricos", "pela fé e pela experiência da peregrinação", embora estes últimos não fossem os predominantes.

Os motivos apontam não só para a diversidade entre os indivíduos, como também para a possibilidade de um mesmo indivíduo indicar dupla e até mesmo tripla motivação. A multiplicidade apresentada indica a dificuldade de matizá-las. Enquanto uns representavam o Caminho como um "local sagrado", "místico", "com forças telúricas" ou como "um poderoso campo energético", propício ao desenvolvimento espiritual ou ao autoconhecimento, outros apontavam para o

106. Ver Sanchis (1983).

107. Emprego o termo "religioso" aqui pela dificuldade que percebo em classificar as motivações descritas.

aspecto turístico propriamente dito ou até mesmo para "a jogada de *marketing*", um dos fatores que transformava o Caminho em palco de múltiplas disputas de sentido, tal como apontam Eade e Sallnow (1991).

Caberia ainda incluir entre o primeiro aspecto assinalado uma ampla gama de situações que vão desde a mais estritamente religiosa (encontrar Deus ou graça alcançada) até vagas razões de tipo "espiritual",[108] como procurar "paz consigo mesmo", ou "simplesmente para passar certo tempo refletindo". Como podemos perceber nos depoimentos que seguem:

> Fui para Santiago buscando me aproximar de Deus, ir além do poder da Igreja e do julgamento. (Angela, 46 anos)

> Fiz para agradecer... Eu queria ter outro filho, queria que fosse de parto normal, já que a primeira não pôde ser. Tive que fazer uma operação e, quando fiz, já estava grávida. Gravidez que só descobri quando estava com quatro meses. Aí eu pensava em todos os remédios que eu havia tomado, em todos os exames que eu havia feito. Foi um brutal erro médico [...]. Ele nasceu de oito meses, com hipertensão pulmonar e com fissura de lábio [...]. Hoje está bem, depois de várias cirurgias. Aprendi muito com meu filho. [...]. Depois de tudo eu queria dar a oportunidade a mim mesma de estar só. De entender o sofrimento. Entender que nada é permanente. Eu não saí daqui para fazer penitência. Eu queria ser feliz no Caminho, eu queria me descobrir [...]. Eu queria ouvir a minha voz interior. (Maria Bernarda, 30 anos.)

> O Caminho é um pretexto para quem precisa se dar um tempo. Uma oportunidade para recolocar os valores em seus devidos lugares, identificar as atitudes e as pessoas que roubam freqüentemente a sua energia. Um lugar para confirmar o amor e agradecer ao universo pelas bênçãos recebidas. (Ricardo, 45 anos.)

Entre as motivações turísticas, posso incluir as referentes aos aspectos culturais, de lazer, diversão, esportivas e outras, nas quais não aparece nenhuma vinculação inicial com a questão religiosa/espiritual: "Eu queria férias diferentes. Estava enjoado dos lugares a que costumava ir". (Soares, 44 anos, advogado e professor.)

Podemos perceber também uma mistura entre os dois motivos referidos acima, como declara Franco (23 anos, estudante de comunicação):

> Queria passar as minhas férias num lugar diferente, ao mesmo tempo conhecido (vivi na Espanha). Queria uma aventura inesquecível. Queria tanta coisa que acabei sendo interpelado pela questão espiritual. Resolvi optar pelo Caminho de Santiago por mais de mil razões e nenhuma em específico. Sabe o "chamado"? Às vezes eu acredito nele.

---

108. De maneira geral, quando os peregrinos empregavam esse termo estavam opondo-o aos valores ditos materiais.

O Caminho assume assim múltiplos sentidos e finalidades, como diz uma peregrina:

> Não posso dizer que o maior motivo tenha sido religioso. Acredito honestamente que uma das motivações foi o desafio de andar a pé 800 km, o turismo barato, percorrer um caminho milenar que, em certos trechos, parece que parou no tempo, por aventura, por uma troca cultural, e por último ficou o motivo religioso.

A associação do Caminho com o turismo ("queria férias diferentes") aparece em distintas narrativas, bem como o aspecto de ser um "turismo barato". Por outro lado, surge também o aspecto histórico-cultural: "ouvi diversos mitos e histórias a respeito", "queria conhecer sua história e arquitetura", "pela idéia de percorrer um caminho histórico".

É interessante destacar ainda uma expressão utilizada por um dos peregrinos, em que aparece claramente a relação entre turismo e esoterismo: "No início eu achava que estava indo fazer um tipo de turismo esotérico, se é que isso existe... No final, consegui ver que é fundamental para a vida e que todos deviam fazer algo parecido".

Em termos analíticos, de acordo com Steil (1999), podemos distinguir duas estruturas de valores e sentidos associados ao campo da peregrinação e do turismo, mas, no nível empírico, esses campos aparecem sempre imbricados, tornando suas fronteiras bastante fluidas e indefinidas.

Não se trata de experiências justapostas, mas sim de estruturas de significados que se articulam, dando origem a múltiplas possibilidades de combinações. São arranjos sincréticos, lógicas contemporâneas que emergem em determinadas situações, dando aos eventos diferentes configurações e sentidos (Steil, 1998). Desse modo, podemos ver, atrelados ao campo religioso, significados e valores relacionados ao turismo que, algumas vezes, podem encompassar a tradição da peregrinação, produzindo um outro evento, que poderíamos chamar de "turismo religioso".

Em vez de focalizar o turismo como um elemento exterior ao campo religioso, que poderia de certa maneira deturpar um sentido "original" da peregrinação, procurei compreender a sua emergência como uma das expressões da moderna "peregrinação", como proposto por Steil (1999). Cabe ressaltar que a própria peregrinação estaria exigindo uma abordagem que desse conta de sua dinâmica, em atualizar e incluir novos elementos provenientes de fontes distintas como, por exemplo, o turismo, ou melhor, da lógica econômica que preside os empreendimentos turísticos.

No âmbito da análise das motivações particulares emergiram também discussões importantes a respeito da busca interior, do sentido da vida e da necessidade de atualizar os valores e princípios básicos atribuídos pelos peregrinos à peregrinação, trazendo também à luz questões referentes ao tema das identidades estrategicamente construídas através das "biografias" ou "trajetórias" e de um *ethos* e visão de mundo específica.

Imagens do Brasil

Um dos aspectos mais ressaltados durante as reuniões da AACS era o de que os brasileiros eram muito bem vistos no Caminho, eram "queridos", que os espanhóis tinham muito carinho pelos brasileiros. Quase todos os brasileiros com quem conversei durante o trajeto, cerca de 40, me contaram alguma situação durante a peregrinação em que era ressaltada a sua nacionalidade, pelos mais diversos motivos, como irei destacar a seguir.

Durante o Caminho, vivenciei inúmeras situações em que a identidade do Brasil e/ou do peregrino brasileiro era ressaltada, ratificando as narrativas encontradas nos livros e na Internet. Comecei assim a indagar o que é que distingue, se é que distingue, os brasileiros dos outros peregrinos? Como os peregrinos brasileiros eram vistos e percebidos? Como o Brasil era representado naquele espaço de peregrinação?

Ao chegar em uma pequena vila chamada Larrasoaña fui recebida por Pilar, a irmã do responsável pelo albergue, que era ao mesmo tempo o *alcalde* (prefeito) local. No escritório onde os peregrinos são recebidos, que fica no andar térreo do albergue, onde são carimbadas as credenciais, vejo um canto reservado com objetos referentes ao Brasil, que Pilar denominava "coisas do Brasil": bandeira brasileira, camisa da seleção, retrato do Ayrton Senna, fitas do Senhor do Bonfim. Ao conversar com ela soube que seu irmão prefeito era "apaixonado pelo Brasil", que gostava muito de conversar com os brasileiros e que tinha muitas fotos com eles. Quando eu disse que também gostaria de conversar com o prefeito, ela chega até a janela da sala onde estávamos e chama um senhor que estava capinando em uma ampla chácara que ficava atrás do prédio: "Santiago, venha, tem uma brasileira querendo falar com você..."

Ele se chamava Santiago Zubiri, um dos personagens emblemáticos, que é citado na maioria dos livros e nos depoimentos nas reuniões da AACS. Santiago veio me encontrar, mas como precisava terminar seu serviço, sugeriu que eu pernoitasse ali para que pudéssemos conversar melhor. Foi um dos depoimentos mais emocionados. Santiago fez questão de me mostrar todas as fotos que tinha com os brasileiros, os livros, nomear cada um dos brasileiros com quem mantinha contato, e perguntava por todos, como se o Brasil fosse uma vila, onde todos se conhecessem, como na sua cidade. Ao me dizer que reconhecia os brasileiros assim que chegavam na cidade, perguntei-lhe como os reconhecia: "São os mais alegres, sempre estão falando alto, são mais comunicativos e mais místicos."

Dessa forma percebi que havia muitas imagens que eram veiculadas no Caminho sobre os brasileiros, algumas das quais eram baseadas em estereótipos ou mesmo preconceitos. Pelo fato de ser brasileira, obtive vários depoimentos sobre amizade e maneiras de se comportar, entendidas como uma forma "brasileira" de relacionar-se – ser mais afetuoso através dos abraços, beijos e carinhos, ser extrovertido (cumprimentar e falar com todos os peregrinos).

De fato, chamava a atenção de todos os hospitaleiros e padres (no total de 15) com quem conversei o grande número de brasileiros que nos últimos anos estavam fazendo a peregrinação. Todos mencionaram ter conhecimento do livro *O Diário de um Mago* e muitos demonstraram não ter nenhuma simpatia por seu autor. Um dos padres entrevistados (do monastério de Samos) chegou a me dizer:

> Quando você voltar para o Brasil, diga àquele senhor [Paulo Coelho] que aqui não tem espada nenhuma e para ele parar de mandar brasileiros atrás de espadas, bruxos e visões. Este Caminho é um caminho religioso, fruto da tradição católica e não de magias e bruxarias.

Mesmo reconhecendo que o livro havia divulgado a peregrinação, alguns hospitaleiros entrevistados afirmavam que os brasileiros, de maneira geral, haviam tomado como "verdade" o que estava escrito no livro, e assim queriam a todo custo viver as mesmas experiências que o autor relatava. Muitos afirmavam que apesar de Paulo Coelho (1995) ter contribuído para a divulgação do Caminho, jamais fizera o percurso todo a pé. A idéia de misticismo aparecia assim sempre relacionada ao fato dos brasileiros procurarem "espadas",[109] terem "visões". Algumas vezes foi mencionado também que no Brasil havia muita "mistura", muito "sincretismo".

A maioria dos peregrinos estrangeiros perguntava sempre por que havia um grande número de brasileiros fazendo a peregrinação. Como, por exemplo, Gigio, um italiano que encontrei na porta do refúgio dos maristas em Trinidad de Arre. Gigio tinha 51 anos, divorciado, morava em uma cidade próxima de Roma, era formado em Belas Artes e trabalhava em uma galeria de artes. Estava fazendo o Caminho para "repensar a vida", "tanto profissionalmente quanto emocionalmente." Comentava que na Itália havia tradição de "se fazer o Caminho", além disso frisava

109. Arrisco aqui a levantar duas hipóteses, com base em alguns depoimentos e relatos dos peregrinos brasileiros. No início da década de 1990, pelo menos dois (dentre os quatro que ele sempre afirma ter tido) discípulos de Paulo Coelho fizeram o Caminho devido à sua iniciação na RAM. Depois disso, outros discípulos dos discípulos também realizaram a peregrinação. Apesar de ser reduzido o número de brasileiros que viveram esta situação, acredito que isso tenha contribuído para que o "misticismo" dos brasileiros se tornasse mais uma das inúmeras histórias do Caminho. A outra se refere ao fato, sempre comentado pelos estrangeiros, de que no Brasil há muitas "religiões".

"não precisamos pegar um avião e cruzar um oceano para chegarmos aqui". Por isso ficava "impressionado" com o grande número de brasileiros que havia encontrado ainda no início do percurso, acrescentando que afinal "a passagem de avião do Brasil até a Espanha deveria ser muito cara". Isso de certa maneira parecia definir, para muitos dos estrangeiros, o perfil dos peregrinos brasileiros que tinham recursos para sair da América do Sul e ir até a Europa. Diferentemente dos europeus (particularmente dos alemães, franceses e belgas com quem conversei) que, em geral, afirmavam que já que vinham andando desde as suas casas. Além disso, muitos brasileiros aproveitavam a ida a Santiago para "poder conhecer uma boa parte da Espanha e da Europa por um preço mais barato". Grande parte dos brasileiros que eu entrevistei declararam que aquela era a sua primeira viagem à Europa.

Na mesma cidade onde me encontrei com Gigio, fui questionada pelo padre responsável pelo albergue, que na hora de carimbar minha credencial me disse:

> O Brasil deve ser um país muito rico, porque é muito grande o número de peregrinos provenientes de lá e cada vez chegam mais brasileiros. Como vêm muitos peregrinos de lá e a passagem de avião é muito cara, como já me disseram alguns, imagino que a renda *per capita* seja muito alta.

A (por que não dizer?) "surpresa" que tive diante dessa colocação me fez reagir falando das desigualdades sociais do país, da fome e da miséria, do analfabetismo, da violência. Mas diante da sua insistência em traçar aquele perfil do Brasil, achei melhor não continuar minhas explicações. Afinal, de certa forma era essa a imagem que muitos brasileiros passavam, a maioria proveniente dos segmentos médios da sociedade brasileira, com alto nível de escolaridade e com uma renda que os permitia passar quase um mês na Europa. Portanto, as "evidências" que os hospitaleiros tinham eram essas, associadas ainda a outra imagem, como mencionou Félix: "Para ir à Espanha em busca de autoconhecimento, era porque tinham dinheiro."

Uma outra forma de identificação dos brasileiros era através do esporte e da música. Os craques da seleção brasileira, atuais e antigos, eram sempre mencionados. Muitos espanhóis faziam questão de citar os nomes de todos os jogadores da seleção. Na época em que eu fiz a peregrinação, o tenista Gustavo Kuerten estava disputando a final de um torneio com dois espanhóis, o que ocasionou várias brincadeiras e comentários.

Ainda que eu não possa generalizar, todos os espanhóis com quem tive contato e os que eu encontrei nas vilas e cidades sempre se referiram à sua admiração com relação à música brasileira. Silva (1999) relata em seu livro que, certo dia, quando estava admirando a beleza de uma determinada localidade, percebeu que alguém estava assobiando *Aquarela do Brasil*:

> Pensei logo que era um brasileiro, mas era um grupo de simpáticos garotos espanhóis do outro lado da rua, que me identificaram pela bandeirinha que trazia costurada na mochila. Fiz uma saudação com entusiasmo, sendo correspondido por todos.

Em uma outra situação, um peregrino comenta que, ao entrar em um modesto, mas acolhedor restaurante, consegue jantar fartamente as comidas típicas da região, acompanhado de um bom vinho: "Por incrível que possa parecer, jantei ao som de *Mulher Rendeira* e *Ave Maria do Morro*, foi a maior emoção."

Viajor Liberas ([s.d.], p. 27, 29), em seu livro, comenta sobre uma certa "curiosidade" que os brasileiros causavam ao fazer a peregrinação na Espanha, e menciona duas passagens dignas de destaque:

> Uma alemã vendo minha desorientação deu-me a mão, indicando onde eu podia ficar, onde deixar minha mochila. Ela riu quando eu disse que era do Brasil: "Você vem de um país tão grande para caminhar na Espanha?" No momento eu não entendi porque fiquei tão intrigado, depois andar até Santiago não era uma caminhada, pelo menos não para mim.

> Fui abordado por uma senhora carregando uma câmera de vídeo. Ela perguntou-me se eu falava espanhol e se me importava em responder a algumas perguntas de crianças que faziam parte de um projeto que juntava crianças de Madri e Barcelona. Ela as levava de ônibus por algumas cidades do Caminho na região de Navarra. Queriam saber o que eu fazia, se havia estudado o Caminho, de onde era, por que eu fazia o Caminho e coisas do gênero [...]. E a pergunta dele [um garoto que ficou por último] foi a que mais me tocou: "Você já visitou o túmulo de Ayrton Senna?"

As questões acima levantadas indicam dois aspectos importantes com relação à imagem do Brasil. O primeiro, com relação à sua extensão geográfica. Inúmeras vezes me perguntaram a mesma coisa, por que os brasileiros que vivem em um país com a extensão do Brasil iam para a Espanha caminhar. Grande parte dos estrangeiros que me dirigiram essa pergunta diziam estar fazendo o Caminho para ter um contato maior com a natureza, ou pela aventura, ou porque haviam se aposentado e só agora tinham tempo para conhecê-lo, ou ainda para conhecer a Espanha. Acrescentavam sempre que moravam na Europa e fazer o Caminho era uma prática quase "naturalizada" para eles. Brasileiros, vindos da América, vivendo em um país que tem uma das maiores extensões territoriais do mundo, era um fato quase inexplicável. No entanto, conheci muitos estrangeiros que faziam o Caminho porque haviam lido o livro de Paulo Coelho (1995), e por isso não só "entendiam" como justificavam suas ações em função da curiosidade que o livro despertara, apesar da grande maioria já ter conhecimento prévio da peregrinação.

Com relação ao segundo aspecto, cabe lembrar que mais do que padroeiro da Espanha, Santiago é considerado um "herói", por ter "lutado" contra os mouros. Assim, na medida em que os brasileiros vão a Santiago "teoricamente" para ver as suas relíquias, seria "natural" que cultuassem seus heróis indo visitar o seu túmulo. Ayrton Senna, campeão brasileiro de fórmula um, é sem dúvida uma referência importante do Brasil no exterior.

Todos esses aspectos acabam por compor um certo retrato dos brasileiros e do Brasil.[110] Faltando ainda mencionar a questão da sensualidade atribuída às brasileiras, aspecto que foi também várias vezes objeto da conversa que mantive com muitos espanhóis.[111]

O Brasil parece figurar como modelo exemplar de uma sociedade que enfatiza a transposição de fronteiras públicas e privadas, relacionando assim diversos meios sociais, etnias e religiões. Seja em espaços como o Caminho, percebido como espaço "democrático" que permite a mistura, seja pela linguagem bastante explorada pela mídia e turismo internacional, do sexo, como de uma sexualidade desabrida (Heilborn, 1999).

Contribuem ainda para fortalecer essa imagem da sensualidade da mulher brasileira as propagandas veiculadas pelas agências de turismo, mostrando imagens do carnaval carioca, em que fotos de mulheres em traje sumário são capas em revista e folhetos de divulgação.[112]

Discurso do clero

A peregrinação estudada tem uma atuação política fundada tanto na ação direta do governo espanhol quanto da Igreja católica, mediante a promoção e divulgação de eventos coletivos e públicos. Dessa forma, ela tece, no cotidiano da vida da cidade de Compostela, encenações que polarizam a opinião pública, promovendo fatos.

O que quero ressaltar é que há uma disputa de significados, para além do que é estabelecido pela Igreja católica, sendo que esta instituição se destaca por cultivar mais distintamente a memória do "mito".

---

110. No *Diário de um Mago*, Paulo Coelho comenta que a pessoa que foi seu guia no Caminho dizia que gostava muito do Brasil porque a imagem que ele mais conhecia era a do Corcovado, ou melhor, do Cristo Redentor de braços abertos, e não torturado na cruz. Segundo ele, um país que tem por imagem e símbolo um Cristo que abençoa (a cidade, as pessoas, o país) é muito diferente da imagem do Deus torturado, sofrido.

111. Um brasileiro que já vive na Espanha há mais de cinco anos, trabalhando como hospitaleiro, comentou que em um encontro ocorrido no país, que reuniu hospitaleiros de vários países, surgiu esse assunto numa conversa informal em um dos intervalos. Um hospitaleiro comentava que uma das formas de saber se havia brasileiras no Caminho era olhar o varal de roupas nos albergues. Segundo ele, as brasileiras podiam ser reconhecidas pelo tamanho de suas calcinhas, sempre bem menores que as das outras mulheres presentes.

112. Cabe ainda ressaltar que, recentemente, foram divulgados pelos meios de comunicação brasileiros inúmeros casos de brasileiras que viviam em verdadeiros cativeiros na Espanha e que eram exploradas através do turismo sexual.

É possível perceber uma ambivalência no discurso do clero, como se pode perceber em alguns trechos da fala proferida pelo cardeal de Santiago, na festa de aniversário do apóstolo, em 25 de julho de 2000 (Compostela, 2001b, p. 33).

> No começo do terceiro milênio do cristianismo, a peregrinação *jacobea* pode ajudar-nos a redescobrir o sentido de mistério e a capacidade de contemplação, recordando-nos que todos os cristãos, de qualquer classe ou condição, estão chamados à plenitude da vida cristã e à perfeição do amor (LG 40). E é esse o caminho que a Igreja peregrina na terra quer percorrer. Diante desse fato é necessário passar de uma fé de rotina, por apreciável que seja, para uma fé que seja opção pessoal, luminosa, com convencimento, portadora de testemunho. Creio, por isso falo.
>
> [...] O compromisso evangelizador de Santiago se prolonga hoje em nós. Evangelizar significa antes de tudo proclamar a Boa Notícia com fatos e palavras de forma que a qualquer um que tenha boa vontade, lhe seja possível poder acolhê-la em suas formas genuínas e autênticas e poder se aprofundar nelas.

Em seu discurso, a Igreja assinala as diferentes motivações que mobilizam os peregrinos. No entanto, tenta impor uma certa racionalidade das práticas. É justamente essa capacidade de compatibilização de discursos e práticas divergentes que imprime à peregrinação *jacobea* um caráter universalista, que a torna capaz de estabelecer um fenômeno social que incorpora e responde à pluralidade (Eade; Sallow, 1991, p. 15).

Tudo isso compõe o estoque de referências com os quais o clero e os peregrinos constroem o campo de possibilidade da peregrinação, numa dinâmica específica. Entendo essa forma de compatibilização de discursos como uma tentativa da própria Igreja de articular valores e visões aparentemente antagônicos. O que torna a peregrinação estudada uma questão extremamente relevante e atual.

Do ponto de vista defendido pela Igreja, o chamado "espírito peregrino", fundamentado em um *ethos* e visão de mundo específica, baseada na fé e construída por valores entendidos como universais (como amor, fraternidade, generosidade, companheirismo) não se restringe ao tempo extraordinário da peregrinação, mas deve estender-se para o tempo e a vida cotidiana, conforme já discuti no segundo capítulo.

A gramática da peregrinação

No diálogo com o material empírico pude apreender um conjunto recorrente de proposições que compõem o universo ou mundo *compostelano* sob a ótica dos peregrinos brasileiros. Mas a questão que me coloquei foi: como denominar esse conjunto de idéias e de representações sobre o Caminho, construídas e reproduzidas nos livros, grupo de discussão, nas reuniões da associação e nos vídeos?

Através deles é possível se entrar em contato com os sentidos e símbolos fundamentais da cultura em que se inscreve essa experiência humana, uma vez que criam uma certa legitimidade em torno de suas atualizações. Qual seria esse conjunto de proposições? Que crenças e representações estavam em jogo? Em que medida podemos falar da elaboração de crenças? O que permeia toda a ação social dos peregrinos?

Ao privilegiar e assumir determinados temas e ordená-los numa perspectiva globalizante, que seria a linguagem da peregrinação, podemos perceber a construção de determinados temas que se tornam não só significativos num sentido ideacional, mas que parecem ganhar concretude nas ações dos peregrinos.

A construção e reprodução de um conjunto de idéias e de representações sobre o Caminho fazem parte de um imaginário social, e estão também associadas à construção social da peregrinação.

Trata-se essencialmente de mostrar como a "busca da transformação", busca do autoconhecimento, longe de identificar um objeto natural serve para revelar o funcionamento de certas dimensões da sociedade, o *ethos* e a visão de mundo de determinado segmento social que a utiliza enquanto projeto significativo.

De acordo com Tambiah (1985), os rituais congregam elementos referenciais e indéxicos, traduzem concepções sociais abrangentes e duradouras, ao mesmo tempo que são referidos a um contexto variável e circunstancial. O ritual coloca em relevo, por exemplo, como as relações sociais deveriam ser do ponto de vista do imaginário social.

Na medida em que os peregrinos brasileiros se sentem compartilhando os mesmos valores, a experiência da peregrinação abre um espaço para a atualização e organização das emoções, a matéria-prima de todo projeto. Ainda mais em se tratando de um projeto que está referido ao autoconhecimento dos indivíduos em questão.

Minha intenção foi compreender as formas simbólicas nos termos de como elas funcionam em situações particulares para organizar as percepções, atitudes, emoções. Com relação a esses aspectos vale a pena destacar alguns pontos básicos:

TENSÕES E *COMMUNITAS* NO CAMINHO

Ao iniciar o Caminho, o peregrino penetra em um espaço com uma qualidade de vida diversa, em uma utopia realizada, no sentido de *communitas*, tal como é empregado por Turner (1974). Ele deixa o seu mundo cotidiano, seu país, seu trabalho, sua família, no qual há pouco espaço para o "sagrado", para entrar ou penetrar num mundo onde o tempo e o espaço históricos são qualificados e significados pelo tempo e espaço rituais. Há uma seqüência ritual que é seguida pela maioria dos peregrinos.

Durante o percurso, os peregrinos experimentam um sentido transformado de comunhão daquele comumente aceito – isto é, de significado comum partilhado, para fazer transparecer a idéia de uma "comunicação ampliada", capaz de congregar e unir pessoas, tradições culturais, religiosas e lingüísticas diferentes.

Nas entrevistas e nos livros escritos por peregrinos brasileiros que foram analisados, encontramos várias passagens que expressam este sentimento, como as que apresentamos a seguir:

> O Caminho faz amigos. Na verdade, quando estamos desprovidos de defesas e deixamos fluir nossas emoções, só podemos fazer amigos, pois somos verdadeiros, transparentes e amigos. São indicações do caminho que devemos seguir na vida [...]. O aprendizado maior é a importância do relacionamento com o seu interior, com sua religiosidade e com as pessoas. As coisas materiais passam a ter o valor que têm, apenas material e nada mais que possa ser valorizado, como a amizade, a preocupação com os semelhantes, o amor e os encontros. (Mesquita Jr., 2000, p. 173, 175.)

> Conheci vários peregrinos nos refúgios, à noite tendo sempre momentos de trocas altamente enriquecedoras. Falávamos uma só língua (entre holandês, inglês, francês, alemão e espanhol) – a do coração. Nos entendíamos perfeitamente bem e a nossa despedida podendo ser um "para nunca mais", já que nenhum de nós sabia qual seria a próxima parada. (Silva, 2001, p. 27.)

Em geral, ao falarem das relações que estabeleceram durante o percurso, os peregrinos acionam uma série de outros aspectos que recortam o tema específico dos processos de interações sociais no nível microssocial. Os discursos sobre a amizade, por exemplo, revelam uma série de aspectos mais gerais acerca da dinâmica social da própria peregrinação.

Conforme já frisei, o estudo dos rituais sempre assumiu um significado teórico singular, particularmente quando transplantado para as sociedades ditas "complexas", no exame de eventos contemporâneos. Se, no estudo das chamadas sociedades "primitivas", a atenção do antropólogo se voltava para um tipo de fenômeno considerado não rotineiro e específico (normalmente de cunho religiosos), agora a noção transborda suas fronteiras, passando a privilegiar novos "olhares". E, ainda que continue a enfatizar eventos socialmente reconhecidos como fenômenos especiais, se distinguem dos rituais "clássicos" devido aos elementos que lhes são próprios.

Por isso, adotei aqui a perspectiva de entender o ritual como um modelo para analisar eventos sociais em sentido *lato*. Ou, dito de outra forma, como um tipo especial de evento, mais formalizado e suscetível à análise, porque já se encontra recortado do "ponto de vista nativo". Além disso, apresenta também certa regularidade, na medida em que existe uma certa ordem que o estrutura e assume um sentido de acontecimento cuja finalidade é coletiva.

Ao me inspirar na estimulante teoria da análise ritual proposta por Tambiah (1985) para o estudo da peregrinação a Santiago, apliquei-a a um contexto plural, onde aponto as transformações e mudanças que vêm ocorrendo nas últimas décadas no interior de um fenômeno que vem sendo constantemente "reinventado", através de um fluxo de discursos em permanente disputa. O cenário que protagoniza essas mudanças, bem como os diferentes atores sociais que participam desse processo, indicam a necessidade de repensar, sob nova rubrica, fenômenos que são agrupados sob o rótulo de religiosos, turísticos, espirituais, transcendentais, devido a um deslocamento permanente de sentidos.

A peregrinação estudada possui, por sua vez, uma simbologia ritual. Começa com a decisão de fazer o Caminho (como dizem os informantes, "de receber um chamado"), requer uma preparação (na Idade Média, antes de ser iniciado, se devia fazer testamento e reconciliar-se com os inimigos), seguida de uma partida. Implica um trajeto (quando se abandona o próprio entorno vital) e se conclui com uma chegada. O Caminho se constitui, assim, em um trânsito iniciático.

Vários estudos sobre peregrinações e romarias, como os realizados por Turner e Turner (1978), revelam a idealização de igualdade como elemento constitutivo dos cultos nos santuários católicos. No presente estudo foi também possível perceber um processo de idealização das relações horizontais, que são fortalecidas durante a peregrinação. No tempo extraordinário e no espaço sagrado do Caminho, as relações sociais estabelecidas são idealizadas, reforçando o princípio de igualdade e fraternidade.

A recorrência a esses princípios, que "idealmente" suspenderiam as fronteiras, sejam estas referentes à idade, sexo, classe social, nacionalidade etc., estabelecidas pela estrutura social, está relacionada à própria idéia de *communitas*, com a qual Turner e Turner (1978) procuram explicar as peregrinações a partir do modelo formulado por Van Gennep (1978).

As ocasiões de confraternização nos albergues, durante as refeições, ou mesmo nos restaurantes e bares durante o percurso, são percebidas pelos peregrinos como momentos de troca, "de afeto, de comida, de aproximação entre culturas tão distintas", de "percepção das diferenças". A economia das trocas simbólicas efetuadas ao longo do percurso tem eficácia direta. Sem dúvida, a comensalidade ou rito de comer e beber em conjunto já foi identificada pelos estudiosos dos rituais (Turner e Van Gennep) como sacramento de comunhão, sendo claramente um rito de agregação.

Aceitar um presente (seja comida, medicamento, roupa, cuidados etc.) de alguém podia significar o estabelecimento de laços com o outro. Significava muitas vezes o estabelecimento de um início de uma relação afetiva, de uma amizade, de um namoro etc., ou mesmo da aproximação de pessoas que dificilmente no dia-a-dia se cumprimentariam. Entretanto, é preciso ressaltar que também podia representar momentos de rupturas, de mal-entendidos, de disputas.

Partilhar e trocar alimentos e comestíveis, trocar massagens, remédios para curar bolhas, trocar roupas ou emprestar alguma coisa marcavam sempre situações de aproximação.

Os ritos atualizados durante o Caminho poderiam assim ser identificados: comensalidade individual ou coletiva, comunhão cristã, a sensação de se sentir ligado às outras pessoas por estar vivenciando a mesma situação (estrangeiros e/ou peregrinos), apresentar os mesmos símbolos externos (concha, vestimenta peregrina, buscar as setas amarelas), bem como segurar as mãos, abraçar, trocar presentes, rezar juntos, cantar juntos e trocar suas roupas no mesmo ambiente.

Verifica-se, em todo o Caminho, uma combinação de todos esses procedimentos de união e de separação, e que em todos há um rito de troca, às vezes vários. Esses distintos tipos de trocas podem criar a continuidade do vínculo social entre as pessoas, com a mesma significação que a "comunhão". Um rito de união do mesmo gênero que a fraternidade.

Podemos citar ainda a participação em conjunto em alguns atos cerimoniais (por exemplo, celebração da natureza, assistência às missas, jantares conjuntos etc.). As diversas formas de saudação também podem ser incluídas na categoria dos ritos de agregação (*ultreya* e *suseya*).[113]

No entanto, é preciso ressaltar que se por um lado a experiência de *communitas* aparece freqüentemente, também foi possível perceber as tensões, divergências, desentendimentos, crises e brigas. Mais do que abolir as diferenças, entendo que estas podem ser tanto amenizadas quanto potencializadas.

A idealização das relações de amizade é assim moeda corrente entre os peregrinos que enfatizam que "a linguagem do Caminho é a do coração".

Durante a peregrinação parece existir uma mudança nas práticas de sociabilidade, do papel da amizade em relação a outras esferas (família, trabalho) e os tipos de apoio mútuo estabelecido entre os amigos. De maneira geral, a amizade é definida como uma relação privada, afetiva, voluntária e igualitária.[114]

A idéia de que são os indivíduos que escolhem suas amizades e estabelecem as normas da relação (o que para muitos estudiosos é típico do pensamento ocidental moderno) é recorrente entre os peregrinos, o que parece refletir uma concepção

113. Saudações utilizadas pelos peregrinos. *Suseya* significa "para o alto", "para cima" e *ultreya* significa "avante", "em frente". São cumprimentos freqüentemente trocados entre os peregrinos para dar ânimo e incentivar a empreitada. Alguns afirmam que são palavras derivadas de um hino da remota Antigüidade, entoado por peregrinos que se dirigiam ao sepulcro do Apóstolo. Também tem a conotação de verbalizar e demonstrar o júbilo e a alegria dos encontros e da chegada à Catedral de Santiago.

114. Ver o interessante estudo de Claudia Rezende (2002) sobre o sentido da amizade entre dois grupos – brasileiros e ingleses. Suas discussões me ajudaram muito a repensar as relações entre os peregrinos.

particular de pessoa. Dessa forma, a relação não estaria presa à determinações externas e impostas. Era construída e experimentada a partir do que as pessoas em interação negociassem, buscando a aproximação e a intimidade. Surge assim uma visão de indivíduo cuja interioridade definiria fundamentalmente a identidade, devendo ser expressa nas relações.

Foi realmente muito interessante ver como no percurso podemos encontrar pessoas tão diferentes, de estilos de vida, instrução, situação financeira, países, culturas, idiomas, idades e até religiões distintas se comunicando e partilhando coisas. Pessoas que se esforçam para compreender umas às outras, especialmente quando não falavam a mesma língua e vão se tornando íntimas conforme passa o tempo. Amigos que choravam juntos por medo de não conseguir cumprir suas metas no trajeto. Confraternizações por atingirem as metas. Beijos, abraços e saudações pelos encontros e desencontros do Caminho. Freqüentemente ouvi os peregrinos dizerem que se sentiam como membros de uma grande família. Sentimento este sempre comentado nos livros analisados, sendo que essa visão era fundamentalmente construída em torno de experiências de dor, fome, cansaço, emoções.

Dentro do contexto da peregrinação, a noção de fraternidade parece adquirir um valor em si mesmo e para a qual a igualdade seria condição universal. Trata-se, sobretudo de relações afetivas e íntimas distintas das relações fundadas em interesses materiais.

Fundamental, também, foi manter um mesmo modo de comunicação – não apenas gostar de conversar sobre o mesmo tipo de assunto, mas principalmente saber quando abordar assuntos pessoais ou não. Ter uma base comum de interesses e gostos servia para desenvolver uma aproximação e compreensão mútua entre os amigos, estabelecendo confiança para que houvesse maior revelação de si. Uma das premissas da amizade eram assim as mútuas revelações pessoais, isto é, a comunicação espontânea de informações, sentimentos e estados de espírito particulares.

Nas conversas sempre vinha à tona a idéia de que no Caminho os problemas pessoais, que há muito se escondiam, afloravam. Sendo assim, construir uma amizade significava sobretudo revelar emoções, estados de espírito e informações pessoais, além do estabelecimento de uma intimidade corporal (dormir em camas contíguas, abraçar-se, limpar as feridas do outro, cuidar das bolhas).

Nas aproximações entre as pessoas o senso de humor era especialmente enfatizado. O humor como elemento importante de sociabilidade seria assim uma tentativa de compensar a atitude séria e disciplinada que eles pareciam expressar a princípio na longa caminhada diária.

Os relatos sobre o sentimento de compartilhar também eram freqüentes. Guy Veloso (1999, p. 82) comenta sobre uma noite em um albergue quando todos os seus companheiros do Caminho sentaram-se juntos em uma mesa e, sem que nada fosse combinado, cada um colocou sobre a mesa toda a comida que guardava:

> Assim quem só tinha bocadilhos, tomou sopa. Salames foram trocados por pedaços de pão. Quem ofereceu chocolates, também comeu carne de peru [...] esta foi talvez a maior lição que tive [...] Pois é certo que cada um dos homens e mulheres que fazem o caminho de Santiago aprendem inevitavelmente a grande arte de compartilhar.

No universo dos peregrinos dá-se também grande importância à reciprocidade, à solidariedade ligada às relações sociais que circulam. A transmutação de um estranho em familiar é o fenômeno da dádiva, que permite em seguida a reciprocidade e o mercado, mas que permite sobretudo à sociedade perpetuar-se como sociedade, renovar-se renovando a aliança em cada "geração". A dádiva é uma concordância espontânea, o que não significa ausência de hesitações. É uma peregrinação alimentada pelo mito da transformação, da celebração da vida. Ao penetrarmos no Caminho, penetramos no universo da dádiva, habitualmente alojado nos interstícios da sociedade moderna. Do fundamento do vínculo social, da lógica não sacrificial.

Tal experiência parece levar os peregrinos a uma reflexão sobre o narcisismo do indivíduo moderno, narcisismo que provoca nele uma confiança ilimitada em sua capacidade pessoal de ser independente e autônomo e, em termos, também ilimitado de se ver absorvido pelo outro.

Mas as tensões também ocorriam e podiam advir não apenas das incertezas do conhecimento interpessoal, mesmo que apoiado na confiança, mas também de desconfianças e desentendimentos com relação a algum assunto ou atitude tomada. Muitos peregrinos descreveram situações de tensão e disputas, indicando que no Caminho nem tudo são flores. Como ressalta Danilo:

> Desculpem-me os mais puristas, mas o Caminho de Santiago é na Terra e aqui embaixo tem gente de todo jeito; ademais só porque um cafajeste resolveu fazer o Caminho não significa que vai deixar de sê-lo e que se "santificou" da noite para o dia.

Elias (1994) recorda que o conflito é inerente às relações sociais, isto é, humanas. Conflitos são aspectos da vida em conjunto dos homens uns com os outros, uma vez que as relações humanas são constituídas por um jogo de força.

Essas situações de tensões podem ser sintetizadas em um episódio que ocorreu comigo durante o trabalho de campo, como relato a seguir.

Cheguei a Torres del Río bastante cansada. Ao me dirigir ao albergue que fica quase em frente à igreja que eu queria conhecer,[115] encontrei um grupo de

115. Trata-se, como define o guia editado pela Aguillar, "da singularíssima igreja octogonal de Santo Sepulcro", similar ao templo de Jerusalém e similar à igreja de Santa Maria de Eunate, sendo que ambas as construções são atribuídas aos cavaleiros templários. Na entrada da igreja de Santo Sepulcro há uma cruz patriarcal, símbolo dessa ordem militar.

peregrinos sentados no chão esperando o albergue abrir. Logo após me sentar na sombra em frente ao albergue, vi um senhor escocês, que eu conhecia,[116] caminhando em minha direção. Para minha surpresa e espanto, pois eu imaginava que o gesto seria de saudação, ele veio berrando, em alto e bom som, em inglês, com um forte sotaque:

> Sandra, quem é você? O que você faz no Caminho? Você está sempre me seguindo, aonde eu vou te encontro, você está sempre nos mesmos albergues? Quando você passa por mim na estrada, você não fala comigo. Você é policial?

Atônita, eu não sabia o que fazer naquela situação. Primeiro, porque eu ficava me indagando se de fato eu estava entendendo direito o que ele falava. Segundo, porque tímida como sou, me senti absolutamente envergonhada diante da situação. Terceiro, não havia nenhum brasileiro na hora e tudo que eu queria era poder conversar mais tranqüilamente com alguém.

Pensei em ir embora, seguir o Caminho, mas eu estava de fato muito cansada e não sabia quanto tempo ainda ia demorar a escurecer e, com toda a coragem que eu achava que tinha, resolvi enfrentar a situação ficando. Logo depois, para meu completo alívio, passaram duas pessoas (um homem e uma mulher) e abriram o albergue. Formou-se uma fila, e eu entrei um pouco depois do escocês, que quando me viu começou novamente a gritar as mesmas coisas, mas desta vez acrescentava que não ficaria de jeito nenhum ali, naquele albergue, junto comigo, que eu era má. Míriam, a mulher que havia aberto o albergue, me disse em espanhol para não me preocupar e, logo a seguir, quando viu a minha nacionalidade escrita no papel que ela me dera para preencher, começou a falar em português. Ela era brasileira. Assim pude conferir com ela que de fato eu havia entendido tudo o que o Dick falara a meu respeito. Para acalmá-lo, Míriam me sugeriu que eu ficasse hospedada no andar de cima.

Em seguida, Jerônimo, um dos donos do albergue, que observara o incidente, me disse:

> Você não deve ficar preocupada com esse fato, é muito comum as pessoas terem surto durante o Caminho. Principalmente surto paranóico como parece ser o caso do senhor escocês. Mas é bom você refletir também sobre o que isso representa para você, que mensagem está sendo passada com esta situação. No Caminho, nada acontece por acaso e você deve pensar a respeito.

116. Na noite anterior havíamos dormido no mesmo quarto em um refúgio particular em Los Arcos, junto com um casal de brasileiros e mais duas alemãs. Eu havia conhecido este senhor em Larrasoaña e durante dias nos encontramos em vários albergues. Nesse dia específico, pela manhã, ele havia me oferecido vaselina para passar nos pés, quando me viu cuidando de minhas bolhas na varanda do albergue.

Idéias como essa, que já tive oportunidade de mencionar, são recorrentes e dizem respeito sobretudo ao universo das relações sociais. As experiências vivenciadas durante a peregrinação são entendidas pelos peregrinos como "marcantes", como um processo de aprendizagem, onde cada dia se aprende uma "lição" que recobre aspectos diferentes da vida. Essas "lições" indicam as situações enfrentadas durante a peregrinação e, algumas vezes, apontam para as soluções que foram desencadeadas, como vermos a seguir.

APRENDIZAGENS E LIÇÕES DO CAMINHO

O aprendizado de que falam os peregrinos refere-se, na maioria dos casos, a determinados valores, sentimentos e emoções que vão sendo "relativizados" durante a experiência da peregrinação. Nesse sentido, enquanto um meio de expressão, a peregrinação torna compreensíveis as experiências vivenciadas, ao ordená-las em uma estrutura mais geral. Tudo tem sentido e significação do ponto de vista dos peregrinos. Como uma espécie de máximas, as expressões de que "nada ocorre por acaso" e que "o Caminho dá o que cada um precisa e não o que cada um espera dele". Como nos exemplos que se seguem:

Ajuda – "Eu nunca fui de pedir ajuda a ninguém por nada e foi-me extremamente difícil dirigir-me a um desconhecido e pedir-lhe um favor."

Amizade – "Uma verdadeira demonstração de amizade por parte de um desconhecido me surpreendeu."

Força – "A hora em que senti mais dor foi a hora em que busquei mais força."

Anonimato – "Tinha levado um postal da minha cidade porque imaginava que as pessoas que eu fosse encontrar teriam interesse de conhecer de onde a gente era... Ninguém se importou com isso."

Confiança – "Confiar em mim mesmo. Eu caminhava sozinho e tive que caminhar por quase três horas sob chuva intensa, por uma estrada, sem qualquer abrigo para parar, e com a capa de chuva destruída."

Caridade – "Pelo Caminho de Santiago compreendi o verdadeiro sentido da palavra 'caridade', senti o que era o outro 'lado', ou seja, era eu dessa vez quem precisava de ajuda. Seja em providenciar copos d'água, informações, calor humano ou até comida."

Paz – "A paz que eu sentia, ao atravessar aqueles bosques e campos, fazia-me chorar de alegria ou sei lá de quê. As lágrimas pulavam dos meus olhos, eu não conseguia evitar que isso acontecesse. Mal sabia que ainda iria chorar muito pelo Caminho."

Todos esses aspectos relacionados acima podem ser entendidos como situações em que os peregrinos entram em contato com sua própria subjetividade. Como nos lembra Geertz (1978), as vidas, como as sociedades, contêm suas próprias interpretações. É preciso apenas descobrir o acesso a elas. A peregrinação, mais do que contribuir para exacerbar esses aspectos, torna possível a sua exibição. É justamente nessa capacidade interpretativa dos movimentos da existência que nos encontramos mergulhados nas definições dos múltiplos sentidos e significados do Caminho.

Todos os depoimentos indicam que existe uma espécie de "aprendizagem" que se dá a partir da experiência da peregrinação, o que estou chamando de "pedagogia do Caminho". A idéia recorrente é a de que ninguém fica imune a essa experiência. Nas palavras dos peregrinos:

> A minha maneira de ver as pessoas, as minhas expectativas com relação à vida, tudo mudou para melhor. (Professora, nível universitário, 39 anos.)

> Hoje eu sinto mais do que nunca que a liberdade que o Caminho nos proporciona é a meta a qual devemos perseguir, todos os dias de nossa vida, e claro... estando onde estivermos. (Dona de casa, nível secundário, 48 anos.)

> Aprendi a ser mais humano, a valorizar não somente o materialismo, mas tudo o que existe no ser humano, especialmente a partilha de tudo o que se possui, como aquilo que encontrei no refúgio de Manjarín, com Tomás[117] e seus companheiros... Tocou-me fundo o desprendimento daquelas pessoas e desejo retornar para poder retribuir lá mesmo um pouco de tudo que recebi. (Engenheiro civil, 42 anos.)

O Caminho de Santiago, do ponto de vista dos entrevistados, seria o caminho das pessoas comuns, as quais podem participar de um processo de iniciação (termo utilizado por muitos informantes), que as marcará para o "resto de suas vidas", uma vez que o que se acredita vivenciar ali é um processo de transformação, em que o profano e o sagrado, a religião e a magia, os santos e os demônios, o cristão e o mago estão conjugados.

Segundo a teoria "nativa", as pessoas no Caminho aprendem a operar o "verdadeiro milagre" de transformar "aquilo que você é naquilo que você crê que poderá ser". Essa seria então, segundo os peregrinos, a "grande alquimia da vida", conectar-se ao universal, ter uma experiência de "religamento", com ou sem a

117. Tomás é o hospitaleiro de Manjarín, pequena vila situada próxima da Cruz de Ferro. Ele se autodefine como o "último templário do Caminho" e diz pertencer a uma ordem templária ainda hoje. Conseguiu criar em um povoado abandonado um reduto de hospitalidade. Há sete anos abandonou sua família, que vive em Madri, amigos e emprego para se dedicar a erguer um refúgio em um local que segundo ele tem "uma magia especial". Seu albergue é feito de pedra e madeira, e podemos perceber vários símbolos atribuídos à Ordem do Templo espalhados pelo albergue, como, por exemplo, a pintura de dois cavaleiros em armas montados e a cruz de oito pontas firmada em vermelho. Costuma tocar um sino para orientar os peregrinos em dias de neblina.

presença de Deus na maioria dos casos, mas também da natureza, do reino animal ou vegetal. Seja como for, essa grande celebração da dádiva seria o próprio fundamento da vida social.

Uma série de aspectos já apontados e relacionados neste estudo parece sinalizar para o entendimento de que a cosmologia *jacobea* atua como uma cosmologia totalizante ou holista, a partir da semantização de uma experiência ligada sobretudo a um estado de ruptura.

Cabe ainda destacar que a idéia de eficácia simbólica, utilizada por Lévi-Strauss (1970) e Mauss (1974), reforça ainda mais as explicações e as interpretações que são formuladas pelos peregrinos a respeito das "coisas que acontecem no Caminho".

A DIMENSÃO DA FÉ E A IMPORTÂNCIA DO DESENVOLVIMENTO ESPIRITUAL

De maneira geral, os peregrinos são indivíduos que baseiam a sua fé não no conhecimento das crenças, e sim naquilo que segundo eles sustentam as crenças, ou seja, que fé é a crença no extraordinário, no transcendente, mas também no imanente, numa conjugação muito particular de idéias que normalmente se vêem separadas, em domínios distintos.

Não estou me referindo a estados alterados de consciência, e sim a vivências, a experiências, a sentimentos que ganham centralidade na maneira como as pessoas apreendem e constroem suas realidades e suas visões de mundo.

Assim, o fato de a pessoa se perceber como experimentando, durante o Caminho, uma transformação pessoal, tem importância na aceitação de sua condição de peregrino, pois é a partir da construção dessa nova "identidade" que ela se percebe repensando os valores ditos materiais.

Ao assumir a identidade de peregrino, a pessoa muitas vezes inclina-se a aceitar outras referências sustentadas naquele universo, bem como a necessidade de repassar esses valores para outros, o que às vezes tem uma aproximação com o sentido de "missão", pela qual ela justifica a sua atuação.

A dimensão da fé, tal como entendida pelos peregrinos, é mais uma experiência que um significante. Portanto, a fé antecede à crença, sendo o sustentáculo de qualquer proposição "religiosa" ou "mística". Estou assim me referindo a expressões de fé mais voltadas para as experiências das pessoas, que se desregularizam com relação às instituições e privatizam-se. Isso reforça o que vários pesquisadores têm salientado: existem vários indícios de que na modernidade estaria ocorrendo um processo de privatização da fé e mesmo da religião:

> Eu descobri que tenho muita fé, que não tem nada, absolutamente nada com religião. Aliás, fé e religião são duas coisas completamente antagônicas para mim. Totalmente diferentes. (Maria Bernarda, 30 anos.)

Na interpretação dos peregrinos, a fé é um instrumento acessível a qualquer um, independentemente de sua origem social, classe, sexo, etnia, partido político e religião. Um sentido muito próximo ao que se define por imanentismo, ou seja, uma doutrina que sustenta ser a fé uma exigência de profundas necessidades do interior do ser e não uma graça provinda de Deus.

Outro aspecto importante diz respeito à noção de espiritualidade e de desenvolvimento espiritual. Em um outro estudo (Carneiro, 2000), procurei discutir em que medida a noção de "espiritualidade" pode se constituir em uma importante categoria de análise, tanto subjetiva quanto objetiva, para a compreensão da construção de realidades de pessoas que definem a busca do autoconhecimento e/ou da espiritualidade enquanto um projeto.[118]

Minha intenção foi investigar como e por que o processo de "desenvolvimento espiritual" (entendido enquanto projeto) torna-se significativo junto a um segmento específico da sociedade brasileira, levando os indivíduos, que elaboram esse projeto, a reestruturarem seus *ethos*, visões de mundo e estilos de vida em decorrência sobretudo da produção de sentido e de pertinência experimentados durante o processo.

Em vez de estudar identidades religiosas exclusivas, que emergem de uma estrutura cultural competente, procurei refletir sobre o significado do experimentalismo e da errância no cotidiano das pessoas, no chamado mundo da vida diária, dedicando-me à análise de como isso pode produzir sentido às suas vidas, podendo ser um fator importante de mudança.

No plano mais geral, meu interesse foi discutir a entrada dos chamados novos movimentos religiosos no contexto da dinâmica do campo religioso brasileiro a partir de um recorte específico, de uma dimensão ainda pouco explorada, embora sempre mencionada pelos estudiosos desses novos movimentos religiosos, que é a "simbólica da busca", como sugere Carvalho (1992), ou, como menciona Soares, L. E. (1989), do nomadismo ou errância.

Particularmente, meu recorte foi perceber como uma certa retórica de transformação pessoal e social, que no trabalho acima mencionado chamei de ideário, formava a base do projeto de autoconhecimento e/ou desenvolvimento espiritual, que vem sendo construído por indivíduos que integram os segmentos médios da sociedade carioca.

Por isso, foi muito interessante perceber nas narrativas dos peregrinos entrevistados como a noção de espiritualidade era definida, e qual a sua importância na configuração de uma perspectiva de leitura da realidade a partir da qual se tem algo

118. Sustento que a utilização de noções como projeto e campo de possibilidades nos ajuda na análise de trajetórias e biografias enquanto expressão de um quadro sócio-histórico, sem esvaziá-las arbitrariamente de suas peculiaridades e singularidades (Schutz, 1979; Velho, G., 1994).

a dizer sobre a experiência humana. É justamente essa maneira singular de construir a realidade que nos remete a paradigmas culturais e relações específicas, sempre cambiantes, expressas na forma do sujeito se relacionar consigo mesmo e com aquilo que o transcende, tendo como núcleo central de sua experiência o seu *self*.

Nas entrevistas realizadas sempre procurei indagar se os peregrinos consideravam o desenvolvimento espiritual como um fator importante em suas vidas, sendo bem poucos os que responderam que não. Nessa medida, foi fundamental "desnaturalizar" algumas das principais categorias utilizadas pelas pessoas que compartilham do projeto de busca de autoconhecimento e/ou busca espiritual, particularmente os múltiplos sentidos atribuídos à categoria "espiritualidade". Os peregrinos não só consideravam-na relevante, como a base de seus projetos, no sentido utilizado por Velho, G. (1994) e Schutz (1979). No entanto, os fatores atribuídos por aqueles que a consideravam como relevante são distintos, por isso acho importante analisarmos as respostas para termos uma idéia de quanto complexa é essa expressão.

Rodrigo (advogado, pós-graduado, 44 anos), inicia sua resposta dizendo primeiro o que entende por espiritualidade: "Penso que a espiritualidade é o esteio que temos para justificar nossa existência." Ou seja, para ele é o que dá sentido à vida dos indivíduos, adquirindo assim uma centralidade indiscutível.

Seguindo essa mesma direção, José (médico, pós-graduado, 54 anos) afirma:

> Apenas através desse desenvolvimento é que a humanidade poderá encontrar um rumo e um sentido para sua existência. Está meio evidente que o uso da inteligência e da criatividade humanas, sem um objetivo transcendente, gera o caos social, econômico etc. que vivemos hoje.

Nessa outra definição se reitera o que foi dito anteriormente, mas é acrescido um novo elemento que é a transcendência, que *grosso modo* podemos dizer que significa uma qualidade ou estado superior, elevado, que transcende o sujeito, que transcende os limites da experiência possível. Noção essa que se oporia à noção de imanência.

Para João (funcionário público, nível universitário, 54 anos), a espiritualidade não só é o que dá significado à vida como também é o que irá permitir "um melhor relacionamento entre as pessoas, os povos". Assim entendida a espiritualidade, fica evidente que o desenvolvimento espiritual passa a ser um objetivo prioritário.

Em um outro sentido, essa noção aparece relacionada a uma certa funcionalidade, ou seja, a de permitir ou propiciar o encontro com Deus, ou uma "religação com Deus", como define Lucas (técnico da Petrobrás, 45 anos): "Acredito que essa deva ser a procura de todo ser humano, uma religação com Deus; seria uma transição da valorização dos bens materiais para os bens espirituais."

Seguindo ainda esse sentido relacionado a uma certa funcionalidade, estaria também a representação de que o desenvolvimento espiritual propicia o crescimento ou autoconhecimento. Tal como define Leila (publicitária, 35 anos):

> Porque nós não somos seres humanos que vivenciamos uma experiência espiritual... somos seres espirituais vivenciando a experiência humana. O desenvolvimento espiritual é o passo mais profundo que podemos dar em busca de nós mesmos.

Um outro ponto de vista que também aparece com certa recorrência nos discursos dos peregrinos é o de que o desenvolvimento espiritual serviria para propiciar uma maior integração entre corpo e alma. A maioria deles preconiza uma concepção globalizante do ser humano, a partir da qual esses aspectos seriam indissociáveis. Assim, nas palavras de uma peregrina: "Acredito que corpo e alma devem se harmonizar, e me parece claro que todas as religiões, de uma forma ou de outra, adotam o mesmo preceito." (Judith, professora, 31 anos.)

Nas narrativas ficam expressas também não só a valorização da noção de espiritualidade, como também de uma nova forma dos indivíduos se relacionarem consigo mesmos e com o mundo à sua volta, buscando novas (re)definições para a sua existência. Assim, tenha o sentido ou a importância que for (propiciar o encontro com Deus, dar sentido à vida, ajudar no autoconhecimento ou propiciar a harmonia entre corpo, alma e espírito), a espiritualidade é uma noção que se constrói em íntima vinculação ao projeto de autoconhecimento. Tornando-se, assim, um importante recurso cultural, ao produzir novas formas de ação simbólicas e novas formas de expressão.

Emerge também dos discursos a idéia de que os seres humanos devem ser entendidos como "parte de uma totalidade". Independentemente do meio utilizado ou praticado, da religião, seita ou filosofia adotada, o mais importante para os peregrinos é o reencontro (religação) com a essência sagrada ou divina, tanto interiormente quanto exteriormente.

Dentro desse quadro, o valor da experiência é exacerbado, convertendo-se no critério supremo e determinante da "busca". É por isso que se sobressaem as vivências e as práticas, como, por exemplo, fazer a peregrinação a Santiago, onde ganham centralidade as expressões das emoções, determinadas referências culturais, crenças difusas, religiosas e/ou místicas capazes de promover o autoconhecimento, a auto-realização e o bem-estar.

As mudanças são entendidas como da esfera das responsabilidades individuais e, nessa perspectiva, o indivíduo é sempre representado como ponto de partida das mudanças, o grande sintetizador, cabendo única e quase exclusivamente a ele estabelecer as "pontes", as "mediações" entre as diversas províncias de significado, dentro de um campo de possibilidades específico (Schutz, 1979).

É também enfatizada nos discursos a idéia do coletivo enquanto um valor, expresso principalmente através da noção geral de "humanidade".

Embora reconheçam o aspecto individual de suas práticas, de suas buscas, de sua interioridade e afirmem que as decisões e responsabilidades são sempre individuais, no discurso dos peregrinos as noções de individualismo e de totalidade parecem não ser excludentes, nem opostas.

A esse respeito seria interessante tomarmos como base a teoria de Louis Dumont (1985), que distingue o holismo (que inclui uma concepção totalizante do mundo) do individualismo, percebendo que a idéia de totalidade implícita na retórica de transformação, central para os peregrinos entrevistados, não contradiz os pressupostos básicos da ideologia individualista. Ao contrário, o que é proposto é uma ressignificação em bases mais solidárias. Mais do que uma concepção totalizante (ou holista) do mundo, o que parece prevalecer é uma concepção universalizante do homem, na qual todo ser humano encarna dentro de si não a humanidade, mas a natureza sagrada, tenha esta o nome que tiver. Deus seria apenas uma das inúmeras possibilidades.

A natureza "sagrada" do homem é uma categoria de caráter nivelador e igualitário que, ao menos no "tempo da peregrinação", sobrepuja as diferenças sociais e minimiza as culturais. Na situação liminar de "peregrinos", estes se repensam enquanto pessoas e indivíduos.

Aprendemos com Dumont (1985) que os termos individualismo e holismo são importantes para pensarmos determinadas idéias e valores. Mas é preciso ressalvar que sociedades e grupos sociais distintos entendem de forma específica essas ideologias. Ou seja, são termos que funcionam melhor como os tipos ideais weberianos, uma vez que na prática não há sociedade que conheça um individualismo ou um holismo puros, como o próprio autor já havia indicado. Dessa forma, tais conceitos servem como ponto de partida para pensarmos como tal ou qual grupo interpreta as noções que integram um ideário individualista ou holista.

Entre os peregrinos, a crença numa autonomia de formação da individualidade é conjugada com a idéia da crença na igualdade, dessa forma as diferenças tornavam-se desessencializadas.

Muitos peregrinos, ao falarem por que rejeitam a "tradição católica", enfatizam a autonomia individual, incorporando em seus discursos noções que podemos considerar como "individualistas". Por outro lado, ao enfatizarem a importância das pessoas se sentirem religadas com o todo, de vivenciarem a "totalidade", a "unicidade", apelam para uma perspectiva mais holista. Sobressai em suas falas uma valorização do que consideram como genérico no ser humano ou no que deveriam ser suas relações de forma idealizada, como já mostrei, em detrimento das respostas diversas que ele pode dar, ainda mais quando se tentam pensar as relações solidárias entre essas duas noções e não a sua oposição.

DILEMAS DO EMPREGO DA CATEGORIA "RELIGIÃO"

Para entender melhor o pertencimento ou não a uma religião ou grupo religioso, pedi aos peregrinos que se autodefinissem. A maioria se declarou "católica", sendo que alguns acrescentaram que são "não praticantes" ou "meio relapsos". Muitos declararam que apenas "seguiam a tradição familiar", mas que "não havia sido escolha", ou então diziam "tenho formação, mas não sou praticante". Havia sempre uma adjetivação ao termo substantivo católico, indicando que há várias maneiras de "ser católico", como já havia observado Brandão (1988), um dos autores que se preocupou em delinear algumas dimensões da identidade do católico no país, afirmando que o catolicismo é a possibilidade de todos os sujeitos sociais possuírem uma mesma religião e diferenciarem no seu interior modalidades próprias de sua religiosidade. O autor coloca ainda, em termos opositivos, dois modos de se declarar católico: católico ou católico praticante.

Mas a autoclassificação daqueles que se dizem não católicos é bastante diversificada, como foi assinalada nos diversos depoimentos, que exemplificamos a seguir:

> Do animista ao agnóstico. (Estudante de comunicação, 23 anos, solteiro.)
> Todas e nenhuma. (Empresária e psicóloga, 31 anos, solteira.)
> Ordem universal dos grandes iniciados. (Analista judiciário, 31 anos, solteiro.)
> Espiritismo. (Professora, 31 anos, solteira.)
> Kardecista. (Professora, 39 anos, solteira.)
> Círculo esotérico e Igreja católica. (Economista, pós-graduado, 49 anos, casado.)
> Sou cristã kardecista e canal *reiki*. (Fisioterapeuta militar, pós-graduada, 39 anos, casada.)
> A minha religião são todas as de Deus – cristã, islã, budista, hindu, xamânica. (Publicitária, 35 anos, solteira.)
> Hoje me considero cristão, sem ser adepto de nenhuma igreja. (Técnico da Petrobrás, nível secundário, 45 anos, divorciado.)
> Cristianismo e rosa-cruz. (Dona de casa, 48 anos, casada.)

As denominações distintas encontradas nas respostas apontam para duas questões importantes: para a diversidade do campo religioso brasileiro e para uma classificação, que foge aos moldes mais tradicionais, das religiões institucionalizadas. Contudo, percebe-se ainda uma maioria católica ou cristã, em que pesem alguns argumentos do tipo "ser católico faz parte da tradição".

Ao se autoclassificarem em termos religiosos, muitos peregrinos conjugaram duas modalidades de "religião", indicando, em alguns casos, algumas que normalmente têm sido classificadas no interior do chamado movimento Nova Era, como o *reiki*, por exemplo. No entanto, esse grupo é minoria dentre os que se denominam católicos ou espíritas kardecistas.

Em todos os casos há sempre referência a um grau de ruptura com o universo de valores e crenças da família de origem, no caso, a formação católica, que todos disseram ter, mesmo aqueles que se declararam "ateus".

Um resultado que chama a atenção é que a trajetória dos peregrinos é sempre marcada por uma "busca", seja do "autoconhecimento", seja da "espiritualidade" ou de ambos. Por outro lado, uma situação de crise e de indeterminação marca (ou pelo menos está presente em) suas histórias de vida. São pessoas que estão constantemente inventando a si mesmas, buscando um encontro consigo mesmas. A retórica de transformação e de liberdade, nesse contexto, parece oferecer uma alternativa. Por outro lado, é importante destacar que são pessoas que rejeitam o emprego do termo religioso para suas práticas e ações, entendendo-as como de outra ordem, de outra magnitude. Rejeitam sobretudo a institucionalização da Igreja católica, com seus dogmas, cerimônias e ritualística que "afastam o fiel ou devoto de Deus", rejeitam igualmente as noções de culpa e de pecado impostas pela socialização católica.

As respostas às perguntas "você acredita em Deus?" "e o que é Deus para você?" são reveladoras: apenas um declarou não acreditar em Deus; no entanto, as representações em torno do que é Deus (e de seu significado) são marcadas pela diversidade:

> Deus é o criador, a força suprema de bondade e amor. (Advogado, 44 anos.)
>
> Algo que eu não consigo explicar e, talvez por isso, acredite. Alguém responsável por coisas que não entendo. Vejo também como sentimentos positivos: compaixão, alegria, confidente... não sei expressar bem. Acho que sou relativamente cético. (Biólogo, 23 anos.)
>
> Para mim é a vida, é o sol, a lua, os bosques, os amigos, é ser feliz. Deus está em tudo, em toda parte, é o consolo em uma hora de angústia, é aquela voz que vem lá de dentro com um conselho, é o colo de um amigo na hora difícil, são as lições que devemos aprender por bem ou por mal. É o cheiro da terra sendo preparada para o plantio, é a flor que se mostra bela e perfumada. Deus é o amor incondicional pela vida. (Empresária e psicóloga, 31 anos.)
>
> Eu mesmo. (Analista judiciário, 41 anos.)
>
> Uma força que me protege. (Desenhista, 55 anos.)
>
> Uma energia boa e de luz da qual todos fazem parte, somos pequenas partes dessa energia. (Atriz, 29 anos.)
>
> O criador do universo e de tudo que nele existe... não acredito em um Deus vingativo e justiceiro, mas num Deus amoroso e que não está no céu e sim dentro de cada ser. (Técnico da Petrobrás, 45 anos.)
>
> É o tudo, a energia que nos criou, movimenta e dá vida ao que existe. (Engenheiro civil, 42 anos.)

Essas distintas "leituras" de Deus parecem indicar que, em vez de uma oposição entre o todo e a parte, o holismo e o individualismo, Deus e os seres humanos, o que emerge nos discursos, com predominância, é o aspecto relacional que dá a todos e a cada um individualmente, um sentimento de comunhão com o universo como um todo. A crença na existência de Deus, aliada à sua significação mais recorrente, que de certa forma traduz o que poderíamos chamar de uma "perspectiva religiosa" (na falta de outro nome para designar essa experiência), seria um modo de permitir uma relação totalizadora não apenas com Deus, mas com a natureza, com o amor incondicional, com todos os homens e com os seres vivos que formam o mundo em que vivemos.

Nesse amplo sentido, essa crença apresentaria a possibilidade de resgatar a indiferença frente às coisas que rodeiam os peregrinos, ante o mundo do mercado, do capitalismo, ativando sobretudo a consciência individual, e a necessidade dos indivíduos de atribuírem um sentido preciso a tudo, ordenando a vida e as relações entre as coisas da vida. Com isso, essa crença ofereceria respostas a perguntas que não podem ser respondidas pela razão, pela ciência ou pela tecnologia. É com essa perspectiva, ou a partir dela, que os peregrinos parecem ordenar o mundo à sua volta, facultando a sua compreensão para coisas que consideram muito complexas ou sem explicação. Nas palavras de um deles:

> Deus, na minha leiga definição, é puro amor e compaixão, e somente ele tem as explicações e as respostas as quais passamos séculos buscando – "coisinhas" do tipo o Big Bang, o elo perdido, a vida em outros planetas, a localização do Santo Graal. Ele é o criador, e se houver um destruidor será ele. Nem por isso creio no Deus vingativo e punitivo do Velho Testamento – minha tendência é ter fé na piedade paternal. (Professora, nível universitário, espírita, 39 anos.)

A variedade de experiências ditas religiosas no Brasil tem sido amplamente debatida nos estudos antropológicos. No entanto, as "leituras" sobre essa coexistência, tal como têm sido enfocadas por alguns estudiosos, leva-nos a situá-las no contexto da dinâmica do atual campo religioso brasileiro. Dessa maneira, a fim de contextualizar melhor essas colocações, faço, aqui, um breve esboço de como se articula hoje o campo religioso brasileiro.

Nos anos 1980, quando a questão da religiosidade brasileira era debatida ou quando se perguntava sobre a predominância de uma religião no Brasil, podia-se afirmar que a maioria dos brasileiros era católica. No entanto, hoje esse quadro se modificou. O catolicismo deixou de ser a religião dos brasileiros para se tornar uma religião entre outras dos brasileiros (Sanchis, 2002).

Segundo os resultados do censo de 2000,[119] o Brasil tornou-se mais diverso

119. Dados publicado no caderno *Retratos do Brasil* (O Estado de S. Paulo, 2002), com base na publicação do IBGE, Tabulação Avançada do Censo Demográfico, 2000.

em termos religiosos. O país, tantas vezes apontado como o detentor do maior número de católicos do mundo, começou a ver a hegemonia do catolicismo ameaçada. Embora o catolicismo ainda tenha primazia entre os brasileiros, cresce o número de pessoas que se declaram evangélicas (de 9,1%, em 1991, para 15,45%, em 2000), e também o percentual daqueles que se dizem sem religião (de 4,8% para 7,28%).

Novaes (2000, p. 111) comenta que se exercitarmos um certo profetismo sociológico diante desses resultados, podemos até dizer que os evangélicos vão crescer ainda mais. Mudarão outras trajetórias pessoais. Terão peso no jogo político, como eleitores e candidatos. Pode até ser que nos próximos 500 anos cheguem a constituir um terço da população brasileira, mas, por certo, também crescerão os "religiosos sem religião", com sua espiritualidade não institucionalizada.

Os dados do censo revelam ainda um leque amplo de opção religiosa, de difícil classificação, tal a sua diversidade. Além de indicarem o que dificilmente pode ser medido, um número aparentemente significativo de pessoas que revelam duplo pertencimento e daqueles que indicam freqüentar seitas, grupos religiosos, desenvolverem práticas dos mais diversos matizes, de difícil classificação.[120]

Ainda de acordo com o censo, o Rio de Janeiro é o estado que apresenta a maior diversidade religiosa registrada no país, enquanto o percentual de católicos decresceu de 67,65% para 57,16%, a proporção dos sem religião aumentou de 13,94% para 15,53%.

Segundo Sanchis (2002), não se trata só de números, mas de algo qualitativo, de um problema identitário. Há uma mudança no clima unanimista que imperava no cenário social brasileiro. A identidade religiosa brasileira se tornou múltipla do ponto de vista cultural, e isso se traduz em dois níveis.

Estatisticamente, vemos revelado um constante deslocamento na direção de um declínio do catolicismo. Do ponto de vista político, isso significa o fim de uma situação de hegemonia. Não se trata de uma mudança somente religiosa, mas de uma que também se inscreve no campo da política em suas relações com a religião, indicando, assim, que são as relações entre essas duas dimensões que estão se transformando.

Para Sanchis (2002), depois da separação da Igreja e do Estado e na lógica da secularização moderna das instâncias reguladoras da vida social, passam a ser tácitas essas relações, embora bem reais e de conseqüências reguladoras da vida social.

Um dos fenômenos de maior apelo no campo cristão brasileiro tem sido a entrada maciça dos pentecostais,[121] que ganham forte visibilidade não só pelo

120. Essas informações foram obtidas a partir de uma conversa informal com a antropóloga Clara Mafra, professora da UERJ, pesquisadora do Iser e consultora do IBGE.

121. Existem vários estudos e artigos que discutem a crescimento dos pentecostais, entre eles Novaes (1985, 1998), Oro (1996), Machado (1996) e Mariz (1999).

crescimento do número de adeptos, como também pelo ritmo de sua história e pela significação da sua presença em vários campos.

Atualmente os evangélicos ganham os espaços públicos, constituem "bancada" no seio das esferas políticas, com uma penetração muito grande nos meios de comunicação de massa (particularmente os programas de rádio e TV), sendo bastante significativo o crescimento do número de igrejas e das denominações evangélicas. Assim, à ideologia do "Brasil intrinsecamente católico", se contrapõe um horizonte de um "Brasil politicamente evangélico".

Mas também é preciso destacar que não só a própria instituição da Igreja se modifica ou se reformula, como também a própria "identidade católica" se diversifica. No próprio interior da complexa instituição denominada Igreja católica verificam-se mudanças e diferenças, e possíveis cruzamentos se estabelecem.

Segundo Sanchis (2002), apesar da aparente novidade dessa diversidade religiosa, articuladamente institucional e subjetiva, o fenômeno parece não ser tão novo assim no contexto brasileiro. Hoje ninguém questiona a presença de novas e distintas modalidades; sua visibilidade é marcante. No entanto, como salienta o autor, sua "brusca emergência" talvez esteja mais associada a uma troca dos instrumentos de observação e análise do que propriamente a um fato novo objetivo. Isso porque o Brasil sempre viveu um pluralismo bastante singular, que o caráter encompassador do catolicismo não conseguiu atenuar.

No campo religioso brasileiro sempre prevaleceu a interface de duas importantes matrizes cuja presença singulariza esse contexto – a católica e a africana. Matrizes estas que estão em permanente diálogo e processo de articulação, apesar das diferenças em suas raízes rituais e na intencionalidade simbólica, entre outras coisas. A essas matrizes básicas se juntam outras, como o espiritismo e a umbanda.

Mais recentemente, ainda seguindo a análise feita por Sanchis, podemos acrescentar àquele contexto não só os cultos de origem oriental, com suas distintas modalidades, como o universo tipicamente contemporâneo da Nova Era e o das pessoas que declaram não ter religião.

Numa outra linha de argumentação, DaMatta (1983) defende a idéia de que o ponto focal dessa coexistência estaria na idéia de relação. Ou seja, em todas as formas de religiosidade brasileira haveria uma enorme e densa ênfase na relação entre esse mundo e o outro, de modo que a domesticação da morte e do tempo é elemento fundamental em todas essas variedades ou maneiras de chegar, falar ou conversar com Deus, bem como de defini-lo. Daí que a forma como essa comunicação se realiza é sempre através de um elo pessoal.

Segundo este autor, a relação pode ter forma diferenciada, mas a sua lógica estrutural é a mesma e, desse ponto de vista, a relação existe e é pessoal.

Por outro lado, é no interior da faixa social normalmente denominada camadas médias ou segmentos médios que floresce o ideal do individualismo moderno. Segundo diferentes autores, é nesses segmentos que o indivíduo como sujeito autônomo pode exercer sua escolha de adesão ou rejeição de uma modalidade religiosa, diante das várias opções que lhe são apresentadas pelo vasto mercado de bens religiosos, ou até mesmo optar por uma ou mais. Nesse sentido, tendo em vista a localização social dos peregrinos brasileiros, não é de estranhar que encontremos uma diversidade religiosa entre eles.

As pesquisas realizadas sobre a Nova Era ou os chamados novos movimentos religiosos têm apontado para o seu caráter de "religião" de camadas médias e escolarizadas.[122] Muitas delas ressaltam que os "adeptos" do movimento da Nova Era distinguem-se dos de outras religiões por índices relativamente altos de escolaridade e renda familiar, resultado bastante semelhante ao encontrado nesta pesquisa. Além disso, a recorrência com que os autores mencionam a ambigüidade dessas novas modalidades religiosas que povoam o universo Nova Era em expansão permite compreender por que ela atrai pessoas dos chamados segmentos médios que participam da modernidade cultural, os quais vivenciam de forma extrema a contradição entre o capital cultural de que são detentores e a realidade de seu estatuto socioprofissional e econômico.

No entanto, ao se verem liberados do que consideravam uma imposição de pertencimento a uma religião, os peregrinos passam a desenvolver uma espiritualidade que à primeira vista podemos denominar "difusa", expressa em atitudes em direção à natureza, com uma forte crença no que definem como "aspectos místicos ou espirituais", ou seja, na vivência de experiências que os levam a experimentar outras dimensões da realidade para "além do físico".

No caso das novas religiosidades, opera para alguns estudiosos a lógica do mercado, fazendo da escolha religiosa uma questão de opção ou simplesmente (re)ivenção individual.

Sanchis (1997) propõe, assim, que se considere o campo religioso brasileiro a partir da articulação de três modos distintos de constituição de identidades. O mais recente, que chama de pós-modernidade, estaria centrado nas construções derivadas da criatividade idiossincrática de indivíduos que visam satisfazer suas aspirações e imaginações.

Por sua vez, Brandão (1994) aponta para uma importante transição que estaria ocorrendo no campo religioso brasileiro, ou seja, de uma configuração na qual a fé dependia do vínculo com instituições religiosas para outra, em que vale o "direito da crença individual". Esse seria, sem dúvida, o vetor determinante das escolhas, que constitui socialmente e torna culturalmente significativo e manipulável aquilo que denominamos uma situação de mercado religioso.

---

122. Amaral (2000), Tavares (1998), Magnani (1999), entre outros.

Ao tratar das características da modernidade, ou por pós-modernidade religiosa, Oro e Steil (1997) relacionam explicitamente esse individualismo religioso à autonomia dos crentes em relação às instituições e à situação de mercado religioso.

Nessa dinâmica há uma dimensão fundamental – a noção de pessoa subjacente aos discursos sobre as escolhas, trânsitos e passagens entre as religiões. Mauss (1978) foi o primeiro a tratar essa noção como conceito, mas sua perspectiva evolucionista foi muitas vezes duramente criticada, pois, ao analisar a evolução do conceito de pessoa, acaba culminando na visão ocidental moderna de um ser dotado de consciência psicológica.

Em seu diálogo com Dumont (1985), DaMatta (1983) utiliza a noção de pessoa de modo mais restrito, para referir-se apenas às sociedades hierárquicas e holistas, distinguindo-a do conceito de indivíduo, que marcaria as sociedades individualistas e igualitárias.

No entanto, a perspectiva que adoto aqui está mais próxima da defendida por Strathern (1988), que propõe uma conceituação mais ampla de pessoa – a que se refere a um conceito culturalmente elaborado – que reveste o ser empírico de significado social, seja ele visto como "indivíduo autônomo", seja como parte de um todo maior, seja ainda como um ser marcado por um gênero essencializado.

Aqui cabe uma ressalva fundamental, pois indicar a importância da noção de pessoa como eixo de análise não significa reduzir a discussão ao nível das chamadas dinâmicas "microssociais". Quero apontar é para a ruptura dessa dualidade micro/macro. Para tanto, tenho por inspiração as contribuições teóricas de Simmel (1984) e Elias (1994), que analisam a formação do individualismo moderno mostrando como o desenvolvimento de uma subjetividade particular vem atrelado a mudanças históricas significativas na economia, na divisão social do trabalho.

Seguindo essas referências, quero sinalizar, mais como pista do que como conclusão, que os ideais modernos de amizade, fraternidade e solidariedade, freqüentemente destacados pelos peregrinos, estão atrelados a uma concepção moderna de pessoa, que surge no bojo da criação de um Estado soberano e da separação das esferas pública e privada, distinguindo as relações comerciais e políticas das domésticas. Portanto, estou falando da articulação entre experiência subjetiva e organização social, na medida em que o Caminho reúne pessoas oriundas de sociedades e culturas as mais diversas.

Em que medida podemos falar de um plano intersubjetivo na modernidade? O desenvolvimento da noção de indivíduo, cuja verdade está em sua interioridade, pode criar sérios problemas para o conhecimento interpessoal, agora não mais pautado por ações e sim por intenções. Nessas circunstâncias, as relações de confiança, tanto em sistemas abstratos quanto em interações face a face, tornar-se-iam, particularmente como aponta Giddens (1991), um mecanismo de reencaixe social, contrabalançando assim a insegurança ontológica gerada pelas condições da modernidade.

Recentes análises do campo religioso brasileiro indicam que está em curso um tipo de religiosidade que hipervaloriza a experiência. Nesse sentido, principalmente na última década do século XX, ganham espaço religiosidades mais fluidas, no sentido de estarem mais pautadas no sentir do que na prescrição, em que prevalece a valorização da experiência em detrimento de orientações doutrinárias tradicionais. São religiosidades ditadas sobretudo pela valorização do experimentalismo e dos trânsitos e passagens, mas que ainda assim podem carregar consigo a referência de tradição e a primazia de multiplicidade.

De modo geral, os peregrinos não têm a preocupação de diferenciar as devoções e práticas tradicionais das modernas. Buscam uma relação direta com o sagrado, sem a intermediação das igrejas, das instituições de uma maneira geral e da formalização de seus rituais, apesar de muitos irem sempre às missas durante o percurso. Em quase todos os locais indicados como possuidores de refúgios ou albergues, há sempre uma igreja ou capela onde diariamente é rezada uma missa para os peregrinos. No entanto, estes parecem transitar pelas distintas devoções, tendo presente uma representação do Caminho que engloba todas as manifestações possíveis do sagrado. Esse processo permanente de reapropriações dos valores "tradicionais" (católicos) cria um complexo campo polifônico, com contradições e diferentes percepções do lugar.

A diversidade marca a peregrinação a Santiago, tanto com relação às motivações individuais quanto com relação ao elo estabelecido entre o conteúdo universal do catolicismo e as buscas individuais por uma conexão com o divino, situando e informando os seus significados num espaço que é, ao mesmo tempo, físico (ocorre em uma rota ou percurso estabelecido) e simbólico, repleto de mitos e de uma simbologia mágico-religiosa que circula em torno do Caminho.

A geografia do Caminho adquire, assim, uma função metafórica, e se apresenta como um "texto" que possibilita o acesso às múltiplas interpretações sobre as quais se funda a relação entre os homens e entre os homens e Deus (divino), que se encontra diretamente envolvida através de diferentes formas de troca e convivência, como é possível depreender da narrativa a seguir:

> [...] [Durante o caminho] o planeta emanava sacralidade. Eu me senti plena e integrada ao todo... parte incontestável do todo... Tudo era parte do todo e a solidão era a grande ilusão. [...] Vi nitidamente a peça que faltava no imenso quebra-cabeça que vinha montando há anos em busca da felicidade. Agora havia descoberto Deus em sua plenitude de manifestações e eu era uma delas, com ou sem vaidade. [...] Pela primeira vez consegui ver com os olhos do coração a obra divina. Apenas eu, o Caminho e Deus. Um. (Sharp, 1999, p. 79, 80.)

Estou, portanto, me referindo a uma experiência que tem um propósito em si mesma e, simultaneamente, propicia aos participantes a apropriação dos sentidos,

dos símbolos e das crenças que compõem não só o universo religioso do catolicismo, mas também o universo ou cosmologia do chamado misticismo ou do que poderíamos chamar de religião difusa.

Nesse contexto, acredito que estamos apenas começando as interpretações sobre esse novo sentido de "religioso" ou religioso "flutuante" e sobre os caminhos que as igrejas tradicionais estão trilhando para compreender essas novas linguagens.

As pistas já apontadas e relacionadas neste capítulo me inclinam a sugerir que o conjunto de referências culturais construídas e relacionadas em torno do Caminho funciona como texto em que o *script* é variado, pois é sempre construído de um ponto de vista "pessoal".

No entanto, o texto mais geral diz respeito à possibilidade de o indivíduo se religar ao todo, por meio de uma vivência única e particular, de exorcizar seus "demônios pessoais", traduzidos nesse contexto como os principais dilemas, desafios e impasses que as pessoas vivem no seu cotidiano.

Isso se faz através de um discurso e de um *ethos* psicologizante, onde a sacralização do *self* individual é altamente valorizada. Entretanto, ao participar de uma experiência centrada na luta contra seus "demônios interiores", os peregrinos assumem uma perspectiva mais universalista, principalmente ao colocar o seu individualismo entre parênteses e, ao fazer isso, se perguntam se poderiam ter atuações menos individualistas. As atividades mundanas perdem a importância ou são redimensionadas. A vida tende a ganhar um sentido de dádiva,[123] de celebração.

Seguindo Hervieu-Léger (1997), acredito que o atual desenvolvimento de uma religiosidade de "tipo emocional" parece acompanhar o esvaziamento simbólico do universo moderno, constituindo-se, ao mesmo tempo, em uma forma de adaptação dos grupos religiosos a esse novo dado cultural. Nessa perspectiva é possível entender o transbordamento da expressão afetiva da experiência religiosa implícita na peregrinação, ainda que sob a recusa dos peregrinos, como a expressão de um protesto contra o enquadramento institucional empobrecedor da experiência, tanto pessoal quanto coletiva, de fé. Isso se vincula a uma tendência cultural da chamada modernidade, centralizada sobre o direito do indivíduo à subjetividade, inclusive em termos religiosos.

Mas é preciso lembrar que a relação pragmática com a tradição permite selecionar nela o que faz sentido, de facilitar a expressão e a experiência dos indivíduos, a insistência sobre os direitos da subjetividade em matéria religiosa, o

---

123. Nas palavras de Godbout (1999), essa dupla ruptura com o cosmo, de um lado, e o passado e o futuro, do outro, faz da modernidade qualquer coisa de pontual, de estreito, de angustiante. No entanto, a única maneira de lutar contra sua angústia é tornar-se necessário a alguém ou a alguma coisa. A dádiva nos reúne à sociedade e ao mundo. A dádiva reintegra a humanidade no cosmo.

primado concedido à realização afetiva dos indivíduos, a preocupação com o desenvolvimento pessoal, com o bem-estar e o enriquecimento das relações com os outros, que resultam em um sentimento de pertencimento e de participação comunitária. Todos esses traços são indícios da afinidade eletiva que a religião de comunidades emocionais mantém com a cultura moderna, da qual ela é o produto contraditório (Champion, 1991 apud Hervieu-Léger, 1997).

Entendo que tanto a experiência da peregrinação como a participação no grupo de discussão via Internet e nas reuniões da AACS, como veremos com maior detalhamento no capítulo seguinte, indicam um sentimento de pertença que é muito próximo daquilo que Hervieu-Léger (1997, p. 33) denomina comunidades emocionais.

A tensão presente no seio das comunidades emocionais (entre tradição e modernidade) revela-se de modo muito significativo na relação ambivalente que os chamados novos movimentos religiosos mantêm com a tradição das igrejas e confissões no espaço nas quais se inscrevem.

Sustento que a peregrinação a Santiago constitui em sua essência um símbolo da construção moderna da relação entre indivíduo e totalidade, entre nós e os outros, entre o pensamento mágico e o pensamento científico, entre razão e emoção, colocado em outros termos ou em outras bases. Talvez possamos dizer em bases solidárias, onde nem o todo nem as partes predominam, pois isso irá depender do momento ou da situação, podendo haver situações em que um encompasse o outro, mas isso não é percebido como uma relação de dominação ou primazia. O contato com "uma força superior", com "Deus", ou o que quer que seja que invoque essa dimensão transcendental ou até mesmo de êxtase, é experienciado por todos os peregrinos, possibilitando-lhes oficiar o permanente diálogo com a dimensão sagrada.

A releitura que é feita do universo católico, e algumas vezes até mesmo da narrativa bíblica, que consiste nas diferentes possibilidades de interpretação a partir dos jogos de aproximação e distanciamento entre o universo ou mundo da peregrinação e o texto bíblico, reside sobretudo na centralidade das questões que mobilizam os peregrinos. Em suas narrativas, os peregrinos pontuam constantemente determinados elementos que, às vezes, denominam "sentimento", em outros momentos de "emoções" ou ainda de "limites" ou "demônios pessoais", entre os quais podemos relacionar o medo, o amor, a ansiedade, o orgulho, a solidão, a arrogância, a vaidade.

Alguns desses elementos ganham destaque na releitura do universo católico e da Bíblia realizada por Paulo Coelho (1995),[124] particularmente ao compor um

124. Essa questão será desenvolvida no próximo capítulo.

texto amplamente difundido e facilmente acessível a todos os seus leitores, não só os brasileiros, mas também os de vários outros países. Durante a peregrinação encontrei vários estrangeiros que disseram ter feito a peregrinação porque leram o seu livro.

Enquanto estimuladora principal da peregrinação, a Igreja católica tornou-se a principal beneficiária do capital simbólico que o Caminho acumulou, conquistado ao longo de sua história à medida que avançava seu alcance como um fenômeno que tem repercussão internacional.

A chegada de um número bastante significativo de peregrinos todos os dias na Catedral de Santiago não é apenas a realização de um projeto ou de um desígnio, mas representa o poder simbólico de uma peregrinação que alcança dimensões globalizantes.

A eficácia do Caminho se dá não só por seu reconhecimento público, mas sobretudo por se apresentar como um *locus* privilegiado de investigação do contexto sociocultural que o baliza e sustenta, tornando-o um importante ator político. E foi exatamente nesse sentido que busquei a interação afetiva e os nexos significativos entre agente, ato e sociedade.

Alguns autores costumam utilizar o termo "desregulação da religião" para fazer referência à proliferação de crenças que não são mais prescritas nem enquadradas pelas instituições religiosas. Por outro lado, a incerteza, que assume feições diferenciadas conforme o contexto social, tem levado os indivíduos à busca de um sentido para a própria vida, seguindo "modelos" os mais variados, fortemente marcados pela linguagem religiosa, quando não são frutos da transformação no interior das confissões tradicionais.

A partir das questões específicas apresentadas por essa peregrinação, podemos entender como ela pode funcionar como um lugar de encontro para a partilha de crenças e até mesmo de discussão de concepções individuais do que significa "ter uma religião" ou "professar uma crença". Estamos falando, portanto, de referências culturais pautadas nas experiências pessoais que são passíveis de serem compartilhadas, na medida em que outras pessoas as aceitam e as atualizem, por exemplo, ao afirmarem que "experimentam Deus", ou se pensam como se igualmente atendessem a um "chamado".

Os sentimentos subjetivos dos integrantes do grupo de peregrinos são os elementos formadores dessa comunidade emocional, que tem como um de seus propósitos recuperar a dimensão da fé, particularmente daquela que emerge associada às noções de companheirismo e de fraternidade.

A linguagem ritual é parte integrante do cotidiano da peregrinação, bem como a expressão das emoções, da amizade e da solidariedade, que pontuam as representações sobre as relações sociais mantidas no tempo da peregrinação.

O ritual é, sem dúvida, uma forma de destacar, de salientar coisas e aspectos da vida cotidiana (DaMatta, 1983). Serve, portanto, para transmitir, reproduzir e legitimar sistemas de valores. Ele institui uma ordem nas relações sociais, amenizando incertezas e inseguranças (Turner, 1974). E, ainda, ao se constituir como uma seqüência de ações que objetivam um fim preestabelecido, ele constrói realidades.

Fundamentalmente, foi baseada no referencial teórico de Tambiah (1985) que procurei entender o que a peregrinação a Santiago de Compostela revela enquanto um processo ritual, isto é, como sua *performance* rearticula os elementos do mundo social em uma nova gramática, capaz de ser entendida e percebida por todo o corpo social participante do ritual.

Dessa maneira, a análise das experiências vividas e descritas pelos peregrinos durante o Caminho me permitiu classificar a peregrinação como um ato performático – isto é, que produz resultados em virtude de ser realizado.

Logo, pode-se pensar o Caminho, e o próprio percurso, como uma ação, como um ato que se realiza como uma *performance* que, ao mesmo tempo que produz resultados em virtude de sua realização (Tambiah, 1985), sustenta-se através de um mecanismo análogo que Lévi-Strauss (1970) denominou eficácia simbólica.

Ao lado disso, estou também me referindo basicamente a uma modalidade de religiosidade difusa, individualizada, normalmente avessa às instituições e às mediações dos padres, bruxos e santos. Ou seja, àquela religiosidade que Brandão (1994) percebe emergindo da prática do "peregrino do sentido", na medida em que ele mesmo é responsável pelas significações, sejam elas religiosas ou não, que lhes orientam a compreensão do mundo e a conduta. Ao falar do resgate do sagrado enquanto dimensão "religiosa" ou não no universo investigado, procuro indicar uma dimensão de sagrado que se espraia por todo o tecido social, numa linguagem talvez mais adequada aos segmentos médios, clientelas religiosas flutuantes com demandas pouco exclusivistas.[125]

O que vemos é um processo de reorganização permanente de referenciais culturais, numa sociedade percebida como impotente para satisfazer as expectativas que ela é obrigada a suscitar para continuar existindo. Nessa situação, o

125. Segundo Hervieu-Léger (1997, p. 32) o fato desse impulso religioso, oriundo do movimento estudantil e da contracultura, difundir-se amplamente em camadas sociais médias e médias-superiores totalmente integradas à cultura moderna e dispondo de um capital cultural elevado ou bastante elevado, contribuiu de modo decisivo para renovar as perspectivas sobre as relações entre religião e modernidade. Isso a tal ponto que o próprio diagnóstico da perda da religião, assimilado, no campo científico, ao triunfo moderno da racionalidade, parece às vezes ter sofrido uma inversão: frisa-se com insistência a necessidade de sentido que trabalha as sociedades ocidentais perturbadas pela crise e os desequilíbrios internacionais, insiste-se na demanda espiritual que ali se manifesta de vários modos, e fala-se de uma derradeira e maciça "volta do sagrado".

discurso religioso/mágico parece indicar a eficácia da linguagem metafórica na mobilização do imaginário social.

Qual a natureza da forma de expressão própria da experiência de fé, já que a linguagem cristã funciona hoje como representação de problemas sociais? Até que ponto não estaria apontando para a diversidade cada vez maior na forma de viver o catolicismo, ou melhor, a visão de mundo e o *ethos* católico ressignificados? A própria abertura ecumênica do Concílio Vaticano II parece ter garantido essa visibilidade.

O trabalho de construção de um novo ator social (o peregrino) que recebe um "chamado" contrapõe-se, em certa medida, à lógica das ofertas e das escolhas religiosas, como produto da dimensão da religião dentro do movimento da Nova Era. O trabalho das Associações de Amigos do Caminho de Santiago, da Igreja, do governo da Galícia e do governo espanhol se apresenta como ações de especialistas, como de processos de elaboração simbólica, que visam à afirmação de princípios gerais que legitimam o "mundo da peregrinação".

PÓS-CAMINHO, AS MUDANÇAS DE CADA UM

A peregrinação é uma ação que se faz de acordo com as motivações de cada peregrino, implicando também mudanças importantes. Implica etapas que separam o indivíduo da vida cotidiana, oferecendo-lhe uma determinada orientação ou projeto que, uma vez acabado, concluído, é difícil que a pessoa se perceba voltando ao seu estado anterior. Segundo Van Gennep (1978, p. 157), para os diferentes grupos sociais, assim como para os indivíduos, viver é continuamente desagregar-se e reconstituir-se, mudar de estado e de forma, morrer e renascer.

Se na partida há ritos de separação, a chegada ao santuário é marcada por uma série de ritos especiais de agregação e de celebração,[126] como, por exemplo, abraçar o santo, colocar a mão no Pórtico da Glória, assistir à missa dos peregrinos, o ritual do botafumeiro etc.

> Eu entrava afinal em Santiago de Compostela, após mais de 800 km a pé, mais de 1 milhão e 100 mil passos [...] Entrei na Praça do Obradoiro, emocionadíssimo [...] Saí em busca da Compostela. Passei antes na Catedral, entrando pelo Pórtico de la Gloria, uma obra do Maestro Mateo [...] Por séculos a fio, os peregrinos, ao chegarem ao pórtico, colocavam a mão na coluna do pórtico. Esse costume deixou as marcas dos dedos na coluna, como se feitas a fogo. E os peregrinos continuam fazendo isso. Pus ali meus dedos e rezei, grato por tudo. Agradeci a todos que me ajudaram a fazer o caminho, a todos que me ajudaram na vida e a Santiago, pela oportunidade a mim

---

126. O mesmo mecanismo é encontrado na *devotio*, considerada como um sacrifício de si ou como forma especial do sacrifício ordinário. A *devotio* liga-se, aliás, por seu princípio, aos ritos de iniciação.

concedida que, com certeza, vai mudar minha vida para melhor, ajudando-me a viver de modo mais fraternal [...] Na igreja rezei e confessei depois de mais de 30 anos. [...] depois, rezei junto ao túmulo de Santiago, subi ao altar e abracei sua imagem por trás como manda a tradição, e aí entendi o porquê: daquela posição se vê todo o interior da Catedral e tem-se a oportunidade de, ao ver tanta beleza e respirar tanta paz, entender um pouco mais a condição humana e sua relação com a religião. (Mesquita Jr., 2000, p. 164-172.)

Entre a situação da vida cotidiana e a peregrinação se dá um contraste, uma dicotomia que faz com que a pessoa se sinta vivendo em dois mundos, em duas dimensões distintas. Esse salto da vida cotidiana à peregrinação, e vice-versa, não se faz de modo brusco, e sim necessita passar por uma série de etapas ou dimensões que podemos resumir assim: a) a conscientização dos dilemas e impasses da vida cotidiana e a necessidade de ruptura através da peregrinação; b) a tomada de decisão de realizá-la (o que muitos denominam "atender a um chamado"); c) a preparação da pessoa para viajar e realizar o Caminho; d) a preparação do material necessário para realizá-lo; e) o começo da viagem; f) o encontro da pessoa dentro de uma dimensão ontológica distinta; g) o encontro com o Apóstolo e cumprimento dos rituais necessários do peregrino na Catedral; h) o retorno; i) a volta à vida cotidiana.

Essas etapas estão baseadas naquelas indicadas por Van Gennep (1978) sobre os ritos de passagem. Mas, frente às limitações do modelo apresentado pelo autor, convém lembrar que elemento de conscientização e tomada de decisão não implicam separação, e o retorno não implica, necessariamente, agregação. Isso nos indica ainda as limitações de aplicarmos modelos tidos como universais e fechados para a análise de fenômeno tão complexo e variado como as práticas das peregrinações na contemporaneidade.

Em suas vidas, os peregrinos passariam, assim, por distintas situações que, em alguns casos, significam uma mudança radical, a passagem de um estilo de vida a outro, e essa mudança, às vezes, vem acompanhada de uma ação singular. Essas mudanças, no entanto, sem ser idênticas no seu conteúdo, apresentam uma certa similitude nas formas.

Mas quais seriam os significados atribuídos à experiência da peregrinação? Quando eu perguntava (nas entrevistas e nos questionários) aos peregrinos para falarem do sentido de suas vivências ou para definirem o que viveram, obtive distintas respostas, que pude agrupar em cinco tipos, em suas referências ao:

a) caráter nitidamente positivo da experiência, as mais numerosas. São respostas do tipo: "inesquecível", "maravilhosa", "única", "genial";
b) matiz positivo associado a conotações pessoais, como, por exemplo: trata-se de uma experiência de "autoconhecimento", "de um encontro com o eu interior";

c) aspecto da totalidade: "é místico", "é uma magia", "é iluminação", "é revelação", "algo espiritualmente construtivo";
d) sacrifício e problemas que comporta ter realizado o Caminho;
e) aspecto da importância paisagística, esportiva, cultural, ou mesmo às possibilidades de diversão e lazer associadas à realização do Caminho.

Poucos consideram que a experiência de realizar o Caminho não modificou suas vidas, e a maioria afirma que a experiência foi "renovadora e transformadora", e, no retorno, muitos se vincularam a grupos ou associações que desenvolvem práticas que normalmente são definidas como assistencialistas – por exemplo, a promoção de campanhas de arrecadação de alimentos, roupas, cobertores, a ajuda a alguma instituição de caridade (seja religiosa ou não), grupos de auto-ajuda (como os Alcoólicos Anônimos etc.).

O sentimento que os peregrinos chamam de "pós-Caminho" foi assim expresso por Lili (professora, 46 anos):

> Não sei o que fui fazer lá e não sei o que trouxe de lá. Não sei de onde vem esta saudade que não pára. [...] É difícil voltar à vida real, depois de mais um mês vivendo em um mundo onde ajudar e ser ajudado é uma constante, onde o sobrenome e sua posição social pouco importam. Viver a solidariedade e a amizade é gratificante, mas voltar à rotina é um impacto violento. De repente, temos de conviver com situações que antes nos pareciam normais, mas que hoje nos violentam. A volta exige novas reflexões e reavaliações. Afinal, aqui é a vida real. O Caminho é uma experiência mágica, que nos mostra que o mundo pode ser muito melhor e que só depende de nós e de nossas atitudes para que esta mudança se realize. (Joppert, 2002, p. 166.)

Um aspecto recorrente entre os entrevistados é a afirmativa de que desistiram dos esquemas utópicos de larga escala (aí incluído o próprio catolicismo): não esperam mais nem acreditam em "grandes revoluções", buscam mudanças práticas em suas próprias vidas ou nas das pessoas à sua volta, embora todos concordem que o mais importante é "fazer alguma coisa para mudar a situação em que se encontra o país, o mundo".

Aquilo que se aprende no Caminho é sempre pessoal, é entendido como fundamental na estruturação do *ethos* e da visão de mundo do peregrino. Particularmente por ser entendido como uma nova linha de conduta de vida, marcada pelo companheirismo, tolerância, compreensão, fraternidade etc. Enfim, pelos valores que foram performaticamente vivenciados no Caminho. A necessidade de organizar a vida segundo uma nova escala de valores, após a experiência da peregrinação, foi um aspecto bastante recorrente nos depoimentos, conforme se pode perceber pelas narrativas que se seguem:

> A experiência do Caminho não sai de sua vida; você termina o Caminho, mas ele está dentro de você. Descobrir-nos é objetivo de nossa vida.
>
> Não voltei diferente do Caminho. Eu sou o mesmo que fui. Eu estava dentro de mim mesmo [...] Agora caminho na direção certa de eu mesmo.
>
> O Caminho é uma excelente oportunidade para retomarmos a prática de decisões mais intuitivas, menos racionais. Um jogo divertido, que pode começar com pequenas decisões e ir aquecendo aos poucos. O que seu coração diz? Ficar nessa cidade ou caminhar até a mais próxima? Tomar banho e comer ou comer e depois tomar banho? Deixar para conhecer a cidade de manhã e partir ou sair como todo mundo bem cedinho? Nada impede, tudo apóia o que vem do coração.

Ao passar pelo processo da peregrinação, que muitos peregrinos dizem ser uma verdadeira "catarse" ou ainda "uma espécie de terapia intensiva", todos falam da importância de redimensionarem seus valores e sua vida, de resgatar os valores essenciais para si mesmos e não os impostos pela sociedade ou pela família:

> Caminhando, o peregrino deixa para trás hábitos e condicionamentos. Junto com o peso da bagagem que decide não carregar mais, o peregrino abandona idéias, sentimentos... formas que não servem mais. Nem sempre isso é fácil. (Angela, 46 anos.)

Alguns mencionam que durante a peregrinação se reencontraram não só consigo mesmo, mas com Deus, com a religião católica. Mas essa posição, como as demais predisposições, muitas vezes foram tomadas *a priori*. Como emerge do depoimento de Eliane (48 anos): "Fui para Santiago buscando me aproximar de Deus, ir além do poder da igreja e do julgamento".

Em seu livro, Lúcia Ribeiro (2000) diz que uma das decisões que tomou durante o Caminho de Santiago foi a de se crismar. Acrescentando que a crisma representa uma etapa nova em sua vivência cristã, um passo em direção a Deus e um compromisso mais profundo com a fé católica. Sobre isso comenta:

> Hoje estou percebendo melhor como a fé e a religião se expressam em ações que atendem às necessidades do ambiente em que vivemos. Jesus mostrou o caminho da partilha e da fraternidade para substituir as relações de exploração e dominação. Aprendemos pouco em 2 mil anos. Mas a mensagem continua presente e viva para muitos.

A experiência do Caminho tem permitido um outro modo de relacionamento do indivíduo com a tradição, que nesse contexto torna-se escolha, (re)apropriação. É verdade que peregrinações a lugares místicos, com o deslocamento de multidões, sempre tiveram por objetivo a transformação interior a partir de um movimento externo simbólico e significativo. Afinal, na metáfora cristã, a vida é um caminhar para a salvação. No entanto, buscar sinais sensíveis do sagrado, da transcendência, sem dúvida, é um forte indício de que o ser humano necessita dar um significado à sua existência, ainda que provisoriamente. Na procura sensível dessa transcendência, o ser humano tentou vários caminhos que podem até parecer incompreensíveis e exagerados: transes, danças, drogas, rituais, entre outros. A religião e a política são duas importantes fontes doadoras de sentido (Novaes, 1985, 1994). Ambas fornecem um conjunto de idéias que permitem aos indivíduos tornar significativas as suas experiências intelectuais, emocionais e morais (Geertz, 1978).

Nos relatos dos peregrinos é recorrente a idéia da ligação que sentiram consigo mesmos, com seu "eu interior", com sua essência durante a peregrinação, levando-os a uma sensação de (re)ligação com a natureza e com o cosmo.

No processo de individuação, a experiência da "espiritualidade" refere-se à experiência mais íntima do ser humano, expressa simbolicamente através do "autoconhecimento". A experiência de transformação é recorrente em todas as narrativas. Em decorrência da transformação pessoal, muitos peregrinos projetam a possibilidade de transformação em termos sociais.

A religião deixou de ter centralidade no imaginário social? Até que ponto a idéia de construir um sentido para a existência apoiada na religião vem sendo substituída? Tudo indica que as respostas para essas perguntas têm de ser buscadas na intersecção entre mudanças e continuidades.

Várias pesquisas têm indicado que as respostas para a questão central sobre "que direção devo dar à minha vida?" têm sido redimensionadas em novas bases. Atualmente, alguns segmentos parecem rejeitar a idéia de religião institucionalizada. As estáveis representações religiosas e políticas que antes tinham força, que organizavam o imaginário cultural com base em grandes narrativas, estão perdendo a antiga eficácia. É nesse contexto que os peregrinos parecem dispostos a procurar recursos que os ajudem a romper com o dualismo sociedade e natureza, colocado pelo cristianismo, e procuram respostas para uma melhor harmonização entre corpo, espírito e mente. Para a maioria deles, o fardo mais pesado da tradição judaico-cristã gira em torno de uma matriz dualista, bem *versus* mal, espírito *versus* matéria, anjos *versus* demônios. Reconhecem a importância da dimensão espiritual, mas a consideram uma questão de foro íntimo, pessoal.

Essa linguagem vem atraindo sobretudo as pessoas das camadas médias urbanas que apresentam afinidade eletiva com os valores em jogo. Em vez de direitos humanos universais, no centro do debate se legitimam os sentimentos humanos entendidos como universais. Enfatiza-se também a interdependência entre as dimensões física, espiritual e material. A espiritualidade é percebida como uma nova maneira de se relacionar com o divino, influenciando maneiras de sentir, perceber e interagir.

A linguagem corpo, mente e espírito vem assumindo um importante papel na restruturação simbólica da comunicação entre o indivíduo e o todo da vida, em que a retórica de transformação assume valor ideológico. Essa retórica da busca e da transformação ganha centralidade na medida em que a experimentação tem um duplo sentido – o de encontrar-se a si mesmo através da vivência espiritual "experimentada" em seu próprio corpo, na sua relação com a mente e o espírito, e o de estar sempre buscando e experimentando novas maneiras de desenvolver a espiritualidade. Essa dimensão assume, assim, características pessoais e individuais, em oposição ao caráter institucional e coletivo, atribuído à religião.

O pluralismo de que falam os peregrinos não é a simples coexistência de muitas visões de mundo. Implica também a crença de que outras perspectivas podem igualmente ser plausíveis. No entanto, naquele contexto, a peregrinação a Santiago mostra que ainda há lugar para a velha matriz católica que – embora seja marcada pelo dualismo – vem historicamente demonstrando sua plasticidade para permitir que os peregrinos proponham mediações, pontes, relativizações, aproximações e semelhanças. Pontes que se estabelecem entre, por exemplo, a imanência e a transcendência, entre a reencarnação e a salvação.

Num mundo percebido como fragmentado, de relações predominantemente materialistas, de consumo desenfreado, essa cosmologia parece apresentar ou oferecer um conjunto de referenciais fundamentais para orientar os indivíduos em suas vidas cotidianas.

As crenças de que o homem tem uma essência ou a da existência de uma realidade interior, do verdadeiro eu, leva os peregrinos a uma busca constante. Isso está associado ainda à idéia de que a transformação da consciência no plano individual traz efeitos positivos no mundo social.

É dentro desse contexto que a espiritualidade assume uma forma individualizada, cujo *locus* fundamental (Deus, divino etc.) é o interior do ser humano, capaz de ligar as pessoas à ordem cósmica das coisas.

Para Weber (1971), a noção de existir sempre esteve vinculada à idéia de construção de um sentido para a existência. Na gramática do Caminho, a retórica de transformar-se individualmente ganha centralidade em substituição aos ideais de transformar o mundo, bem conhecido por uma geração desse segmento que hoje faz o Caminho. Antigas representações que se faziam presentes nas grandes narrativas utópicas (que discorrem sobre o que deveria ser a vida em sociedade e o mundo) parecem não surtir mais o mesmo efeito. Há um segmento de pessoas escolarizadas, com acesso a uma ampla rede de informações, que não são engajadas em partidos políticos nem são vinculadas a uma igreja em particular, que também querem encontrar um sentido para si, no mundo de hoje. É dentro desse contexto que entendo que a gramática da peregrinação pode ser percebida como um "novo horizonte", uma rede de significados dentro do qual devemos interpretar novas e velhas formas de relações. Trata-se de um jogo de linguagem constituído por conexões concretas, históricas.

De acordo com Berger (1996), no contexto da sociedade moderna, secularizada, pluralista e marcadamente individualista, restariam às instituições religiosas duas opções: resistir à modernidade, formando pequenas comunidades fechadas ao mundo, ou adaptar-se, excluindo gradativamente os elementos sobrenaturais da tradição religiosa e promovendo uma psicologização das atividades, com prioridade para as necessidades morais e terapêuticas do indivíduo em sua vida privada.

As teses sobre a subjetivização da experiência religiosa também trazem implícitas as expectativas de uma autonomia crescente dos indivíduos em suas opções sexuais e afetivas, e de uma afirmação dos valores seculares mesmo na esfera privada, com as famílias adotando orientações pautadas em valores oriundos do conhecimento científico, particularmente da psicologia e da psicanálise.

A dificuldade tem sido justamente lidar com a constituição ainda que difusa dessa "religiosidade" (por falta absoluta de um termo melhor), cuja base é a subjetividade humana. Não são mais as verdades prontas e o sentido dado, institucionalizado, da história e do mundo, as instituições e seus aparatos, mas sim a resposta a problemas ligados à subjetividade que move a migração religiosa. O Caminho conduz a uma experiência "mística" ou "mágica" simplesmente porque pode, na interpretação dos peregrinos, conduzir os indivíduos à percepção de si mesmos e do mundo como um todo, sem talvez a ilusão de um todo integrado. O sentido de totalidade, aí, reside na vivência e na percepção dos peregrinos de fazer parte de algo que tem um duplo sentido; é transcendente e imanente ao mesmo tempo, é exterior e interior, é profano e sagrado, é Deus e "eu interior".

É bem verdade que a base desse ideal, controle total do *self*, se encontra na ideologia do individualismo moderno,[127] de origem romântica e iluminista, ainda que o último aspecto tenha primazia no chamado mundo ocidental.

O processo que levaria à manifestação da essência humana, original e harmoniosa (o que não quer dizer sem conflito), que corresponde ao *self*, se daria através de mudanças na percepção, isto é, nas formas de ver, sentir e construir a realidade e na reorientação da conduta.

A finalidade é a de que o indivíduo abra as portas do inconsciente e intuitivamente entre em contato consigo mesmo, se reflita, se conheça e se aperfeiçoe. A noção de alteridade é assim deslocada e passa para o interior da mente, o outro passa a ser o "eu" que se desdobra, o lado que deve ser desvendado.

Desvinculadas do sistema religioso em que se situam suas práticas, os peregrinos apontam para uma tendência que é a da crescente autonomia da "experiência do sagrado", em relação à mediação das instituições tradicionais, particularmente da Igreja católica.

Falar da experiência da peregrinação não significa enfatizar apenas o caráter

127. Sobre essa questão, ver Dumont (1985).

subjetivo, mas significa sobretudo afirmar o caráter intersubjetivo e social em que se definem seus conteúdos significativos. Significa afirmar que a experiência de "transformação" é, num primeiro momento, permeada pelo mundo da cultura e definida por seus conteúdos significativos, que são constantemente negociados e definidos em termos intersubjetivos.

Fazer o Caminho significa, ainda, se sentir reconectado a esses valores, ou seja, exercitar uma grande fé e o senso de comunidade (idéia de pertencimento), vinculados à idéia da dádiva. Histórias múltiplas interagem no Caminho, dotando-o de significado e ligando-o à memória coletiva.

A experiência da peregrinação é percebida como se trouxesse várias conseqüências na vida das pessoas, particularmente na conduta moral. Mostra como pode-se atualizar uma identidade em espaços apropriados como representativos de uma dada condição social – nesse caso a de "ser peregrino" como identidade que é ao mesmo tempo individual e coletiva. A realização da peregrinação fornece os elementos simbólicos acionados para afirmar as identidades de indivíduos e grupos.

Sem dúvida, há mais que uma simples releitura do catolicismo e da experiência cristã a partir da experiência vivida no Caminho.

Em suma, neste capítulo minha intenção foi, assim, considerar o ritual etnograficamente seguindo suas características intrínsecas e dissolvendo-as. Foi dessa forma que considerei a peregrinação como reveladora da complexidade das idéias, crenças e valores do mundo moderno.

Contudo, o sentimento de pertencer a uma espécie de "comunidade de peregrinos" não resulta no fortalecimento da Igreja católica enquanto instituição através de coesão e adesão e, até mesmo, de "conversão". Após realizarem o Caminho, os peregrinos costumam falar sobre suas experiências no grupo de discussão via Internet, dar seus "testemunhos" durante as reuniões da AACS ou, ainda, publicar livros contando suas vivências. Com isso, reforçam ainda mais aquilo que estou chamando de "a gramática do Caminho". Ou seja, significados que não só são compartilhados como são reproduzidos dentro de uma dinâmica própria. Nos encontros e relatos pós-Caminho as pessoas contam suas vidas e suas vivências durante a peregrinação, choram e se emocionam durante seus testemunhos públicos. As idéias e representações reafirmadas assim conformavam uma certa teoria nativa da cosmologia *jacobea*.

Por isso é importante mostrar como tem ocorrido a penetração e divulgação do Caminho de Santiago no contexto brasileiro. Para isso, analiso, a seguir, alguns dos principais agentes e agências que têm contribuído para a sua ampla difusão no Brasil, bem como discuto o que está em jogo na difusão desse amplo material. Assim, procurei me deter na análise de toda a carga de preceitos e valores morais, crenças e mitos que acompanham toda essa produção, bem como as fontes morais que os informam. E é sobre essas questões que irei me deter no próximo capítulo.

Monumento construído em homenagem aos peregrinos, localizado no Alto del Perdón (Navarra), onde há um marco em que está escrito a seguinte legenda: "Donde se cruza el camino del viento con el de las estrellas." (Foto: Paulo Melo, maio de 2001)

Capítulo 5

O Caminho de Santiago no contexto brasileiro

Imagens peregrinas – os vídeos sobre o campo de estrelas

Durante a realização do trabalho de campo, pude perceber que existem dois instrumentos básicos na preservação das memórias individuais e coletivas em torno do Caminho. De um lado, os acervos fotográficos de que todos os peregrinos dispõem e, de outro, os vídeos e programas especiais produzidos pela televisão sobre o assunto.

Embora eu não tenha me detido na análise das fotos produzidas sobre o Caminho, gostaria de destacar que elas assumem significados particulares no domínio mais privado da vida social, pois estão impregnadas das marcas das "experiências vividas", evocando lembranças individuais e promovendo, quase sempre, o quadro mais estável da memória coletiva.

A utilização da fotografia como registro da experiência da peregrinação é prática recorrente entre as pessoas entrevistadas, bem como da maioria das pessoas que realizam o Caminho. São inúmeros os álbuns de fotografias através dos quais os peregrinos contam e recriam as ações, práticas e experiências vividas durante o percurso. Todo peregrino possui o seu acervo particular, que normalmente é apresentado durante as reuniões da associação,[128] nas exposições realizadas ou por ocasião do lançamento de livros, servindo assim como elementos de divulgação do Caminho.

Embora exista alguma variação nas tomadas de cenas, há uma certa recorrência na seleção das imagens retratadas, em termos de monumentos, igrejas, monastérios, albergues, personagens paradigmáticos, indicando a princípio um certo "enredo" seguido pela maioria.

Diferentes autores[129] têm chamado a atenção para o fato de as imagens serem elementos formadores de memória, desempenhando um papel fundamental na construção da memória coletiva. Além disso, os lugares favorecem também a construção social de identidade de determinados grupos, elaborada de forma consciente ou não pelos diferentes atores sociais.

128. Fato que é muito comum, principalmente quando se retorna da peregrinação.

129. Halbwachs (1990) e Pollack (1992), entre outros.

Com bastante freqüência também os entrevistados mencionaram que tomaram conhecimento do Caminho através de um programa produzido semanalmente pela Rede Globo de Televisão, denominado *Globo Repórter*, e que isso os motivou a realizarem a peregrinação.

Nos últimos anos, pelo menos cinco programas foram produzidos pela televisão brasileira sobre o Caminho – dois apresentados pela Rede Globo de Televisão, um pelo SBT (Sistema Brasileiro de Televisão), outro pela Rede Vida (canal religioso) e, por último, uma edição do programa *Alternativa Saúde*, do canal GNT. Somado aos programas produzidos pelos canais espanhóis e os vídeos (amadores) realizados por brasileiros que fizeram o Caminho, é cada vez mais freqüente encontrarmos pessoas relatando suas experiências em vídeos, que passam a constituir importantes fontes de referência.

Aqui irei me deter apenas nos programas produzidos pelo *Globo Repórter*, da Rede Globo, uma vez que foram os mais mencionados, tendo sido apontados por vários entrevistados como os principais responsáveis por suas decisões de fazer o Caminho.

Enquanto programa voltado para um público diversificado, interessado em informações acessíveis e leigas, o *Globo Repórter* detém um espaço privilegiado nos meios de comunicação brasileiros. Suas matérias, muitas das quais sobre "outras culturas e sociedades", tornam-se, sem dúvida, fonte de influência sobre o modo como muitos espectadores brasileiros elaboram suas representações sobre este ou aquele assunto. Portanto, meu objetivo aqui é analisar apenas algumas imagens veiculadas nos dois programas, contextualizando-as. Procuro, fundamentalmente, destacar o modo como o Caminho foi concebido e construído pelo programa.

"A estrada mística, nova rota da fé brasileira"

Com este título já numa das primeiras tomadas de cena da abertura dos dois documentários, já é possível perceber as imagens e representações dominantes, através das quais será apresentado o Caminho de Santiago aos espectadores brasileiros.

O primeiro programa, exibido pela primeira vez em 1999, introduz o tema da seguinte maneira:

> No *Globo Repórter* de hoje, emoção, fé e aventura. Nossa equipe atravessa o misterioso Caminho de Santiago, 800 km a pé, da França à Espanha. Peregrinos do mundo inteiro buscam a estrada mística da Europa e dizem que depois dessa viagem tudo muda em suas vidas.

Os ingredientes (emoção, fé e aventura) são destacados, indicando de certa maneira de que "é feito o Caminho", caracterizado como uma "estrada mística", e, como se pode perceber, a associação com o processo de transformação do peregrino já está fortemente marcada na apresentação do programa.

No segundo documentário analisado, a questão inicial é uma pergunta de caráter geral, que associa o esforço físico ao aspecto espiritual. Mais uma vez, o locutor oficial do programa levanta a seguinte questão:

> Você já imaginou o que sente uma pessoa que anda 800 km a pé para encontrar conforto espiritual? O *Globo Repórter* de hoje viaja pela nova rota da fé brasileira: o Caminho de Santiago. Por que tanta gente sai do nosso país em busca dos segredos da estrada mágica na Espanha? O que revelam afinal os peregrinos que vivem essa grande aventura mística?

A primeira referência feita ao percurso da peregrinação, que vai da França à Espanha, é a sua caracterização como um "misterioso caminho" e, depois, como uma "estrada mágica",[130] sendo possível perceber, desde a abertura do programa, o lugar que esses significados irão ocupar no documentário, sendo essenciais em toda a sua estruturação.

Desde o início dos documentários, é anunciada uma perspectiva que antecede e perpassa as entrevistas e as conversas com os peregrinos. Também predomina uma perspectiva encompassadora construída com base em uma interpretação, que já é uma tomada de posição.

As falas, assim, antecipam as imagens e essa forma de construção dá um movimento peculiar ao documentário, em que texto e visual se imbricam.

Através das narrativas sobre os locais, monumentos, igrejas, rituais, mitos e das conversas que vão sendo estabelecidas com os peregrinos ao longo do percurso, são mostradas diversas situações por eles vividas – as dificuldades e limitações físicas, os desafios, as motivações para realizar a experiência, o que se deve levar de equipamento, de roupas, as sensações que se sente ao longo do percurso: medo, solidão, fome, saudade.

Em suas falas, entrelaçadas com a descrição dos principais rituais praticados ao longo da rota, os peregrinos desfilam suas motivações, suas expectativas, suas desilusões.

Em um dos documentários, o ponto inicial é a descrição da história de Santiago (quem foi, como chegou à Europa, como foram descobertas as suas relíquias) e a origem da peregrinação. No outro, é privilegiado o ritual praticado na localidade de Fisterra, realizado no final da peregrinação por muitos peregrinos. A câmara

130. Uma das músicas de maior sucesso na década de 1980, cantada por Baby do Brasil – que também escreveu um livro sobre a peregrinação a Santiago (Brasil, 1995) –, faz referência ao Caminho da seguinte forma: "pegar carona nesta cauda de cometa. Ver a Via Láctea, estrada tão bonita. Brincar de esconde-esconde numa nebulosa". "Via Láctea" é a outra denominação dada ao Caminho de Santiago.

começa mostrando Fisterra, local que por muitos séculos se pensava ser "o fim do mundo". Nesse local, até hoje, os peregrinos queimam as roupas (algumas ou todas) usadas durante a viagem até Santiago, visando, com isso, a sua "purificação". Ao mostrar um peregrino praticando o ritual o locutor comenta que "todas as angústias e provações são tragadas pelas cinzas do fim do mundo".

Peregrinos de distintas nacionalidades, ao falarem de suas diferentes motivações, retratam a complexidade da questão. Os motivos apresentados são múltiplos e variados, indo, por exemplo, da promessa feita ao santo por Jean-Marie (francês), até a pura aventura, descrita por João (brasileiro).

Jean-Marie saiu de sua casa na França para agradecer o "milagre" que recebeu. Não é muito comum encontrar peregrinos a cavalo, como vimos pelas estatísticas anteriormente mostradas, mas Jean-Marie revela que "foi a fé em Santiago que o levou até o Caminho de Santiago". Para cumprir a promessa de fazer todo o trajeto, desde a sua casa, ele vai acompanhado de uma égua. Comenta que andar sempre foi a "paixão" de sua vida, mas, em 1995, um acidente de carro deixou-o com braços e tronco paralisados, durante um ano e meio. Ao mostrar as marcas da cirurgia para o entrevistador, comenta que a recuperação foi lenta e dolorosa. Acredita que se salvou por um "milagre". Estava fazendo o Caminho em sinal de agradecimento por sua recuperação.

O rito de passagem

Em determinadas partes do programa fica evidente que o documentário assume claramente o ponto de vista expresso pelos personagens centrais dos depoimentos: o escritor Paulo Coelho, a terapeuta Anna Sharp,[131] a cantora Baby do Brasil[132] e o presidente da Associação de Confrades e Amigos do Caminho de Santiago de Compostela – São Paulo, Danilo Tiisel.

O primeiro afirma que deve ao Caminho o fato de ter se tornado escritor. Não um escritor qualquer, mas guardadas as devidas críticas às suas obras, um escritor eleito para a Academia Brasileira de Letras, com livros traduzidos em mais de 50 países e responsável por cifras fantásticas em termos da tiragem de edições, em todo o mundo.[133]

131. Mais adiante faço uma breve síntese dos livros escritos por Paulo Coelho e por Anna Sharp sobre o Caminho.

132. Conforme já mencionei, a cantora Baby do Brasil também escreveu um livro sobre o Caminho (Brasil, 1995).

133. De acordo com as informações publicadas no Segundo Caderno de *O Globo* (27/10/2002) às vésperas da posse de Paulo Coelho na Academia Brasileira de Letras, o escritor já vendera 53 milhões de livros em 155 países (dados de junho de 2002).

Definindo o Caminho como um "rito de passagem", Paulo Coelho conta como pouco a pouco foi se adaptando, como a partir de um certo momento a sensação que ele tinha era que "não era eu que caminhava, era o Caminho que me caminhava". Descreve então sua "transformação" e como, a partir daquela experiência, se tornou um grande escritor, enfatizando que o Caminho "mudou a sua vida". Reforça ainda a idéia de que se uma pessoa faz um grande esforço físico, conseqüentemente termina fazendo um esforço espiritual.

O depoimento de Paulo Coelho intensifica ainda mais as imagens e as narrativas dos peregrinos entrevistados durante o percurso. As idéias de "transformação pessoal" e de "renovação espiritual" ganham centralidade, e é a partir desse ponto de vista que o documentário como um todo deve ser entendido.

Mas afinal, que universo é veiculado por esse percurso?

O programa recorre ao depoimento de uma das figuras centrais do Caminho, madame Debrill,[134] uma fotógrafa francesa que resolveu fazer a peregrinação, quase meio século atrás: há 48 anos fundou a primeira associação francesa de apoio aos peregrinos. Na época da inauguração ela atendia a uma média de três pessoas por semana; no fim da década de 1990 ela afirmava atender a uma média de 70 peregrinos por dia. Sua palavra principal de apoio aos peregrinos era "coragem".

Uma das idéias centrais do documentário é que, ao percorrer o trajeto de mais de 800 km, os peregrinos devem fazer uma "retrospectiva de suas vidas". Caminhando normalmente sozinhos, devem deixar para trás as angústias da cidade grande. Portanto, é preciso coragem para enfrentar desde a solidão até a alegria do contato com a natureza, que por sua vez pode surpreender os peregrinos com mau tempo.

Ao mostrar os peregrinos com bolhas nos pés, tendinite e outros desconfortos físicos, a câmara fixa partes do corpo sofridas, para logo depois apresentar o cenário deslumbrante que é o contraponto, o pano de fundo. A beleza dos vales, montanhas, das igrejas e monastérios que existem ao longo do trajeto é considerada como a "grande recompensa" aos possíveis sofrimentos.

As imagens mostradas não são neutras, elas passam pela construção social que delas fizeram os idealizadores do programa;[135] selecionadas, pelo menos na sua elaboração, espelham uma forma bastante específica de "olhar", de "traduzir"

---

134. Madame Debrill era a hospitaleira do albergue da Associação Francesa dos Amigos do Caminho de Santiago, situada em Saint-Jean-Pied-de-Port. Administrou a associação por mais de 40 anos, à Rue de la Citadelle, 27. Faleceu em 2001.

135. Cabe ressaltar que em um seminário sobre o Caminho, a que assisti em maio de 2000, realizado na Fnac de São Paulo, o cônsul de turismo da Espanha declarou que um dos produtos da parceria que havia sido estabelecida entre a associação de São Paulo e o consulado, no sentido de apoiar e divulgar o Caminho, tinha sido a realização desses dois documentários. Na ocasião ele deixou bem claro que a idéia do documentário foi dele e de Danilo Tiisel (presidente da associação), e não da TV Globo.

e "construir" o Caminho. É justamente esse olhar que oferece uma perspectiva ou visão do Caminho como "sagrado", "místico", "religioso".

Durante o programa, são mostrados locais e situações carregados de simbolismo, lugares de parada de quase todos os peregrinos, que funcionam como elementos formadores de memória, fornecendo sobretudo a construção social da identidade e do chamado "espírito peregrino".

A recorrência do programa em mostrar determinados locais, situações específicas ou imagens (sejam elas rituais ou não), ao longo da rota, parece expressar os pontos "relativamente imutáveis" de que nos fala Pollack (1992). Seriam espécies ou tipos de invariantes que ocorrem na construção da história do lugar, bem como da vida individual. Trata-se, portanto, de memórias construídas coletivamente. Na seqüência apresentada vemos que são demarcados os seguintes locais, situações ou rituais:

a) a apresentação da indumentária do peregrino (mochila, chapéu, botas ou tênis, capa de chuva, saco de dormir), de seus signos diacríticos – cajado, concha pendurada no pescoço ou na mochila, cabaça de água;
b) a informação sobre a função das setas amarelas, que guiam os peregrinos ao longo de toda a rota;
c) a missa na igreja de Santa Maria, em Roncesvalles (Espanha), logo no início do Caminho francês. É ressaltado que todos os dias, às oito horas da noite, é rezada uma missa em latim, na qual é oferecida a primeira benção aos peregrinos. Como pano de fundo temos o órgão antigo, tocado no acompanhamento dos cantos gregorianos;
d) a ponte de Puente de la Reina, lugar onde todos os caminhos se encontram;
e) a igreja de Santo Domingo de la Calzada e o milagre atribuído ao santo, bem como a crença de que quando o peregrino entra na igreja e o galo canta é sinal de que a peregrinação será bem sucedida;
f) a parte considerada pelo locutor do programa como a "mais mística e enigmática" – o trecho que vai de Rabanal del Camino até o Cebreiro, na qual são destacados: a pequena vila abandonada de Foncebadón, a Cruz de Ferro, o castelo templário localizado em Ponferrada, o ritual da queimada celebrado por Jesus Jato (personagem paradigmático) e a porta do perdão em Villafranca del Bierzo, a subida do Cebreiro e o milagre que ocorreu em sua igreja;[136]
g) a densidade emocional da chegada à Catedral de Santiago e os rituais que são realizados no seu interior: colocar a mão no Pórtico da Glória e

136. Ver, no Anexo 2, a localização das etapas.

encostar a cabeça em uma de suas partes, abraçar o santo (a imagem que fica no altar central da igreja); assistir à missa do peregrino (todos os dias às 12h) e assistir ao ritual do botafumeiro;[137]

h) receber a Compostela na Oficina do Peregrino, situada próxima à Catedral.

Predomina, portanto, uma idealização do Caminho, presente nos discursos dos peregrinos e que vai sendo construída em cima das seqüências e através das imagens que são apresentadas nos dois programas analisados. O que as imagens sugerem é que esse caminho é o caminho da fé, o caminho místico que leva as pessoas a uma importante transformação.

Um outro aspecto extremamente importante para a construção social que se faz do Caminho é apresentá-lo como um cenário que favorece o diálogo "entre pessoas e culturas distintas", um cenário onde diferentes experiências são compartilhadas e vivenciadas, e é através delas que os indivíduos podem construir novas identidades e subjetividades. Também é dentro de um contexto de alta emotividade (muitos peregrinos aparecem chorando ou choram durante as entrevistas), que se afirma seu caráter único e intransponível.

De alguma maneira, o Caminho é apresentado como um importante recurso para a elaboração de um *self*, de pessoas que vivem um processo de "transformação" através de uma experiência que desempenha um papel constitutivo no processo de formação de determinadas subjetividades, tanto individuais como coletivas.

Além dos vídeos, procurei analisar também o grupo de discussão via Internet que também contribui nesse processo, o que apresento a seguir.

Pesquisando na Internet: santiago@yahoogrupos.com.br

Nesta sessão procuro discutir os desafios e as novas perspectivas do trabalho antropológico na análise da observação e do levantamento de dados via Internet, particularmente, no que diz respeito à definição de campo de pesquisa delimitado a uma realidade local territorialmente circunscrita e suas implicações para a relação entre a elaboração de um ambiente virtual como *locus* de sociabilidade e a criação de uma rede nacional e transnacional de pessoas interessadas em trocar e divulgar informações sobre o Caminho de Santiago de Compostela.

---

137. É um grande incensário, considerado o maior do mundo – com 1,60 m e pesando aproximadamente 80 kg –, e se constitui num dos maiores espetáculos que ocorre na Catedral de Santiago de Compostela. Durante algumas missas, particularmente a dos peregrinos, a grande atração é ver o incensário balançando por efeito do impulso que lhe imprimem os "tiraboleiros", um grupo de oito homens vestidos de capote vermelho que fazem o botafumeiro balançar horizontalmente por uma das naves da Igreja, adquirindo grande velocidade, até voar pelo cruzeiro da Catedral, ao som solene do órgão.

Minha intenção é mostrar como se estruturam as relações que se estabelecem via Internet, sob a forma aparente dos intercâmbios que ali ocorrem, tendo como moeda corrente o Caminho de Santiago. Dessa forma, o que guiou a observação dos diálogos diários que ocorrem no espaço virtual foi a percepção da recorrência a determinados assuntos, bem como a maneira específica de relacioná-los, particularmente da sociabilidade construída por essa via. Embora a discussão sobre essas questões não seja inédita, uma vez que diversos pesquisadores já abordaram antes essa problemática, ainda é um campo embrionário, tendo em vista que o advento das redes eletrônicas representa uma mudança sociocultural tão profunda quanto significativa (Aranha Filho, 1995). Trata-se, portanto, de um campo ainda recente, em formação, em que a discussão e a revisão dos conceitos e referenciais ainda se faz presente.

O material empírico utilizado é fruto da sistematização dos dados obtidos através da observação,[138] realizada por cerca de dois anos, de um grupo de discussão (santiago@yahoogrupos.com.br) sobre o Caminho (o mais antigo existente no Brasil) e de alguns *sites*, que servem como ponto de encontro de pessoas interessadas em obter e trocar informações sobre o assunto, bem como sobre suas experiências de peregrinação. Na análise, procurei verificar como se efetua a circulação de idéias, valores, crenças, conceitos e definições de realidades, bem como as trocas e intercâmbios realizados entre os participantes. Interpreto, assim, os signos e símbolos vinculados ao projeto de "fazer o Caminho de Santiago" e a valorização dessa experiência. Esse objetivo me levou a rever alguns fundamentos da prática etnográfica, em particular, o de pesquisador e o seu campo.

De acordo com Mauss (1978), a especificidade das assim chamadas ciências sociais tem a ver com o fato de que o caráter intrínseco de seu objeto é, ao mesmo tempo, objeto e sujeito. Ou seja, os seres humanos são sujeitos, no plano ontológico, mas tornam-se também objetos de conhecimento, no plano epistemológico. No entanto, devemos estar atentos para não confundirmos esses dois planos. No plano epistemológico, o sujeito e o objeto são noções puramente relativas, sinônimas de observador-observado. No ontológico, sujeito e objeto são substâncias diferentes, seres humanos ou coisas.

Tendo em vista esses pressupostos, como se poderiam entender as relações estabelecidas via Internet, enquanto espaço virtual, tanto do observador com seus sujeitos quanto entre os participantes do grupo de discussão propriamente dito?

Em princípio, a tarefa principal do "sujeito" da Internet é colocar diante de si mesmo sua própria fusão e integração com seu texto. Falando na Internet, ou melhor, se comunicando através dela, os sujeitos representam a si mesmos com

138. Por dois anos acompanhei o grupo de discussão via Internet, no entanto jamais participei das conversas. Isso porque optei por observar sem interferir.

posições demarcadas. A comunicação via Internet possibilitou a criação e o desenvolvimento de um novo espaço público, onde o sujeito vive a possibilidade da ambivalência entre o local e o global, entre o eu e o anonimato, entre o eu e o outro do pseudônimo, entre a pertença e o desenraizamento, entre o ser produtor e consumidor de conhecimentos à escala global, entre a nacionalidade e o cosmopolitismo etc. (Silva, 1999).

As questões que procuro explorar aqui dizem respeito não só às características mediáticas da Internet que afetam a comunicação, como também sobre a natureza das relações propiciadas por esse novo meio de comunicação. Estamos, assim, diante da temática das relações sociais e da defesa de visões de mundo, *ethos* e valores, "religiosos" ou não, com os enfrentamentos e oposições que acarretam, mas agora em um novo formato, e em um novo ambiente, desenhado por uma nova tecnologia.

De imediato algumas questões se levantam: até que ponto se está diante de um novo modelo de sociabilidade, de um padrão de intercâmbios que poderá generalizar-se?

Quais as características que seriam determinantes para o funcionamento do sistema de relações que chamamos de Internet? Em que medida a Internet altera o modo de se fazer e experimentar a cultura?

Preliminarmente quero lembrar que o acesso à produção de bens materiais e simbólicos, proporcionado pelas novas tecnologias de comunicação, corresponde a uma democratização da informação que, por extensão, repercute diretamente sobre a (re)estruturação e (re)elaboração das identidades no mundo contemporâneo.

Atualmente, o debate sobre a influência dos meios de comunicação, no que diz respeito às transformações sociais, coloca em questão dois aspectos fundamentais – a interação interpessoal e intergrupal e o seu aspecto de instrumento ideológico. Essas transformações seriam constituídas sob a formulação de uma identidade global que, segundo alguns autores, teria a capacidade de se sobrepor às identidades privadas, locais, regionais, nacionais.

A consolidação do movimento de ciberinformatização e da internacionalização de vários temas que são postos em debate acaba induzindo a idéia de consolidação de uma imagem identitária através da integração e do acesso de novos "usuários" à rede mundial de computadores, em torno da defesa de determinados valores e crenças.

Segato (2000) argumenta que é possível ter uma nova compreensão do que, por exemplo, são as crenças e as adesões religiosas em geral, não só a partir do ponto de vista de seu conteúdo – *ethos*, preceitos e valores – em contextos históricos particulares, como também abordando o percurso que fazem dentro desse novo circuito de troca.

Isso se torna possível quando verificamos que o texto inscrito sobre o Caminho de Santiago pode introduzir-se, como outros textos, dentro de um sistema de relações, independentemente das questões que lhe são próprias. Ou melhor, a análise da maneira como circula um determinado conjunto de crenças e de valores é particularmente interessante, desde o ponto de vista da visibilidade e do alcance que se instaura com esta circulação. E, também, por deixar expostas e identificadas modalidades de relação entre partes, sejam estas pessoas ou comunidades. É justamente o desvendamento de uma modalidade de relação que procuro destacar aqui.

Examino, assim, uma estrutura onde a valorização e o estímulo ao compromisso de divulgar e "manter vivo" o Caminho é o centro da comunicação entre interlocutores aparentemente marcados por uma relação de alteridade. No entanto, a relação entre as partes se dá dentro de uma estrutura estritamente não hierárquica, como é o caso da Internet, em que pese a função do mediador.

No "espaço virtual" os encontros ocorrem impulsionados por iniciativas individuais, derivadas de vontades, esforços e interesses, por parte daqueles que participam motivados pelo desejo de "conhecer o Caminho de Santiago" e daqueles que querem manter "viva" a peregrinação, conforme o discurso da maioria dos participantes da lista.

É muito comum alguns participantes se encontrarem nas reuniões da associação que ocorrem uma vez por mês, onde os laços de amizade são reforçados e, normalmente, as pessoas que vinham mantendo contato somente através da Internet têm a oportunidade de se conhecer pessoalmente. Isso ocorre não só entre pessoas que vivem nas grandes capitais, onde existem as representações regionais da associação, como com as pessoas do interior dos outros estados.

As relações estabelecidas via Internet eram alimentadas e reforçadas pelo contato face a face e vice-versa. Durante o trabalho de campo, pude presenciar o início de muitos laços de amizades e namoros, bem como compartilhamento de interesses múltiplos que não se reduziam apenas aos interesses sobre o Caminho de Santiago.

Na última reunião da AACS de que participei (abril de 2002) antes de concluir esta pesquisa, tomei conhecimento de que seu ex-presidente (que vive no Rio de Janeiro) iniciara um namoro com uma outra internauta freqüentadora da lista e que vive em outro estado (Rio Grande do Sul), a partir dos contatos que estabeleceram através do grupo de discussão.[139]

Normalmente, quando se procurava estabelecer uma relação mais íntima com outra pessoa, entrava-se em contato *pvt*. Assim, do espaço público de discussão passava-se para o espaço privado, num encontro mais "próximo", "íntimo".

---

139. Mais recentemente soube que essa relação foi formalizada. As pessoas envolvidas se casaram em julho de 2002.

Da mesma forma, quando se queria falar que se considerava *off-topic* era comum solicitar ao interlocutor a passagem para *pvt.* Foi possível perceber que, em geral, em função de alguma temática, muitos se aproximavam mais. Outros, devido a alguma troca estabelecida, passavam a ter um contato mais estreito. O fato é que ali, no local de encontro diário, existia uma conversação intensa. Em torno de 40 a 50 *e-mails* eram repassados por dia, sendo que muitos continuavam a conversar em *pvt.*

De qualquer maneira, a princípio todos se encontravam à mesma distância (virtual) do grupo de discussão para onde convergiam para "conversar sobre o Caminho". Isso estabelecia, desde o começo, uma base igualitária para o intercâmbio. Mas qual o papel desempenhado pelas idéias sobre o tema, ao circular por esse sistema de comunicação?

A universalidade da linguagem digital e a lógica do sistema de comunicação em rede criaram as condições tecnológicas para a comunicação horizontal global. A partir da década de 1990, a Internet se tornou a via expressa da comunicação global mediada por computadores, uma vez que liga gradativamente a maior parte das redes. Esse tipo de comunicação não só é recente como também é capaz de criar espaços alternativos de expressão e intercâmbios. No entanto, é preciso lembrar que valorizar o ciberespaço[140] como arena de mobilização não significa, em hipótese alguma, duvidar da eficácia das ações no meio físico. No exemplo apresentado anteriormente vimos que eles foram complementares.

Do ponto de vista de Castells (1999, p. 379),

> a coexistência de vários interesses e culturas na rede tomou a forma de World Wide Web – www (rede de alcance mundial), uma rede flexível formada por redes dentro da Internet, onde instituições, empresas, entidades, associações e pessoas físicas criam os próprios *sites* que servem de base para todos os indivíduos, com acesso, poderem conhecê-los e mesmo, a partir daí criar sua própria *homepage,* feita de colagens variáveis de textos e imagens.

Em julho de 2001, existiam 287 *sites* sobre o Caminho que podiam ser localizados em distintas direções eletrônicas.[141] Embora estes não sejam *chat rooms,* e sim sítios divulgados através da rede, menciono aqui sua existência paralela como exemplar e paradigmática do fato de que ambos itens, ainda que aparentemente distintos, possam funcionar como moeda circulante, perpassando por circuitos da mesma natureza, com idêntica função nesse amplo sistema de troca.

---

140. Utilizo aqui esta noção tal como definida por Lévy (1999, p. 17), "o ciberespaço (que também chamarei de 'rede') é o novo meio de comunicação que surge da interconexão mundial dos computadores. O termo especifica não apenas a infra-estrutura material da comunicação digital, mas também o universo oceânico de informações que ela abriga, assim como os seres humanos que navegam e alimentam esse universo."

141. Dado fornecido pelo mediador do grupo de discussão focalizado.

Existem três tipos de *sites* por onde o discurso sobre o Caminho circula correntemente na rede de comunicação eletrônica. Circular significa aqui um dos dois tipos de atividades: informativa (solicitação ou divulgação de dados) ou conversacional (sobre determinados temas ou assuntos). A primeira dessas atividades, ou seja, a de divulgar informações, se dá em três tipos de sites:

a) em direções da World Wide Web onde se publicam textos informativos previamente editados, preparados pelas diversas associações de amigos do Caminho de Santiago de Compostela existentes no mundo, para difundir suas notícias (bons exemplos são os sites analisados: www.caminhodesantiago.com.br e o www.caminhodesan-tiago.org.br, sendo que o primeiro foi criado pela mesma pessoa que é o mediador da lista de discussão analisada e que pertenceu à primeira diretoria dos AACS, e o segundo é o *site* oficial da AACS-Brasil, com sede no Rio de Janeiro);
b) em lugares onde se podem obter informações culturais e artísticas, como é o caso do *site* do Instituto Cervantes (www.cervantes.es), através do qual é possível fazer o Caminho de forma virtual, inclusive escolhendo a rota, o local de início, visitando todos os monumentos existentes ao longo do percurso etc.;
c) por meio de *mailing lists* (grupos de discussão), nas quais as pessoas previamente cadastradas trocam informações sobre os mais diversos aspectos a respeito do Caminho. No caso, a lista de discussão analisada foi santiago@yahoogrupos.com.br, embora existam atualmente outras.

As redes comunicacionais, ou melhor, as "comunidades virtuais"[142] que se formam ao redor desses serviços, pressupõem um acordo ou interesse básico entre seus membros. Estes são lugares onde as pessoas se encontram espontaneamente para conversar, trocar informações através da digitação de frases curtas e coloquiais, em geral de poucas linhas, sobre temas relacionados basicamente ao Caminho, tais como o que levar, equipamento necessário, tipo de calçado apropriado, preparação, onde comprar os objetos. Entretanto, é possível se obter respostas mais precisas no ciberespaço do que nas reuniões da associação, onde as respostas às perguntas mais específicas nem sempre são alcançadas, uma vez que se tenta falar para um público mais amplo.

Normalmente o primeiro contato estabelecido no grupo de discussão investigado se dá a partir de uma breve apresentação, como por exemplo:

142. As comunidades virtuais são feitas de pessoas e do que elas realmente querem, daquilo que realmente lhes interessa, sem constrangimentos prévios ou póstumos. [...] As novas tecnologias dão a cada um de nós um poder sem precedentes de construir o nosso próprio mundo de referência, de encontrar as pessoas que realmente nos interessam, estejam onde estiverem, de aprender e ensinar sobre aquilo que realmente queremos que faça parte da nossa vida. (Soares, L., 1999, p. 75).

Olá a todos da lista. Como sou novata gostaria de me apresentar: me chamo C., sou carioca, moro no Rio e tenho 28 anos. Há algum tempo venho pensando em fazer o Caminho de Santiago... Depois que descobri o site do José Roberto então, a cada dia me sinto mais disposta! Resolvi fazer o Caminho de bicicleta... Estou pretendendo fazer a viagem em maio, quando devo tirar férias... vontade! Bom, vou tentar estar na reunião na Casa de Espanha para poder conhecer vocês. Caso não consiga ir, nos falamos pela lista, para eu poder pegar todas as dicas. Abraços, C.

Ou ainda:

Caros amigos,
Me chamo R. e atualmente moro em Florianópolis. Estive no Caminho há alguns anos... de carro, rapidamente... Estou num momento de vida bastante difícil e parece que recebo o chamado para voltar à Espanha e seguir o Caminho. Pode ser loucura, mas me parece real. Gostaria de trocar esse sentimento com vocês... Se houver alguém de Florianópolis ou próximo a mim e que possa me ajudar, agradeço... algo me diz que o Caminho começa aqui e que alguém especial lerá este mail e me dará o sinal. Pode ser tolice, mas é o que sinto. Paz, R.

Em geral, os peregrinos que já fizeram a peregrinação, e, por isso, em princípio, teriam maior experiência, sempre respondem, dando as boas vindas, incentivando a pessoa a fazer perguntas sobre o que é necessário levar, em todos os sentidos, sobre a importância ou não da preparação e outras questões, como a resposta dada por Francisco, um "veterano" do Caminho a uma novata: "Bem-vinda à família, Antônia. De onde você é? Qualquer dúvida, pergunte, sempre terá algum peregrino de plantão para responder. Abraços. Francisco."

Às vezes, na apresentação, quando a pessoa informa de onde vem, os peregrinos mais antigos, ou os que vivem próximo ao novato ou um dos diretores da associação que detêm a informação, procuram estabelecer uma maior aproximação, que pode ocorrer até mesmo entre aqueles que ainda não fizeram a peregrinação, mas se sentem mais informados, como no relato abaixo:

Meu nome é Fernanda e sou uma futura peregrina de Santiago. Embarco para a Espanha agora dia 15 de maio (finalmente!) e, como estou estudando sobre o Caminho já há uns três anos, talvez possa te dar algumas dicas úteis. Moro em Floripa/SC. Faça contato que te passo o meu telefone para conversarmos e talvez nos encontrarmos para um bate-papo sobre o Caminho. Já estou combinando isso com o A. Podemos nos encontrar todos, que tal? Solucionar dúvidas, ver fotos, compartilhar sentimentos sobre o Caminho. Bom, aguardo a sua resposta.
P.S.: De qualquer forma, vá até o *site* do José Roberto que você vai encontrar tudo o que precisa saber sobre a peregrinação. Forte Abraço! F. F.

Muitas vezes, também, a partir da apresentação inicial, as pessoas expõem suas dúvidas com relação a realizar ou não o Caminho. Um das situações que mais mobilizou a lista no início de 2001 foi quando Cândida apresentou seus questionamentos sobre fazer ou não o Caminho. Embora isso seja comum, nesse caso específico havia a singularidade dos argumentos utilizados:

> Oi, gente. Bom... vou me sentir uma chata... mas estou precisando falar com alguém... Sabe, eu andei me questionando sobre o Caminho, sobre o verdadeiro motivo que me leva a realizá-lo. É difícil... Se o motivo for um conhecimento ou um reconhecimento pessoal ou espiritual será preciso ir à Espanha para alcançar isto? Será preciso caminhar tanto em uma terra tão distante para assumir as decisões que eu já sei que estão dentro de mim? E se o motivo não for este? E se eu andar tudo isso e não alcançar o que espero, se é que espero realmente alguma coisa... Sempre senti uma energia muito forte vinda de Santiago, mas por algum motivo comecei a me fazer estas perguntas... Acho que li muito Marx... comecei a me questionar até que ponto a minha idéia de Deus é verdadeiramente minha ou me foi imposta pela sociedade que me cerca... Será que Durkheim está certo e o amor, a fé, a paixão não passam de fatos sociais? Será que eu sou mesmo uma idiota que está enchendo o saco de vcs? Beijos. Cândida.

Essas dúvidas, sobre fazer ou não a peregrinação, são temas recorrentes. Muitos peregrinos defendem a idéia de que só faz o Caminho quem recebe um "chamado" e por isso é preciso ficar atento aos "sinais". Os argumentos de Cândida mobilizaram muitos outros participantes da lista, que prontamente responderam com mais de mais de 30 *e-mails*, como o exemplo que transcrevo a seguir, onde se pode perceber o quanto é valorizada a experiência e o "poder transformador do Caminho".

> Oi, Cândida,
> Que bom que você é uma das pessoas que questionam a vida, faz ela ser muito mais autêntica, outras apenas cumprem os ciclos de nascer, crescer, ser, ter... Esquecem muitas vezes de sentir o que realmente querem. Em praticamente dois meses... apareceu o Caminho de Santiago na minha frente e eu fui fazer sem querer me preparar muito, não queria criar expectativa (a famosa), queria viver a minha experiência sem saber da dos outros, eu apenas queria a natureza como a única influência para os meus pensamentos e sentimentos, pois só assim achava que seria possível descobrir em mim o que era a minha natureza, eu precisava estar só... precisava organizar os meus pensamentos, sentimentos, escolhas, também me perguntei se precisava ir para tão longe, mas pensei, como o Caminho apareceu tão naturalmente, tive certeza que tinha de ser lá. Até hoje não sei muito bem as conseqüências exatas do Caminho para mim, acho que elas vão aparecer na minha vida para sempre em muitas situações, não há um dia em que não faça uma uma coisa do dia-a-dia com o Caminho, ele explica muitas coisas, e de uma maneira tão simples. Não se preocupe em fazer o Caminho e não acontecer nada, isso é impossível... E quanto a estar enchendo o saco, isto é uma tolice muito grande da sua parte, é um prazer enorme poder falar dos "sentimentos" do Caminho, sei que a parte "técnica" também é importante, mas sinto muita falta de falar dos "sentimentos". Obrigada por me dar este prazer. Beijos. Aninha.

Mensagens de Natal, Ano Novo, Dia das Mães ou dos Pais, qualquer tipo de comemoração é sempre motivo para desejar algo ou retribuir. Normalmente nessas mensagens vemos estampados os valores mais caros aos peregrinos, como os apresentados por Cadu e Maria Emília, em suas mensagens de Natal:

> "Peço-lhes como a peregrinos e estrangeiros que se afastem dos valores materiais que combatem contra a alma." (1 Pedro 2, 11.)
>
> A todos os companheiros da lista, desejo que tenham tido um Natal feliz junto de suas famílias. Desejo que 2002 seja iluminado pelo espírito do Caminho de Santiago, indutor de sentimentos de fraternidade e compreensão entre os povos. Vamos rezar e pedir pela paz no planeta e pela paz em todos os corações. Um abraço geral, Cadu.
>
> Amigos da lista, buscadores do Caminho de Santiago e de si mesmo. Espero que no próximo ano todos encontrem suas setas amarelas, em todos os Caminhos que estiverem seguindo. Que o próximo Ano seja de PAZ. É o que todos queremos... embora venha a ser um ano de decisões (Copa do Mundo, eleições)... Desejo que sejamos... independente dos resultados... mas que o mundo caminhe para melhor... que o Brasil caminhe para melhor.. e que nós façamos um Bom Caminho... AMOR, saúde, paz e sucesso. Muita luz! Com meu sincero carinho e com gratidão. M. Emília.

Associados aos valores acima destacados (fraternidade, solidariedade, amizade), podemos encontrar ainda posicionamentos que em princípio estarei chamando de políticos, ou com conotação política, em virtude da ênfase dada ao processo de "conscientização" sobre questões "que afligem os brasileiros".

> Querida Família Peregrina
> Que este novo ano renove as esperanças de construirmos um mundo melhor, com muita PAZ! Que nosso país não continue a ser o país do futuro, mas sim do presente, do hoje, da justiça social, que cada um se utilize do seu dever de cidadão, que lute contra as injustiças, contra a corrupção, assim estaremos lutando por dignidade de vida para 58 milhões de irmãos brasileiros que hoje vivem na mais absoluta miséria. Façamos a nossa parte, você pode, num gesto de solidariedade, levar uma palavra de conforto a um abrigo, a um asilo, a uma escola, um hospital, um centro comunitário, vamos lá gente, se a gente acredita, se a gente arregaçar as mangas, mudamos nosso Brasil, mudamos para nós, para nossos filhos também. Desejo a todos muita luz nos seus caminhos, muita paz, saúde, muita força de vontade, e muitas felicidades. Beijos no coração. Bastian.

Durante os dois anos em que acompanhei a lista de discussão sobre o Caminho de Santiago via Internet, pude perceber a recorrência em torno de alguns temas, que são percebidos como estruturantes do espírito peregrino e implicam relacionar sobretudo a mudança interior com a exterior. Por parte dos novatos havia sempre uma demanda em obter informações a respeito do assunto. Estas recobriam um leque imenso de temas, que vão desde o equipamento necessário (subdivididos em vários aspectos como, por exemplo, qual o calçado mais apropriado, se tênis ou bota, qual o tipo de tecido que deve ter a camisa ou calça, qual modelo), até questões como seguro de saúde, dinheiro que deve ser levado, melhor idade para se fazer o Caminho, melhor época do ano, se é melhor fazer sozinho ou acompanhado, o que ler, o que ver, enfim, como se preparar física e mentalmente para um empreendimento como esse. Muitas vezes, as conversas giravam em torno das expectativas sobre a realização do Caminho e fundamentalmente sobre a experiência vivenciada.

Embora houvesse uma predominância daqueles que achavam que a "experiência no Caminho é única e singular, que cada um vive o que tem que viver", raramente alguém se furtava de emitir sua opinião sobre o assunto quando abordado. Muitas vezes os debates giravam em torno das transformações pessoais ocorridas, principalmente após a realização da peregrinação, dando margem à valorização do autoconhecimento (fator determinante para o fortalecimento de um clichê de auto-ajuda muito explorado pelo grupo e pelo mercado de maneira geral).

Existia uma rotatividade muito grande na lista e a participação mais ou menos intensa estava normalmente associada à época da peregrinação. Normalmente o novato tinha participação mais ativa até a época de sua partida para o Caminho, quando pedia o seu desligamento temporário. Muitos voltavam à lista quando retornavam da viagem e, outros, embora voltassem a participar já não o faziam com a freqüência de antes. De qualquer forma, com maior ou menor intensidade na participação, todos concordavam que era importante o trabalho de divulgar o Caminho, especialmente através da lista.

A sociabilidade proporcionada pela inter-relação produzida pela participação no grupo aproximava ainda mais as pessoas, de tal forma que muitas se achavam e se diziam íntimas de pessoas que nunca tinham visto, embora tivessem a sensação de que eram amigas há muito tempo. A valorização das amizades estabelecidas via Internet sempre foi uma das tônicas da lista.

Em outras capitais brasileiras, como, por exemplo, Belo Horizonte, Florianópolis, Recife, Fortaleza e Maceió, funcionam as regionais da Associação de Amigos do Caminho, onde também existem reuniões mensais que funcionam como um importante fator de agregação entre participantes da lista. É dessa forma que as relações se expandem e/ou se solidificam. Muitas vezes depois de meses e até anos de contato via Internet as pessoas acabam se conhecendo pessoalmente.

Dessa forma, o ciberespaço também pode proporcionar o encontro real entre membros de um mesmo *e-group*. No caso específico do grupo investigado foi possível perceber uma certa freqüência de encontros entre os participantes, particularmente durante as reuniões da associação ou mesmo durante a realização das diferentes atividades por ela promovidas (como, por exemplo, caminhadas, cursos, palestras, encontros sociais, lançamento de livros etc.). Por outro lado, por diversas vezes constatei o uso de expressões como "família virtual", "comunidade virtual", "albergue virtual", para se referirem ao sentimento de comunhão que sentiam por seus colegas "irmãos de grupo" ou "irmão de caminhada".

O circuito erguido sobre uma rede relacionada ao que a sociedade abrangente poderia categorizar como pouco relevante, reconstitui-se no ambiente virtual a partir da valorização de determinados temas, dos laços de amizade ou de um projeto em comum (no caso, o de realizar a peregrinação), fundamentais na construção de um circuito de relações interpessoais, que resultam na elaboração de novas formas de sociabilidade e também de territorialidade.

Exemplos como os anteriormente apresentados indicam a proximidade que é estabelecida via Internet. No entanto, se as aproximações ocorrem, as distâncias também são produzidas, porque não há afinidades entre as pessoas ou porque os interesses são distintos.

Algumas vezes, embora raras, constatei o questionamento, até mesmo discussão, sobre o teor do que deveria ser discutido na lista, particularmente quando se achava que se estava fugindo do assunto principal, ou seja, de questões relativas ao Caminho de Santiago. Mesmo nessas ocasiões era sempre ponderado por algum participante que aquele era um "espaço democrático" de discussão. Foram poucas as divergências observadas com relação aos temas debatidos. Mas, particularmente, três foram motivos de acaloradas discussões.

O primeiro deles, de cunho "mais político", foi deflagrado por um jovem universitário de 23 anos, que normalmente tinha uma participação bastante ativa na lista. Sua atuação era caracterizada pela preocupação constante em divulgar assuntos relativos ao Caminho que pudessem despertar amplo interesse (aspectos históricos, igrejas de Santiago existentes no Brasil). No entanto, depois de uma participação intensa por mais de um ano, em função da defesa de seu ponto de vista sobre personagens da política nacional, houve uma série de *e-mails* contestando a sua posição. Indiretamente, as pessoas censuravam o seu posicionamento, dizendo que ali não era o local "apropriado" para se discutir aquela questão.

Vale a pena mostrar parte do processo de discussão sobre o assunto, na medida em que isso nos permite entender melhor o funcionamento do grupo, bem como suas "regras".

Em agosto de 2002, Bastian escrevia:

> Família Peregrina,
> Sabem por que esta epidemia de dengue está se alastrando pelo país?... havia um plano para erradicação da dengue em todo o Brasil, mas o então ministro do Planejamento da época, o José Serra, impediu a liberação dos recursos por conjecturas políticas, pois o Adib Jatene pertence a outro grupo político paulista, e deu no que

> deu, o mosquito não escolhe cor, sexo, classe social para atacar,... etc., 6 de outubro vem aí, extermine com seu voto esta praga chamada José Serra! Enquanto isso no Maranhão uma família comanda o Estado há mais de 30 anos... 64% das residências não possuem banheiro... miséria, fome, tráfico de órgãos X adoção internacionais ilegais, nossas crianças brasileiras servindo de balcão de órgãos humanos, já denunciada até pelo ex-presidente do Banco Mundial, mas voltando ao Maranhão, contas no exterior sendo descobertas. Chega de demagogia, está na hora de agirmos, ou veremos subir de 58 milhões de brasileiros para 100 milhões etc., de miseráveis, sem escola, sem teto, sem comida, sem segurança, sem perspectiva de vida. Voltei para o Brasil por isso, para lutar por melhores condições de vida deste povo humilde, por justiça social, de fato, para continuar a luta de muitos familiares meus que fizeram desta luta o motivo de viver... Para barrar estes Partidos de Falcatruas e Ladroagens, só depende de nós, mesmo que vc odeie política, mas depende o nosso futuro, o futuro dos nossos filhos, combatendo os maus políticos, se combate a corrupção, ... vamos agir. Se você quer ajudar aquela família que mora debaixo de uma ponte, viaduto, ou numa favela, às crianças que pedem esmolas nos faróis, semáforos, sinais de trânsito etc., se querem ajudar para que os mais necessitados que vivem perambulando nos hospitais públicos etc., pois bem, 6 de outubro deste ano será o momento de romper com tudo isso. B.

Esse tipo de colocação foi motivo de discussão por vários dias, em que a principal questão era se o "tema" abordado era ou não de interesse da lista, ou melhor, se era pertinente ou não, se estaria ou não desvirtuando o objetivo da lista. Sendo que, afinal, após duas semanas, B. pediu para sair da lista, através do seguinte *e-mail:*

> Família Peregrina! [...] meus caros amigos e amigas que aqui conheci e que hoje têm um lugar especial na minha vida. Pensei muito até tomar esta decisão, sou um jovem audacioso, tenho sede de justiça social, tenho uma luta contra o tempo,[143] não me apequenei em ficar no décimo andar de uma confortável moradia no bairro de Vila Nova Conceição, em São Paulo, no Escritório de Arquitetura nos Jardins, ou porque tive a oportunidade de uma infância sem dificuldades, de morar e estudar fora do país, de enfrentar há quase oito anos uma doença, mas sempre mantive os olhos e a mente voltados para os problemas do meu querido país, no azimute da justiça, da dignidade, da cidadania, dos excluídos socialmente. Toda minha família, de tradição de lutas por democracia e justiça social, cujas oligarquias dominam nosso país desde a sua descoberta, da qual me declaro enojado em ver o que esta burguesia é capaz (me lembrei do Cazuza e sua música...) assumo uma bandeira de dar um basta nesta dominação, só existem dois lados desta moeda, ou você está a favor e se beneficiando disto que está aí ou está a favor dos excluídos, o resto é pura demagogia, sou verdadeiro e direto, e isto deve ter desagradado muita gente que contestou e contesta.

143. Bastian vinha lutando há anos contra uma leucemia que contraiu ainda muito jovem.

> Disseram-me que o assunto extrapola o tema da lista, eu acho que não. Qual o motivo de tanta preocupação, o medo de perder o poder? De deixar de se locupletar? Aprendemos que no Caminho de Santiago de Compostela a solidariedade se faz presente, e será que a deixamos do outro lado do Atlântico? E nossos irmãos brasileiros que passam fome, sede, frio, onde fica a solidariedade a estes 58 milhões de brasileiros? Outro dia me referi numa de minhas mensagens: Que cristão sois? se recontar a história de Cristo então ele seria taxado por alguns daqui da lista de quê? Religião e realidade vivem juntos, temos pressas não há mais tempo para retóricas, Desculpem-me pelo desabafo, não sou hipócrita, e outra que não pertenço à facção política alguma, como alguns tentaram me rotular, seguirei minha luta, hoje, amanhã e sempre. Que Deus guie seus caminhos com muita luz e paz! Abraços a todos, e desculpem pela abordagem deste tema. Bastian.

Como se pode notar, a questão fundamental levantada por Bastian era sobre os problemas sociais que afetam o país. Entretanto, como essa colocação foi realizada às vésperas (maio) da eleição para presidente, ocorrida em outubro, uma certa "acusação" de panfletagem política pairou no ar. Além disso, acredito que grande parte da lista sabia da estreita relação familiar que o autor do e-*mail* acima mencionado tinha com um importante político brasileiro, já falecido.

Apesar da complexidade das questões levantadas acima podemos perceber que existe uma preocupação implícita de valorização do chamado "espírito peregrino".

Na maioria das vezes, no entanto, a conversação girava em torno de assuntos que poderíamos chamar de mais triviais: desemprego, separação, provas, concursos, nascimento de filhos, festas, músicas. Normalmente a conversação fluía, mas, de tempos em tempos, podia ser agitada por pontos de vistas conflitivos sobre um determinado tema, estava-se ou não desvirtuando o objetivo da lista, ou sobre o comportamento das pessoas.

No ciberespaço as comunidades e os grupos são escolhidos pelos usuários, que têm autonomia e liberdade de escolha e, se alguém não está satisfeito com as discussões ou regras, pode simplesmente retirar-se.

As relações entre os internautas são reinventadas em densidade e em extensão, sem que umas se sobreponham ou subjuguem as demais. Dentro dessa dinâmica o autoritarismo do todo pode dar lugar à variável da tensão, do conflito.

O segundo tema "polêmico" foi a respeito dos posicionamentos sobre determinadas orientações religiosas, como se pode perceber na troca de e-*mail* a seguir. Maga escreve:

> Não só os mestres ascensionados, os grandes iniciados, os elohins, e outros, fazem parte da Grande Fraternidade Branca Universal EU SOU. Membro desta Fraternidade, posso considerar-me um ser tão divino quanto eles, que são meus irmãos. A única diferença é que ainda me encontro no planeta Terra resgatando os meus débitos cármicos, enquanto que eles, já libertos de seus grilhões, se encontram em mundos

> elevados. Eu não perdi a minha essência, que é divina. Ninguém perde a sua essência divina, nem mesmo os criminosos, pois mais cedo ou mais tarde voltarão a se unificar com Deus. O Caminho de Santiago é o caminho do mago, da sabedoria, da ascensão, da espiritualização. Somos todos mestres em busca da ascensão. Somos mestres porque temos a nossa essência divina. É uma pena que não queira participar deste colóquio. Maga/Brasília.

Um dos *e-mails* discutindo essa questão foi o de Maria, que expôs toda a sua rejeição a esse tipo de colocação:

> Eu avisei que se começassem a trazer mestres ascencionados para cá ia dar nisso. Pronto, virou panfletagem. Eu tento respeitar todas as crenças, mas que tem gente viajando na maionese, isso tem. Quer dizer então que o mestre Kutumi (o agente indiano) não só foi São Francisco de Assis como também o "Caboclo Seta Branca?"... Se isso continuar assim, daqui a pouco vão dizer que o Kutumi foi o PRÓPRIO Santiago, daí dá para encaixar na temática da lista. É que eu entrei nessa lista porque gosto do Caminho de Santiago, e o tema da lista é esse. Tem listas por aí que foram criadas exclusivamente para discutir sobre Mestres Ascencionados, e eu tenho certeza que se nessas listas alguém resolvesse tratar de Caminho de Santiago o pessoal de lá ia chiar e com razão. Todos os caminhos levam ao mesmo lugar, mas cada assunto tem o seu nicho certo, cada assunto tem a sua respectiva lista, e eu já vi isso antes, começa assim, daqui a pouco vira um enorme debate (totalmente *off-topic*) e isso é porta aberta para qualquer outro assunto nada a ver com lista. Outra coisa que me chamou a atenção foi a frase que alguém usou: "Eu sou membro da Grande Fraternidade Branca..." Não é! Por uma razão singela: pelo que eu sei a GFB (Grande Fraternidade Branca) é composta unicamente pelos Mestres, que formam um Conselho, portanto os mortais comuns Não "Fazem Parte" da GFB. Quando muito fazem parte da FEEU ou da Summit da americana Clare Prophet (que aliás ficou muito milionária só editando livros com essas mensagens dos mestres). Gente, a minha mãe tem a maior fé em Saint-Germain, no Raio Violeta e nas afirmações EU SOU, então tenho um exemplo dentro de casa, por isso respeito muito a crença dos outros. O que eu quis dizer é que se o tema da lista é um não devemos entrar em outro, porque senão vira bagunça, e vira mesmo. Alguém vai falar em mestres, alguém vai contestar, vira discussão acalorada. Desculpem a sinceridade, isso não me interessa porque eu entrei aqui por causa do Caminho e do Apóstolo e não para saber sobre mestres ascencionados, por mais que alguns queiram distorcer para fazer esse assunto se encaixar aqui na lista. Sem ressentimentos, beijos a todos. Maria.

Já Cristina, embora discordando que se devesse discutir sobre posições religiosas, expressa sua opinião a partir de outro ponto de vista, em que fica explícita sua posição diante da própria Igreja católica:

> Comungo com seu pensamento. Só abro um parêntese: não sei se por desilusões ou se por cansaço e falta de paciência com rituais, deixei um pouco de lado a questão de "nomes" e "imagens", entende? Resolvi me fixar apenas em energias, sem rótulos. Acredito que, independente do nome, o que importa é a força e a energia que recebemos

e passamos para o "todo", sabe? Tenho lido algumas coisas sobre o "mito" de Santiago e isso, somado à minha decepção com a "instituição" Igreja quando de minha chegada em Santiago (incluindo aí a figura de Santiago Matamoros – sem comentários), fez com que eu revisse minhas crenças nele, mito, padroeiro do Caminho. Sei que alguns vão querer me apedrejar por aqui (risos), mas essa é minha opinião. Cristina.

O terceiro tema não foi uma questão polêmica propriamente dita, mas sim um assunto que suscitou uma grande quantidade de respostas. Acho interessante também reproduzir aqui parte da interação que ocorreu entre os participantes da lista, na medida em que isto reflete um pouco da dinâmica que é estabelecida na rede, bem como exemplifica mais uma vez que tipo de assunto é tratado e como é tratado. No caso apresentado a seguir, o tema é a guarda dos filhos e as disputas travadas por pais separados. Cabendo ressaltar que, no caso exemplificado, Ângelo, o protagonista, havia feito o Caminho junto com o filho de cinco anos e a atual namorada.

Em abril de 2002, Ângelo escreve para a lista:

Subject: Desabafo!!! Meus amigos!

Sei que o assunto é *off-topic*, mas estou quase explodindo e vocês são como uma grande família para mim. [...] Eu estava "retornando" de um processo de *stress* de final de ano quando fui surpreendido com uma atitude um pouco radical de minha ex-mulher (a mãe do Felipe). [...] Após quase 5 anos de separação, onde ficou combinado que a guarda do Felipe seria compartilhada (1 ou 2 dias com cada um) ela resolveu me impedir de ver meu filho... Abri mão de tudo e me propus a dar o que ela queria. Bati pé apenas em um ponto: eu não abria mão de ver o Felipe no mesmo sistema que vinha acontecendo (3 a 4 dias na semana). Ela não concordou... Sempre fui um pai extremamente participativo e companheiro e só de pensar em ficar sem vê-lo por 15 dias eu quase enlouqueço. [...] Fico lembrando do imenso ser de luz que ajudei a trazer a este mundo e que agora me vejo privado de vê-lo apenas porque a mãe assim o quer. Estou aqui, agora, esperando uma resposta de um juiz, uma pessoa que não tem a menor idéia do que sinto, do que meu filho sente e quer, e que apenas baseado em coisas escritas em um papel vai decidir meu futuro e de meu filho. Tenho rezado muito, pedido ajuda a Santiago, ao meu querido São Jorge, guerreiro de luz, e a todos meus amigos, sejam da Terra, sejam da espiritualidade, para que orem junto comigo nesse momento de angústia. Amo muito meu filho e não quero, não posso, ficar longe dele. Ângelo.

Embora seja bastante extensa, a descrição acima ela reflete o drama vivido por Ângelo e por muitos pais que vivem a situação da separação. Nesse caso é interessante notar que uma questão da "vida privada" acabou se tornando um assunto público. O mesmo ocorreu quando, em uma situação de processo de separação, o marido de uma peregrina remete por *e-mail* uma carta de reconciliação à sua esposa, pedindo desculpas aos demais integrantes da lista, esclarecendo que era o único recurso que via de entrar em contato com ela. Segundo ele, "ela sempre acionava a lista e por isso assim tinha esperança dela ler a sua carta". Nesses dois casos não só não foi levantada a questão da pertinência ou do assunto, como dezenas de pessoas escreveram apoiando a iniciativa e aconselhando os remetentes. Talvez devido à aparente "neutralidade dos temas" ou por serem casos considerados de "aflição pessoal". Acredito que como se tratava de uma esfera privada havia mais tolerância.

Ângelo, o autor do *e-mail* sobre a guarda do filho, recebeu uma série de respostas de apoio e sugestões, como estas que são reproduzidas a seguir:

> Amigo Peregrino... Tenha certeza que Deus que tudo vê e julga... saberá te dar a vitória que você espera... Alguém disse algo muito bonito... Não pense como seu problema é grande diante de Deus e sim como Deus é grande diante de seu problema... Beijos de uma quase peregrina. Nair.

> Ângelo,
> Posso te relatar como vivência: com certeza se tiveres sapiência e procurares se desviar das pedras do caminho, procurando ouvir a hora que o teu coração mandar parar ou seguir, sempre pensando que no rio com correnteza o objetivo é chegar ao outro lado e não chegar a um ponto específico determinado por aqueles que muitas vezes não entendem o sofrimento de quem está nadando. Espero que a energia que equilibra o universo que alguns denominam Deus outros Acaso, e que o arcanjo Miguel lhe dê forças nessa empreitada para o sucesso pessoal e equilíbrio do universo e mesmo sem participar ativamente do grupo, sem lhe conhecer, um incenso de purificação será aceso para lhe iluminar neste difícil momento. Força do amigo. Bento.

> Não se desespere, Ângelo..Nós todos estamos com você. Aqui vão *sites* interessantes sobre guarda compartilhada que pesquisei para você: www.pailegal.net (Este inclusive tem um grupo de discussão) e www.paisparasemprebrasil.org. Rodrigo.

> Caro amigo, gostaria de te indicar um site (www.amorc.org.br), onde lá você encontrará um campo com o título (auxílio espiritual), onde você deve fazer uma síntese do problema, e pessoas do mundo todo lhe ajudarão (na forma de oração, mentalização, pensamentos positivos e outros), para a solução do problema. Tenha fé e você sairá dessa. Eduardo.

Uma das forças articuladoras e mesmo meio de sustentação da comunicação via Internet parece residir no fato de constituir uma esfera pública não sujeita a regulamentações externas. O que poderíamos chamar de estatutos éticos das comunidades virtuais estariam assentados em valores, crenças, motivações e interesses. Na ausência de uma ordem totalizante, os indivíduos navegam na *web* de acordo com esses indicadores, consignados em escolhas individuais ou de grupo. Portanto, são comunidades que constroem também suas estruturas de conhecimento.

Havia, assim, uma troca de idéias intensa entre os participantes da lista a respeito das mais diversas temáticas, bem como uma preocupação constante em apoiar aqueles que procuravam auxílio (fosse este de que natureza fosse). Como vimos nos exemplos acima, alguns se identificavam com os problemas apresentados porque já haviam vivenciado situação similar, outros procuravam oferecer conforto "espiritual" e ainda outros lembravam que o elemento fundamental era a "fé". O que predominava nessas horas era aquilo que os informantes denominavam "espírito peregrino", enquanto um código informal de conduta e mesmo de visão de mundo.

Uma das singularidades da comunicação via Internet consiste em que as comunidades virtuais, enquanto corpos orgânicos, definem e objetivam valores éticos e códigos informais de conduta. Tais regras devem ser aceitas por consenso e adaptadas às peculiaridades, práticas e objetivos do grupo em foco, o que propicia a reelaboração sistemática da própria dinâmica do grupo.

O incentivo mútuo era uma constante nas relações estabelecidas, sendo comum uma troca de cumprimentos entre os participantes do *e-group* em diversas ocasiões, como, por exemplo, pela realização do Caminho, datas significativas (aniversário, Páscoa, Natal, Ano Novo), nascimento de filhos, netos, provas realizadas, aprovação em concursos, ingresso em um novo emprego.

O tema sobre a segurança de se fazer o Caminho também foi por diversas vezes abordado, seja com relação a fazer o percurso sozinho, seja em função dos "eventuais perigos" como roubos, cachorros, tempestades, chuvas, assédio sexual.

Durante os dois anos que acompanhei a lista somente uma vez se noticiou a morte de um peregrino durante o percurso, e foi dramática a forma como se soube, depois de quase um mês de busca, da morte de António.[144] Tendo sido assim informado na lista através de seu mediador, em janeiro de 2002:

> Hoje o Caminho está triste. Estamos de luto. O corpo de António foi encontrado ontem pela tarde no alto dos Pirineus na parte espanhola. Pela localização ele estava abaixo de um barranco a 20 metros da marcação do Caminho. Não sabemos ainda o que pode ter passado com ele, mas neste dia 13 de janeiro o tempo não estava bom, com neve pelos Pirineus [...]. [...] António fazia este ano o Caminho pela terceira vez

144. No dia 14 de março de 2002, segundo o hospitaleiro brasileiro A. da Paz, foi veiculado no *Jornal de Notícias* a seguinte notícia: "Português morto a Caminho de Santiago. A polícia espanhola descobriu ontem o corpo de um peregrino português, desaparecido desde 23 de Janeiro no Caminho de Santiago de Compostela vindo dos Pirineus. António Jorge Ferreira, um bancário de 48 anos residente no Rio de Janeiro (Brasil), terá morrido acidentalmente entre Saint-Jean-Pied-de-Port (França) e Roncesvalles (Espanha). O desaparecimento do peregrino foi notificado no dia 6 passado, quando dois caminhoneiros espanhóis entregaram à polícia um saco que disseram ter encontrado a 23 de Janeiro. Nele estava o diário do português, que permitiu levar até ao corpo."

e dissera a sua irmã que esta seria a sua última vez... Parece até que Santiago havia lhe dito baixinho ao ouvido que precisava de sua experiência para tê-lo ao seu lado, ajudando-o a conduzir os peregrinos que vão ao encontro de sua morada. Que António está lá, trabalhando como um hospitaleiro invisível ao lado de Santiago neste momento, não tenho dúvidas. Ao rezar por ele esta noite, quero imaginá-lo de vestes templárias, com a cruz no peito e espada em punho, afastando os perigos das trilhas, como um soldado do Senhor que cumpre seu dever cheio de orgulho e disposição.

SUSEYA Antonium.[145] Forte abraço peregrino. José Roberto.

Tanto nos *sites* como nas reuniões da Associação dos Amigos do Caminho é feita a recomendação de que a peregrinação não deve ser realizada durante o período do inverno europeu, devido ao frio e à neve. No entanto, ouvi pelo menos dois depoimentos de pessoas que fizeram o percurso nesse período. O depoimento da representante da associação em São Paulo sobre a morte de António expressa bem a preocupação com essa questão. Maria Emília comenta:

> Que lástima! Espero que a gente possa usar esta tragédia como referência. O Caminho no inverno é difícil... quando chove cai neve e a gente não consegue visualizar as setas amarelas [...]. Vivemos abaixo da linha do Equador... nosso clima é outro... nosso organismo não está habituado a essas temperaturas, principalmente para quem vive no RJ... O Caminho é mágico, sagrado... se está numa veia abençoada.. Ele em si já exige de nos tantos sacrifícios, de $, de desprendimento familiar... de Fé... de sacrifício físico... de determinação constante... em nenhum momento devemos expor nossa vida... não é essa a proposta do Caminho, nem da igreja... nem da mística do Caminho... nem do objetivo físico, Por favor... sejam conscientes. Um abraço com desabafo de quem ao longo de muitos anos de Caminho, sabe de muita história e quero o melhor Caminho para vocês. Com carinho. Maria Emília.

A comunicação via *e-group* constitui uma comunicação virtual regulada por interações e, longe de padronizar condutas com base numa "maioria moral", fundamenta-se em regras e valores consensuais estabelecidos pelos participantes e conduzidos pelo mediador. Dado o repertório recorrente de conteúdos e o padrão das conversações estabelecidas, até o momento em que se irrompe um impasse, é possível interrogar-se sobre a estrutura existente atrás dos discursos. Pude perceber que os temas recorrentes sobre o Caminho são apresentados dentro do que poderíamos chamar de estrutura, através da qual outros bens também circulam e são intercambiados. Um breve inventário das temáticas, trocas e estratégias conversacionais registradas no grupo de discussão observado nos dão uma certa dimensão do que pode servir de moeda corrente: a) oferecimento de serviços esotéricos;

---

145. O nome está em latim porque é assim que vem escrito na Compostela, certificado de conclusão da peregrinação, em uma explícita homenagem a António, como se ele tivesse realmente completado a peregrinação.

b) agradecimentos em função de algum tipo de solidariedade ou ajuda; c) aproximação entre brasileiros que vivem em outros países; d) rede de solidariedade e ações assistenciais (campanhas de solidariedade, arrecadação de donativos).

Um aspecto que merece atenção é o fato da pessoa poder construir e inventar sua própria imagem na Internet. Trata-se da possibilidade de construir uma subjetividade plural. No caso específico do grupo estudado, era difícil saber até que ponto as pessoas estavam criando um "personagem" de si mesmo, ou se estavam se apresentando tal como eram. De maneira geral, tendo em vista o núcleo básico de pessoas que eu conheci pessoalmente (cerca de 60 pessoas) e que faziam parte da lista, isso não era comum. Ou seja, as pessoas normalmente não utilizavam uma "falsa identidade", eram raros os casos de pessoas que usavam pseudônimos. A única pessoa que assumia uma, digamos assim, "dupla personalidade", o fazia como uma brincadeira, e quase todos tinham conhecimento. No entanto, do meu ponto de vista, a criação de um personagem chamado Anacleto permitia ao seu criador uma maior liberdade e irreverência de dizer e fazer (na imaginação) coisas que talvez seu criador não conseguisse realizar no seu cotidiano. Como o meu objetivo não é realizar uma análise psicológica dos peregrinos, considero que o mais importante é chamar a atenção para o fato de que o intercâmbio pela Internet pode dar lugar às pessoas criarem personagens ou fazerem de si personagens, que pode ser algo sutil e camuflado.

No caso particular estudado, o tema universal do Caminho constitui o fator de forte mobilização na política informacional. Tal circulação é organizada em função de um tema objeto de amplo consenso, não necessariamente alinhada a esse ou aquele grupo religioso, político ou étnico. Em várias situações foi possível observar solicitações de adesão a campanhas realizadas por algum peregrino, como por exemplo, a que Gil (paulista, corretor de seguros, 37 anos) promoveu durante dois invernos, para arrecadar fundos para a compra de cobertores para os moradores de rua na cidade de São Paulo.

Os meios eletrônicos (em particular a comunicação mediada por computador) também são empregados no intuito de aumentar a participação. A oportunidade oferecida pela comunicação eletrônica é a de aprimorar formas de participação política e comunicação horizontal entre os cidadãos. O acesso *on-line* a informações e a comunicação mediada por computador facilitam a difusão e a recuperação de informações, proporcionando interação e realização de debates em fóruns eletrônicos independentes, capazes de escapar do controle da mídia.

A lógica da política informacional restringe a abertura do sistema, pois os mediadores dos *e-group* precisam manter controle sobre as mensagens em suas redes, para não terem de assumir responsabilidade por determinadas posições ou declarações que sejam prejudiciais ou que não atinjam o grupo como desejado.

O desfecho, por exemplo, da discussão do texto "político" apresentado por Bastian (já mencionado neste capítulo), levando-o a se retirar da lista, acabou fazendo com que o mediador do *e-group*, pela primeira vez em dois anos, expusesse mais explicitamente seu ponto de vista a todos os membros da lista.

> Oi Bastian,
> Lamento tua saída. Mas ainda não consigo entender os motivos que te levam a isso. A Internet nos proporciona todos os tipos de fóruns. O nosso é sobre o Caminho de Santiago. Eu, por exemplo, sou engenheiro do Setor Elétrico, faço MBA em Gerência de Energia e participo de três listas sobre o assunto. Passamos um ano de racionamento em que minha área de trabalho virou, de uma hora para a outra, interesse nacional número um. Nem por isso achei por bem levantar estas questões em nosso fórum sobre o Caminho, mesmo achando que haveria interesse sobre as informações privilegiadas que tinha e sobre meu conhecimento adquirido no setor. E mesmo achando que não haveria polêmica ao redor do assunto! Política, religião e futebol e gosto por mulher são assuntos polêmicos, amigo. Meus avós já diziam. Podem até tuas mensagens ter a melhor das intenções e relacionarem fraternidade, solidariedade etc. Mas a palavra não só denota, como conota. E principalmente a palavra escrita, que remete toda a responsabilidade pela interpretação ao leitor. Neste ano teremos Copa do Mundo também. Imagine se alguém começa a insistir no assunto que futebol é esporte de solidariedade e fraternidade, e daqui a pouco começam a soltar morteiros e brigar com o pau da bandeira? Estamos começando mais uma "temporada peregrina" que nos trará muitas emoções além destas grandes "emoções nacionais" que se avizinham. Vamos curti-las. Espero que você volte logo. Forte abraço peregrino, José Roberto.

Aparentemente a ausência de regras rígidas representa o pressuposto essencial para que os grupos formados via Internet possam se consolidar como um importante canal de informações e de idéias, em moldes fundamentalmente interativos e descentralizados. Entretanto, embora o mediador do grupo estudado tentasse assegurar a plena liberdade de expressão, muitas vezes foi possível percebê-lo, ainda que raramente, coibindo certos temas ou assuntos. Nesse caso, em nome do "objetivo maior da lista" e da "livre manifestação de idéias", somente após a solicitação de saída de Bastian é que ele manifestou sua opinião.

Castells (1999) define uma forma de organização e intervenção descentralizada e integrada em rede, característica dos novos movimentos sociais, refletindo a lógica de dominação da formação de redes na sociedade informacional e reagindo a ela. Claramente, é esse o caso do *e-group* estudado sobre o Caminho de Santiago, construído em torno de redes nacionais e internacionais de atividade descentralizada.

Essas redes fazem mais do que simplesmente organizar atividades e compartilhar informações. Elas representam verdadeiros produtores e distribuidores de códigos culturais. Não só pela rede, mas em suas múltiplas formas de intercâmbio e interação. Confrontamo-nos, assim, com a penetração bastante sutil de mudanças simbólicas de dimensões cada vez maiores, processadas por redes multiformes.

Featherstone (1997) lembra o uso e particular interesse da teoria pós-moderna por metáforas do movimento e marginalidade (referência à viagem, ao nomadismo, à migração, ao cruzamento de fronteiras etc.), características da condição global contemporânea que tão bem caracterizam a peregrinação estudada, a qual, sem dúvida alguma, vem se constituindo em um mercado internacional de bens e serviços religiosos e esotéricos, diretamente atrelado ao que se convencionou chamar de Nova Era e à caracterização de uma imagem identitária que se faz do Caminho, na qual este passa a campo de integração de pessoas distintas.

Dessa forma pode-se perceber como um conjunto de idéias, práticas e valores, a princípio privados e locais, tendem a generalizar-se. Por outro lado, a globalização refere-se tanto a transnacionalização de bens (materiais) quanto de informações.

Hoje, discute-se muito a formação e construção de identidades plurais. Não se fala mais em uma identidade, mas em muitas identidades, mesmo que na definição plural de identidade encontrem-se implícitas referências à hegemonia, à distinção, à diferença. Representadas pela linguagem, pelos sistemas simbólicos e produção material pelos quais adquirem sentido, as identidades são construídas através do compartilhamento de ações e crenças em comum.

A idéia de uma comunidade imaginada, no sentido empregado por Anderson (1997), nos ajuda a refletir sobre comunidades unidas por laço de fraternidade e comunhão e apoiadas em valores e crenças consensuais. Considerando que não existem comunidades naturais, as pessoas constituem grupamentos, através das representações elaboradas, significações e sistemas simbólicos e sociais, imaginados e inventados, que as permitem sobretudo classificar o mundo. Dessa forma, são criados e estabelecidos laços sociais que permitem "ligar pessoas", que sem eles seriam simplesmente indivíduos isolados sem nenhum sentimento de terem qualquer coisa em comum (Hall, 2001). É dessa forma que entendo a "comunidade virtual" criada a partir das relações sociais estabelecidas através da participação no grupo de discussão sobre o Caminho de Santiago, fundada em uma nova forma de sociabilidade.

É bom lembrar, contudo, que a dinâmica de ecumenização e de "internacionalização" que se dá em torno do Caminho de Santiago começou a ser elaborada desde a Idade Média, portanto muito antes de sê-lo no espaço virtual, no próprio espaço real do Caminho.

Os fóruns, listas, *sites* e *chats* sobre o Caminho servem como local de encontro entre os peregrinos de todo o mundo. Também servem como facilitadores de encontro entre brasileiros que vivem em várias partes do país ou fora dele. Assim, o ciberespaço assume um papel mais moderno ou contemporâneo, destinado, no passado, ao espaço reservado à mídia.

O encontro virtual, que parece concretizar um encontro real, cria relações interpessoais entre os de cá e os de lá, o que faz parecer que, por conta do interesse no Caminho, o país, e mesmo o mundo, se torna mais curto, mais próximo.

Laços entre pessoas que, pelo perfil de consumidores (possuidores de um computador com acesso à Internet), distingue-os dos que não têm. O que parece reforçar e sinalizar ainda mais o segmento social ao qual pertence o usuário e seu parceiro virtual, irmão.

Num país em que apenas dez por cento da população têm acesso à grande rede mundial de computadores, os internautas são previamente caracterizados como pessoas com maior poder econômico e melhor formação educacional (pessoas de melhor nível social). O domínio de uma língua estrangeira (a habilidade para lidar com a linguagem *web*), a disponibilidade de tempo e financeira para fazer a viagem são, também, definidores de *status*, categorizando grau de instrução, formação educacional e poder aquisitivo dos peregrinos estudados. Os altos valores das passagens aéreas também sinalizam exclusão e inclusão. Por isso, a ciberinformatização do Caminho vai estar estritamente relacionada à formação intelectual e à ocupação profissional dos usuários, ainda que alguns possam ter contato com essas inovações tecnológicas somente no ambiente universitário ou de trabalho. Vale também ressaltar que, para os peregrinos que estão no exterior, a utilização da rede torna-se quase que um instrumento de socialização.

Do meu ponto de vista, a identidade do grupo é a principal responsável pela sua formação e permanência. Além disso, a afetividade, a amizade acaba servindo como operadora da teia social. Se "estar conectado" parece traduzir um estilo de vida moderno, contemporâneo, participar de uma rede de relações é a concretização da definição desse estilo de vida contemporâneo, no mais das vezes determinado por um certo pluralismo, ecletismo, metamorfose e mediação. Para o conjunto dos peregrinos internautas, atributos como frieza, abstração, artificialidade e desumanidade, normalmente associados ao mundo virtual, são entendidos como distantes da realidade do grupo. Conforme já tive oportunidade de destacar, os peregrinos, por estarem conectados em uma rede coletiva, onde em muitas situações as relações face a face são comuns, se sentem participantes de um "grupo", de uma "família", e isso é extremamente valorizado.

É interessante perceber ainda como o espaço virtual vai criando novas redes de sociabilidade entre os peregrinos, tanto no Brasil quanto no exterior, unindo mundos culturais e estilos de vida tão distintos e distantes – uma rede de peregrinos por todo o mundo, "um albergue virtual", "uma comunidade de peregrinos" – conforme expressões recorrentemente utilizadas pelos membros do grupo de discussão.

Se, nos últimos anos, o aumento expressivo no número de peregrinos, provenientes dos mais distantes países, parece indicar a transnacionalização do

Caminho, também será por conta da crescente utilização das novas tecnologias de comunicação que a eficácia dessa transnacionalização se verificará. Dessa forma, discutir como o Caminho transforma-se é também um debate sobre a concisão de seu alcance, bem como de suas causas e conseqüências. Mas existe também uma outra agência importante na difusão do evento, que é feita a partir dos livros existentes sobre o assunto. E este é o assunto que abordo a seguir, sendo que irei me deter apenas nos livros escritos por brasileiros.

Relatos peregrinos

Hoje existe uma quantidade razoável de livros sobre o Caminho escritos por brasileiros. Até o fim de 2004 foram escritos em torno de 70 livros. Normalmente, estes narram a experiência pessoal do peregrino durante o Caminho. Descrevem o dia-a-dia da peregrinação, as experiências mais marcantes vivenciadas e os aspectos práticos para sua realização. Podendo ser adquiridos nas grandes livrarias ou comprados via Internet, em geral esses livros são catalogados de distintas formas, incluídos nas seções de esoterismo, viagem, turismo, religião e auto-ajuda.

Da leitura geral dos 30 livros feitos para a elaboração desta pesquisa, escritos por brasileiros sobre o Caminho, sobressaem-se as semelhanças na construção das "distintas" versões apresentadas. Por isso, procuro sistematizar estas narrativas mostrando os principais significados, conteúdos, símbolos, crenças e signos a que recorrem os peregrinos.

A combinação das diferentes narrativas produzidas forma um certo mapa do Caminho e constitui um registro de seqüências de momentos em que o Caminho é visto como uma metanarrativa, permanentemente alterada. Também denota uma dinâmica na construção de sentidos que se torna independente do que pode ser considerada a realidade *stricto sensu*, para transformar-se numa realidade construída que admite diversas versões.

É interessante destacar que, em muitos casos, existe uma reelaboração do percurso (dos locais privilegiados) pelos peregrinos, bem como de temas, expressões, valores e mitos que circulam no mundo *jacobeo*, que podem ser apontados e utilizados como opção de canal de expressão.

No tratamento metodológico das narrativas, busquei que tal contexto fosse contemplado na análise. Os depoimentos formam um "texto" do Caminho que se faz memória. De maneira geral, para o peregrino brasileiro que se dirige a Santiago, a idéia mais recorrente é de deslocar-se em busca de uma experiência pessoal de "transformação", na qual sujeito e objeto se fundam.

No campo da negociação de significados sobre o que deve ser valorizado durante a experiência, o que deve ser posto "entre parênteses", repensado, num momento de auto-avaliação, de autoconhecimento, se dá no diálogo entre a trajetória pessoal e o imaginário cosmológico que sustenta o evento, para cada um em particular e para o grupo como um todo.

Tal perspectiva exige, assim, um olhar e uma escuta mais atenta aos relatos individuais (obtidos através dos livros), para perceber não só as recorrências e semelhanças entre eles, bem como a particularidade das versões produzidas.

Visando atingir esses objetivos, em primeiro lugar, apresento cinco relatos, detendo-me nos fatos que ajudam a compreender o contexto em que foi construída a experiência da peregrinação, bem como as principais categorias e noções a ela vinculadas.

Esses casos, que estou considerando como "paradigmáticos", são iniciados pela sistematização do relato de Paulo Coelho (1995) sobre a peregrinação a Santiago, baseado em seu livro *O Diário de um Mago*. Os outros quatro casos foram selecionados através dos seguintes critérios: três devido ao fato de terem sido os mais citados pelo conjunto dos peregrinos entrevistados e por aqueles que responderam ao questionário via Internet; nesse sentido, selecionei os livros de Anna Sharp (1999), Sérgio Reis (1998) e Máqui (1997).[146] O quinto livro foi o de Francisco Theophilo (2000), devido à experiência narrada e autodenominada "conversão". Trata-se de um peregrino (médico) que se declarava ateu e relata por que voltou a ser "católico". Esse foi o primeiro peregrino que entrevistei, sendo que na época ele não havia lançado o livro.

De certa maneira, todos os casos apresentados são particularmente significativos na medida em que apresentam uma enorme riqueza, em termos singulares, quanto à construção de suas histórias de vida. É possível tanto perceber em que contexto surgiu a decisão de fazer o Caminho como os principais valores e crenças a ele vinculados. Ou seja, os casos selecionados são especialmente significativos no que se refere ao leque de possibilidades quanto à trajetória individual, ao drama existencial vivido, aos dilemas e impasses vivenciados pelos peregrinos, às passagens e trânsitos entre seitas, grupos e religiões e à configuração social em que emergem. No conjunto, acabam sendo especialmente esclarecedores sobre a qualificação que fazem da "busca" de uma relação mais direta com o sagrado, tenha este o significado que tiver.

Procuro apresentar uma análise sintética dos aspectos recorrentes nos livros analisados, em que destaco a estrutura significativa que articula a própria dinâmica da peregrinação, em termos dos principais temas, idéias, mitos, crenças, valores e imagens expressos.

Quanto ao estilo utilizado pelos autores, pode-se perceber o uso de uma linguagem que poderíamos definir como coloquial. O despojamento dos textos vincula-se ao modo como a grande maioria se apresenta; "não sou escritora e sim

146. Estes três livros estão na 8ª edição.

uma buscadora", ressalta uma das autoras. Narrados na primeira pessoa, os relatos são marcados pela cronologia em termos de tempo e espaço e, normalmente, seguem o dia-a-dia da peregrinação realizada. De maneira geral, a divisão em capítulos segue cada etapa da peregrinação.

Dentre os 30 livros escritos por peregrinos sobre o caminho de Santiago que li para a realização deste estudo, apenas três apresentam o dia-a-dia da peregrinação mesclado com as histórias de vida dos autores.

Em alguns há uma preocupação de apresentar as origens da peregrinação e dados históricos das cidades, monumentos. No entanto, quase sempre as fontes dos dados utilizados não são mencionadas.

Tramas e dramas no Caminho de Santiago

RELATO I – O DESPERTAR DE UM MAGO E DE UM ESCRITOR

Paulo Coelho é um escritor carioca que nasceu em 1947, cujo livro que o fez famoso em todo o mundo é *O Alquimista* e não *O Diário de um Mago*, como muitos pensam.[147] Nascido no seio de uma família que poderíamos classificar como pertencente aos segmentos médios da sociedade brasileira, viveu sempre na Zona Sul do Rio de Janeiro, tendo estudado no tradicional colégio jesuíta Santo Inácio, localizado em Botafogo, e recebido orientação católica que, muito cedo, segundo ele próprio, passou a contestar.

Um breve perfil de Paulo Coelho, com base em Juan Arias (1999), pode ser assim sintetizado: em 1968 participa de comícios e manifestações de rua, ingressando em vários movimentos progressistas e fazendo parte da geração paz e amor. Logo depois, quando "seu ateísmo começa a entrar em crise", sai à procura de novas "experiências espirituais". Nesse período faz uso de alucinógenos e de drogas, participando de seitas e magias. Influenciado pelos livros de Carlos Castañeda,[148] viaja por toda a América Latina.

---

147. Segundo as informações que constam na 26ª edição de *O Diário de um Mago*, os livros de Paulo Coelho já foram traduzidos em 36 línguas e publicados nos cinco continentes, com mais de 16 milhões de cópias vendidas. Sua obra literária, reconhecida pela crítica internacional, já lhe valeu os seguintes prêmios: Autor do Ano (Austrália, 1993), indicação para o National Library Association Award (EUA, 1994), Prêmio Lectrices de Elle (França, 1995), Golden Book (Iugoslávia, 1995 e 1996), Grinzane Cavour (Itália, 1996), finalista do Impac Dublin Literary Award (Irlanda, 1997). Em 1996, foi condecorado pelo governo francês com a medalha de Cavaleiro das Artes e das Letras.

148. Carlos Castañeda era um controvertido antropólogo que, na década de 1970, escreveu uma série de livros em que relatava seu aprendizado e experiências com plantas psicoativas junto a um xamã (Don Juan), no México. Seu primeiro livro, intitulado *A Erva do Diabo*, teve grande repercussão no Brasil.

Inicia o curso de Direito por insistência do pai (engenheiro), que o quer ver formado, mas logo o abandona para se dedicar ao teatro. Com o dinheiro que ganha como ator, vai para os Estados Unidos depois ter sido internado em um manicômio pela própria família. Pouco tempo depois, funda uma revista alternativa, intitulada *2001*. Através de um dos artigos dessa revista, entra em contato com Raul Seixas, de quem se torna parceiro na composição de várias músicas. A partir daí começa a ganhar, segundo ele, "muito dinheiro", e também passa a escrever para o jornal *O Globo*. Em 1974 publica seu primeiro livro, sobre o teatro na educação. Nesse mesmo período começa sua aproximação com a magia, inspirada em Aleister Crowley.[149]

Durante o regime militar é seqüestrado e torturado por um grupo paramilitar e, em 1976, se muda para a Inglaterra, tornando-se repórter correspondente de várias revistas brasileiras. Em uma de suas viagens, ao visitar um campo de concentração na Alemanha, vive uma "experiência espiritual" muito intensa, o que o leva a modificar radicalmente seu modo de viver.

Logo depois, acompanhado de seu mestre espiritual,[150] vai percorrer durante 55 dias o Caminho de Santiago de Compostela. O relato de sua experiência

---

149. Edward Alexander Crowley, ou, como era mais conhecido, Aleister Crowley, nasceu na Inglaterra em 1875 e morreu em 1947. Se não foi um dos maiores ocultistas do século XX, foi pelo menos um dos mais controvertidos. Considerado por muitos um bruxo e satanista, seu pensamento e pregação se resumiam basicamente no conteúdo da obra chamada *Livro da Lei* e na doutrina conhecida por Thelema (palavra grega que significa "vontade") e que pode ser resumida em: "Faz o que quiseres que tudo deve ser da lei. Todo homem é um indivíduo único e tem direito a viver como quiser". Os princípios hedonistas de Crowley, com a pregação do aproveitamento dos prazeres terrenos, incluindo sexo e drogas, foram base para todas as doutrinas satanistas que se seguiram, embora Crowley não tenha de maneira clara em sua obra se declarado satanista, sendo mais apenas um anticristão, tendo tomado para si próprio a denominação "Número 666". Por ser uma figura controversa, Aleister Crowley despertou muito interesse entre artistas de *rock*: ele é o sujeito da música *Mr. Crowley*, de Ozzy Osbourne; o disco *Seventh Son of a Seventh Son*, do Iron Maiden, possui várias citações a trechos de sua obra; um dos mais famosos estudiosos da obra de Crowley foi Jimmy Page, guitarrista do Led Zeppelin. Além de adquirir manuscritos e objetos pessoais de Crowley, Page chegou a comprar a mansão do bruxo às margens do lago Ness, onde Crowley teoricamente faria seus rituais; ele aparece também entre os personagens da capa do disco *Sargent Peppers Lonely Hearts Club Band*, dos Beatles. No *rock* brasileiro, a maior personalidade ligada ao pensamento de Crowley foi Raul Seixas. A música "Sociedade Alternativa" (escrita em parceira com Paulo Coelho), entre outras, é exemplo disso. Ao fim de "Sociedade Alternativa", Raul Seixas grita para o público: "O Número 666 chama-se Aleister Crowley. A lei de Thelema... esta é a nossa lei e a alegria do mundo. Faz o que tu queres, há de ser tudo da lei. Todo homem e toda mulher é uma estrela." Trata-se de trechos da obra de Crowley.

150. Segundo Paulo Coelho, o seu guia (que ele chamava de Petrus) no Caminho nunca lhe disse seu nome verdadeiro. No entanto, certa vez, depois de fazer a peregrinação, ele viu uma reportagem que mostrava o guia, com a indicação de que ele era um dos mais famosos *designers* europeus. Uma das poucas informações que o guia lhe dá durante o Caminho é que ele era do partido comunista italiano (Coelho, 1995, p. 101).

neste percurso o leva a publicar o seu primeiro texto literário, *O Diário de um Mago*, publicado em 1987. A partir do lançamento desse livro, começa uma carreira de escritor que o tornou um dos dez autores com os maiores índices de vendas no mundo.

Atualmente ganha, segundo ele, "tanto dinheiro" que decidiu dedicar todo ano 400 mil dólares de seus direitos autorais a uma fundação que leva seu nome, dedicada a ajudar crianças abandonadas e idosos das favelas do Rio de Janeiro. Promove também a tradução de autores clássicos brasileiros para outras línguas e a investigação das origens paleontológicas do Brasil.

Segundo Arias (1999, p. 16), Paulo Coelho considera o Brasil "o país mais mágico do mundo, porque, segundo diz, nele não existe diferença entre o profano e o sagrado, e ninguém tem vergonha de acreditar em espírito".

No prólogo do livro *O Diário de um Mago*, Paulo Coelho informa sua relação com uma grande fraternidade que congrega as ordens esotéricas em todo mundo, conhecida pelo nome de Tradição, e sua ordenação como Mestre e Cavaleiro da Ordem de RAM (Regnum Agnus Mundi), ou Rigor, Amor e Misericórdia. A partir de sua ordenação ele se torna um mago. Mas para ter sua espada lhe é imposto por seu mestre fazer o Caminho de Santiago. É justamente a descrição de sua viagem pela rota *jacobea* o tema central do seu livro.

Após uma pequena síntese sobre a história do Caminho, revela que aos viajantes que percorrem esta rota lhes é dado o nome de peregrinos, cujo símbolo é uma concha. Através de seus diálogos com o guia ele vai apresentando os principais ensinamentos da Tradição, ao mesmo tempo que vai descrevendo o seu trajeto na rota *jacobea*.

O primeiro ensinamento é que o "caminho do conhecimento é um caminho aberto a todos os homens, às pessoas comuns". Ao falar sobre as práticas da RAM, seu guia informa que qualquer pessoa, em algum momento da sua existência, já teve acesso a pelo menos uma delas e que, além disso, todas elas, sem exceção, podem ser encontradas por alguém que se disponha a procurá-las, nas próprias "lições que a vida nos ensina".

Revela também que as práticas de RAM são tão simples que as pessoas muitas vezes não lhes dão nenhum valor. Mas são elas, junto com outros conjuntos de práticas, que fazem com que o homem seja capaz de conseguir tudo, "absolutamente tudo o que deseja".

Ao longo do livro, os ensinamentos são descritos em um estilo bem simples, exemplificados com as experiências do autor e de seus personagens, no contexto de uma narrativa que permite ao leitor sentir-se participando do cenário, não só como espectador, mas também como ator. Não há restrições às experiências descritas, indicando que elas são acessíveis a qualquer pessoa, independentemente do estilo de vida, posição social, ocupação, sexo ou idade, o que parece colaborar para a ampla difusão de suas idéias.

O Caminho de Santiago é assim apresentado como o caminho das pessoas comuns, as quais podem participar de um processo de iniciação, de um "ritual de passagem" (segundo a definição do próprio autor), que as marcará para o resto de suas vidas, uma vez que fundamentalmente o que se vivencia ali é um processo de transformação, em que estão conjugados o profano e o sagrado, a religião e a magia, o cristão e o mago, a mente, o corpo e o espírito. Durante o percurso as pessoas devem, segundo Coelho, aprender a "operar o verdadeiro milagre" de transformar aquilo que "você é naquilo que você crê que poderá ser". Essa seria então a grande "alquimia da vida", conectar-se ao universal, ao transcendente, ter uma experiência de "religamento" com o divino, com Deus, com a natureza, sem mediações.

Contudo, para realizar esse "milagre" é preciso pôr em prática alguns rituais, que são descritos no livro como exercícios da RAM, que relaciono a seguir, junto com seus objetivos:

1) *Renascer de novo*: libertar a pessoa das cargas que ela mesma criou em sua vida.
2) *Aprender os segredos de nosso cotidiano*: aprender a tirar proveito daquilo que estamos acostumados a olhar todos os dias. Ou seja, distinguir os segredos que, por causa da rotina, não conseguimos ver. Quando se viaja em direção a um objetivo é muito importante prestar atenção no caminho, pois é este que nos ensina a melhor maneira de chegar, e nos enriquece enquanto o estamos cruzando. Quando se tem um objetivo na vida, ele pode ser melhor ou pior, dependendo do caminho que escolhemos para atingi-lo e da maneira como cruzamos esse caminho.
3) *Aprender a salvar nossos sonhos, sendo generosos conosco mesmos*: entender que qualquer tentativa de autopunição (remorso, culpa, indecisão, covardia etc.) deve ser tratada com rigor. Para saber quando estamos sendo cruéis conosco mesmos, temos que transformar em dor física toda dor espiritual. Transformando uma dor espiritual em dor física, saberemos o mal que ela pode nos causar.
4) *Aprender a lidar com as duas forças espirituais que estão ao nosso lado: um anjo e um demônio*: o anjo protege sempre as pessoas, é um dom divino, não sendo necessário invocá-lo. A face do anjo está sempre visível quando a pessoa vê o mundo com belos olhos. Já o demônio também é um anjo, mas é uma força livre, rebelde. Chamado de Mensageiro, ele é o elo entre a pessoa e o mundo. Sua atuação é apenas no plano material. A única maneira de lidar com nosso Mensageiro é aceitando-o como amigo. Ouvindo

seus conselhos, pedindo sua ajuda quando necessário, mas nunca deixando que ele dite as regras. Para isso, é necessário, primeiro, que a pessoa saiba o que quer e, depois, que "conheça sua face e seu nome".

5) *Despertar a sua intuição*: conhecer a linguagem secreta de sua própria mente, a qual será muito útil em todos os momentos da vida.

6) *Despertar o entusiasmo*: culpamos o mundo por nosso tédio, por nossa derrota, e esquecemos que fomos nós que deixamos escapar esta força arrebatadora que justifica tudo, a manifestação de ágape sob a forma de entusiasmo.

7) *Atualizar a consciência da morte*: o homem sempre tenta ocultar de si mesmo a grande certeza da morte. Não vê que ela é que o motiva a fazer as melhores coisas de sua vida. Tem medo do passo no escuro, do grande terror do desconhecido, e sua única maneira de vencer esse medo é esquecer que seus dias estão contados. Não percebe que, com a consciência da morte, seria capaz de ousar muito mais, de ir muito mais longe nas suas conquistas diárias – porque não tem nada a perder, já que a morte é inevitável. A morte é a nossa grande companheira, porque é ela que dá o verdadeiro sentido às nossas vidas. Mas para poder ver a verdadeira face de nossa morte, temos que conhecer antes todos os anseios e terrores que a simples menção de seu nome é capaz de despertar em qualquer ser vivo.

8) *Aprender a tirar energia de tudo que nos cerca*: começar a harmonizar-se com o universo, deixando essa harmonia penetrar em seu coração.

9) *Aprender a tomar a decisão certa*: cada uma das pequenas decisões que tomamos a cada minuto em nossa existência pode significar a escolha entre a vida e a morte. A única maneira de tomar a decisão certa é sabendo qual é a decisão errada. É examinar o outro caminho sem medo e, depois disso, decidir.

10) *Aprender a ouvir*: tudo está escrito nos ruídos. O passado, o presente e o futuro do homem. Um homem que não sabe ouvir não pode escutar os conselhos que a vida nos dá a cada instante. O grande aprendizado seria "escutar o ruído do presente, para poder tomar a decisão certa".

11) *Aprender ensinando*: as pessoas só podem aprender quando ensinam. Ao ensinar elas aprendem de verdade. Ao assumir o papel de guia, conseguem encontrar seu próprio caminho. Quando se aceita o papel de mestre é que se vai ver todas as respostas dentro do seu coração. A vida nos ensina a cada momento, e o único segredo é aceitar que, apenas com o nosso cotidiano, podemos ser tão sábios como Salomão e tão poderosos como Alexandre Magno. Isso é o que leva as pessoas a uma comunicação com a inteligência infinita.

Essas práticas estão associadas à idéia central – o verdadeiro caminho da sabedoria pode ser identificado por apenas três coisas: tem que ter ágape,[151] ter uma aplicação prática na sua vida (porque senão a sabedoria torna-se uma coisa inútil) e tem que ser um caminho que possa ser trilhado por qualquer um.

Já nessa primeira apresentação do livro podemos perceber um esforço do autor em "desmistificar" a idéia de que somente os "iniciados" poderiam ter acesso ao caminho do conhecimento; há uma ênfase constante em que qualquer pessoa "comum" pode ter acesso ao caminho da sabedoria. O que se poderia chamar de "iniciação" é, assim, da inteira responsabilidade da pessoa que deseja, que tem por objetivo "se iniciar". Diferente de muitos manuais de auto-ajuda, os ensinamentos descritos no livro, apesar de serem de uma ordem específica, não estão necessariamente associados a uma religião ou seita em particular; o tempo todo é enfatizado que qualquer pessoa pode ter acesso a eles. Além disso, não há propriamente conselhos, mandamentos, receitas ou prescrições, como também não há nenhuma indicação de restrição a nenhum credo, orientação política, nível social, etnia, ou restrição a sexo, idade, nacionalidade. Além disso, as experiências descritas parecem ser compatíveis com qualquer estilo de vida, o que acredito colaborar para a ampla difusão do livro.

Em princípio, portanto, todos poderiam ter acesso, participar, praticar as experiências que são descritas no livro, como também trilhar o Caminho de Santiago, pois, do ponto de vista defendido por Coelho, só um caminho por onde qualquer pessoa pode passar pode levar até Deus.

A partir dos diálogos travados entre ele e o seu guia é construída a narrativa, que tem como característica a linguagem coloquial. Esse fato é considerado uma virtude por muito de seus leitores, e duramente combatido por seus críticos.

A idéia do poder transformador de cada pessoa é central, por isso as sensações não podem ser repassadas ou descritas, pois "cada um é cada um", sendo assim valorizada a singularidade dos atores, bem como suas experiências particulares.

Outra idéia recorrente é a de que não existem "coincidências neste mundo", idéia atribuída a Colin Wilson (1956, 1985).[152] Para exemplificar essa noção,

---

151. Segundo descrição contida no livro, existem três palavras gregas para designar o amor – a manifestação de *eros*, aquele sentimento entre duas pessoas; *philos* é o amor sob a forma de amizade; *agape* é o amor que devora (Coelho, 1987, p. 107-09).

152. Colin Wilson (nascido em 1931) se tornou muito conhecido nas décadas de 1950, 1960 e 1970, e depois foi mais ou menos esquecido. Ele foi um dos poucos filósofos (do tipo leigo, não-acadêmico) interessado no problema da felicidade e do Super-Homem de Nietzsche. Influenciado pelo psicólogo Abraham Maslow, escreveu sobre as chamadas *peak experiences*, definida por ele como aqueles momentos de felicidade em que sentimos que temos energia de sobra para resolver todos os problemas da vida. Maslow chegou à conclusão de que pessoas saudáveis são caracterizadas por um grande número de *peak experiences* – e que quanto mais

Coelho comenta como veio a saber a identidade de seu guia, associando esse fato "às coincidências". Segundo suas próprias palavras:

> Estava certa tarde folheando algumas revistas no hall do hotel onde me hospedei em Madri, quando uma reportagem sobre o Prêmio Príncipe de Astúrias me chamou a atenção, porque um jornalista brasileiro [...] havia sido um dos premiados. Ao prestar mais atenção à foto do banquete [...] levei um susto: numa das mesas, elegante em seu smoking, está P., descrito na legenda como um dos mais famosos designers europeus do momento. (Coelho, 1995, p. 21.)

Ao longo do livro, o autor vai pouco a pouco apresentando outras idéias centrais, como, por exemplo: "de que nada ocorre por acaso", "que a vida dá com generosidade a quem pede", "que o homem nunca pode parar de sonhar, pois o sonho é o alimento da alma", "que os sintomas de que estamos matando nossos sonhos são: a falta de tempo, nossas certezas e a paz".

Através dos ensinamentos de seu guia, Paulo Coelho (1995, p. 32) ressalta ainda que:

> As pessoas mais ocupadas sempre têm tempo para tudo e as que nada fazem estão sempre cansadas, não dão conta do pouco trabalho que precisam realizar e se queixam constantemente que o dia é curto demais [...]. Como as pessoas em geral não querem olhar a vida como uma grande aventura a ser vivida, passam a se julgar sábias, justas e corretas no pouco que pedem de sua existência. Normalmente, as pessoas não conseguem perceber a alegria, a imensa alegria que está no coração de quem está lutando, porque para estes não importa nem a vitória nem a derrota, importa apenas combater o Bom Combate.

Em decorrência desses aspectos, segundo Coelho, quando as pessoas se sentem em "paz com a vida", deixam de pedir grandes coisas, sem exigir mais do que querem dar, e então deixam de lado as "fantasias da infância". Ao conseguirem suas realizações pessoais, renunciam muitas vezes à luta por seus sonhos, a combater o "Bom Combate", noção central na literatura de Paulo Coelho e não só no *Diário de um Mago*:

> O Bom Combate é aquele que é travado em nome de nossos sonhos. Quando eles explodem em nós com todo o seu vigor – na juventude – nós temos muita coragem, mas ainda não aprendemos a lutar. Depois de muito esforço, terminamos aprendendo

---

pensamos nelas, mais elas acontecem. Ambos, Maslow e Wilson, acreditavam que seria possível sustentar esse estado mental quase indefinidamente – fazendo, em suma, com que um homem se tornasse o Super-Homem de Nietzsche, feito inteiramente de energia e força de vontade. Ele também se interessou muito por criminologia e escreveu um livro sobre o assunto, intitulado *A Criminal History of Mankind* (1984). O seu livro *The Outsider* é um estudo sobre a sensação de marginalidade sentida pelos escritores românticos. Ele escreveu dezenas de livros sobre os mais diversos temas, como criminologia, ocultismo, literatura, existencialismo, História.

> a lutar, e então já não temos a mesma coragem para combater. Por causa disto, nos voltamos contra nós e combatemos a nós mesmos, e passamos a ser nosso pior inimigo. Dizemos que nossos sonhos eram infantis, difíceis de realizar, ou fruto de nosso desconhecimento das realidades da vida. Matamos nossos sonhos porque temos medo de combater o Bom Combate. (Coelho, 1995, p. 32.)
>
> Ninguém gosta de pedir muito da vida, porque tem medo da derrota. Mas quem deseja combater o Bom Combate, tem que olhar o mundo como se fosse um tesouro imenso, que está ali esperando para ser descoberto e conquistado. (Coelho, 1995, p. 49.)

Seguindo ainda o autor, em épocas remotas, no tempo dos cavaleiros andantes, isso era fácil, havia muita terra para conquistar e muita coisa para fazer. Hoje em dia, porém, o mundo mudou muito, e o "Bom Combate" foi transportado dos campos de batalha para dentro de nós mesmos.

O livro também está recheado de frases retiradas da Bíblia,[153] sendo enfatizada a existência de uma "associação entre a magia e a Igreja católica". Na verdade, o que se pode depreender é que o autor se apóia em fontes distintas, das mais variadas tradições religiosas, muito embora haja uma predominância do discurso católico, numa releitura muito particular.

Segundo Paulo Coelho, quando a pessoa viaja, ela está experimentando, de uma maneira muito prática, o "ato de renascer". Está diante de situações completamente novas, o tempo parece passar mais devagar e, em algumas situações, está em locais onde se fala uma outra língua. Situação bastante semelhante, segundo ele, a uma criança que está iniciando seu processo de socialização. Por isso, a pessoa passa a dar muito mais importância às coisas que a cercam, porque delas depende a sua própria sobrevivência. Passa a ser mais acessível às pessoas, porque elas poderão ajudá-la em situações difíceis. E, quando recebe qualquer auxílio, o faz com grande alegria, como se aquilo fosse um episódio para ser lembrado pelo resto da vida. Ao mesmo tempo, como todas as coisas são novas, é por isso, acrescenta Coelho, que vê apenas a beleza nelas, e fica mais feliz em "estar vivo".

A viagem tem um aspecto simbólico muito forte na vida das pessoas. Por isso, segundo ele, a peregrinação religiosa sempre foi uma das maneiras mais objetivas de se conseguir chegar à iluminação. Informa também que a palavra "pecado" vem de *pecus*, que significa pé defeituoso, pé incapaz de percorrer um caminho. Por isso, a maneira de se corrigir o pecado é andando sempre em frente, adaptando-se às situações novas e recebendo em troca "milhares de bênçãos que a vida dá com generosidade aos que lhe pedem".

---

153. Steil (1996) e Velho, O. (1994) têm enfatizado a existência de uma cultura bíblica no Brasil, presente nos segmentos populares e manifesta no modo como atualizam os grandes temas da Bíblia em um corpo narrativo recheado de mitos e outras formas orais.

Segundo ainda os ensinamentos descritos no livro, o entusiasmo (um tipo de ágape) se manifesta normalmente com todo o seu poder nos primeiros anos de nossas vidas. De acordo com Paulo Coelho (1995, p. 62):

> Ainda temos um laço forte com a divindade, e nos atiramos com tal vontade aos nossos brinquedos, que as bonecas passam a ter vida e os soldadinhos de chumbo conseguem marchar. Quando Jesus falou que era das crianças o reino dos Céus, ele se referia a Ágape sob a forma de Entusiasmo. As crianças chegaram até ele sem ligar para seus milagres, sua sabedoria, os fariseus e os apóstolos. Vinham alegres, movidas pelo Entusiasmo.
>
> [...] Normalmente deixamos que o Entusiasmo escape de nossas mãos nestas pequenas coisas, que não tem a menor importância diante da grandeza de cada existência. Perdemos o Entusiasmo por causa de nossas pequenas e necessárias derrotas durante o Bom Combate. E como não sabemos que o Entusiasmo é uma força maior, voltada para a vitória final, deixamos que ele escape por nossos dedos, sem notar que estamos deixando escapar também o verdadeiro sentido de nossas vidas. Culpamos o mundo por nosso tédio, por nossas vidas. Culpamos o mundo por nosso tédio, por nossa derrota, e esquecemos que fomos nós que deixamos escapar esta força arrebatadora que justifica tudo, a manifestação de Ágape sob a forma de Entusiasmo.

Outro aspecto relevante apontado pelo autor é que tudo que as pessoas aprendem só tem sentido se aplicado a alguma coisa. Por isso, ele entende que tanto no Caminho de Santiago quanto na própria vida, a sabedoria só tem valor se puder ajudar o homem a vencer algum obstáculo.

O autor menciona ainda a existência de uma regra no Caminho de Santiago – uma vez iniciado, a única desculpa para interrompê-lo é por causa de uma doença. Se a pessoa não for capaz de resistir aos ferimentos e continuar a ter febre, isso seria um "presságio" de que a viagem deveria ser interrompida.

> Um inimigo sempre representa nosso lado fraco. Que pode ser o medo da dor física, mas também pode ser a sensação prematura da vitória, ou o desejo de abandonar o combate por achar que ele não vale a pena. (Coelho, 1995, p. 187.)
>
> Mas o Bom Combate não é apenas isto (luta pela vida). Guerrear não é um pecado... guerrear é um ato de amor. O Inimigo nos desenvolve e nos aprimora, como o cão fez com você. (Coelho, 1995, p. 188.)
>
> O Inimigo é uma parcela de Ágape, e está ali para testar nossa mão, nossa vontade, o manejo da espada. Foi colocado em nossas vidas – e nós na vida dele – com um propósito. Este propósito tem que ser satisfeito. Por isso, fugir da luta é o pior que pode nos acontecer. É pior do que perder a luta, porque na derrota sempre podemos aprender alguma coisa, mas na fuga, tudo que conseguimos é declarar a vitória de nosso Inimigo. (Coelho, 1995, p. 188)

O Caminho de Santiago é, assim, apresentado em toda a narrativa do livro como uma metáfora da vida. E o seu aprendizado mais básico seria que temos que "ter fé nos ensinamentos da própria vida". As experiências e os desafios vividos durante o Caminho são também entendidos como metáforas das situações que vivemos em nosso cotidiano, com a diferença que, naquele lugar, existe uma sacralização do espaço, onde a linguagem predominante é a do ritual. Segundo Paulo Coelho (1995, p. 125),

> não existe nenhum pecado em ser feliz. Meia dúzia de exercícios e um ouvido atento bastam para conseguir que um homem realize seus sonhos mais impossíveis [...] percorrer o caminho que todos podiam trilhar, e descobrir o que todos já sabem, se prestarem um pouco mais de atenção na vida. [...] ver que a busca da felicidade é pessoal, e não um modelo que possamos dar para os outros. Antes de descobrir minha espada, tive que descobrir o seu segredo – e era tão simples, era apenas saber o que fazer com ela. Com ela e com a felicidade que ela irá representar para mim.

Como se pode perceber, também é recorrente a idéia de que fazer o Caminho é uma experiência, única e singular, sendo bastante enfatizada a idéia de percurso individual, sobretudo por estar sendo valorizada quase que exclusivamente a elaboração subjetiva e interior do processo de transformação pessoal e o contexto social que presidem as mudanças ocorridas.

Logo no início do livro, Coelho narra o seu encontro com um "demônio". Esclarecendo logo em seguida que na Tradição o demônio é visto como um "espírito que não é bom nem mau", mas considerado um guardião da maior parte dos segredos acessíveis ao homem, e com força e poder sobre as coisas materiais. Por ser um anjo caído, identifica-se com a raça humana e está sempre disposto a pactos e troca de favores. Acrescentando que, na verdade, o que existem são os "demônios pessoais," e descreve sua própria reação inicial ante essa idéia, quando lhe é apresentada por seu guia:

> Meu demônio pessoal? Eu nunca tinha ouvido semelhante absurdo em toda aquela caminhada. Tinha passado seis dias indo e voltando dos Pirineus, tinha conhecido um padre bruxo que não havia feito nenhuma bruxaria, e meu dedo estava em carne viva porque sempre que pensava alguma coisa cruel comigo mesmo – hipocondria, sentimento de culpa, complexo de inferioridade – eu era obrigado a cravar minha unha na ferida. Neste ponto, P. tinha razão: os pensamentos negativos haviam diminuído consideravelmente. Mas essa história de demônio pessoal era algo que eu nunca havia ouvido falar antes. E que não ia engolir com muita facilidade. (Coelho, 1995, p. 38.)

Segundo ainda o autor, convencido por seu guia, que lhe garantia que antes de sair pelo mundo Cristo foi conversar com seu "demônio pessoal no deserto", aprendendo o que precisava saber sobre o homem. Por isso, não deixou que o demônio ditasse a regra do jogo e, dessa maneira, o venceu. Falando sobre essas questões, Coelho lembra que em pleno século XX, os conceitos de "inferno", de "pecado" e de "demônio" já não fazem mais o menor sentido para "qualquer pessoa um pouco mais inteligente". Por isso, entre outras razões, ele propõe que esses conceitos sejam atualizados, para que possam ter algum significado para o "homem moderno".

O tema dos "sinais", também presente no livro, atravessa toda a obra de Coelho, que ressalta a importância de se ler o "alfabeto secreto do universo", os sinais que nos chegam como mensagens cifradas, que estão nas coisas que nos rodeiam. Segundo o autor, "o sinal é uma língua, é o alfabeto que você desenvolve para falar com a alma do mundo, a do universo, ou com Deus, ou o nome que você queira dar". No entanto, ele enfatiza que como todo "alfabeto é individual", só se aprende errando, e isso evita "que se globalize a busca espiritual". A tendência da humanidade nos próximos cem anos, segundo Coelho, será a "busca da espiritualidade".

Nessa medida, embora o livro tivesse por objetivo inicial relatar apenas o seu processo de iniciação, sua busca espiritual, acabou se tornando um *best-seller*. A espiritualidade, segundo o ponto de vista defendido pelo autor, "é uma responsabilidade pessoal que não se pode transferir nem encomendar para outros".

No livro de Arias (1999), podemos ter uma idéia do que Paulo Coelho pensa sobre religião. Esta, segundo seu ponto de vista, não deve ser entendida como um conjunto de regras e mandamentos impostos por outros, e sim como "um grupo de pessoas que encontram uma maneira coletiva de adorar", e que juntas se conectam com o mistério, o que as faz sentirem-se mais unidas, mais abertas para a vida, o que as leva a perceber que não estão sozinhas no mundo, que não vivem isoladas.

Definindo-se como católico, ele comenta seus percursos e passagens pela via do catolicismo.

> Convenceram-me de que o catolicismo era a pior coisa do mundo, uma seita a mais. Por isso tive que percorrer um longo caminho antes de voltar a ele. Não digo que o catolicismo seja melhor ou pior que outras religiões, mas está nas minhas raízes culturais, em meu sangue. Para mim, foi uma escolha pessoal e livre. Poderia escolher o islamismo ou o budismo, ou nada. Mas senti que precisava algo mais em minha vida do que o ateísmo e escolhi o catolicismo como forma de comungar com o mistério, com outras pessoas que acreditam como eu. (Coelho, 1995, p. 45.)

Ao que tudo parece indicar, o que o autor resgata da religião é o que ela tem de mistério, bem como a possibilidade de comunhão entre os crentes, criando um diálogo entre catolicismo e magia.

Pablo Semán (2003, p. 131), ao fazer uma análise sobre Paulo Coelho e seus leitores, destaca que na base da difusão mundial da obra do autor apresentam-se dois aspectos que pertencem ao pólo da oferta ou da produção. Um diz respeito ao conteúdo da literatura de Coelho: Semán salienta que são, em geral, narrações nas quais os personagens enfrentam dilemas morais como os que dizem respeito a reconhecer e atuar de acordo com seus desejos, suportar e interpretar as experiências ruins, e aceitar que nem tudo o que fazemos depende de nós mesmos, mas que nossas decisões importam e são necessárias. Segundo Semán, ao tratar desses temas e conflitos, Coelho vai além da simples introdução de uma dimensão espiritual do relato: faz do mesmo uma parábola de uma ou várias tradições religiosas que traduzem essa dimensão espiritual, de maneira que a reflexão moral, desejante e muitas vezes individualizante é, ao mesmo tempo, religiosa.

Já o outro aspecto refere-se ao papel da mediação editorial, na medida em que a difusão da literatura de Coelho está baseada em circunstâncias que dizem algo a respeito dos seus públicos. Nesse caso, a dinâmica editorial que resulta eficaz está calcada na difusão de seu perfil, que lhe permite a mais ampla penetração no mercado, sobre a base de um conhecimento dos *habitus* e motivações que seus livros mobilizam em seus leitores (Semán, 2003, p. 132).

RELATO 2 – UM DISCÍPULO DO MAGO

Máqui nasceu no Rio de Janeiro em 1960 e é escritor, publicitário e diretor de criação de uma agência de publicidade em Belo Horizonte. Como escritor publicou três livros premiados de literatura juvenil. Morou fora do país, onde trabalhou como garçom, carpinteiro, mergulhador, professor de esgrima, cinegrafista e desenhista de histórias em quadrinhos.

Sua motivação para fazer o Caminho está diretamente relacionada à sua vinculação ao escritor Paulo Coelho; Máqui é um de seus quatro discípulos, e faz a peregrinação na mesma época em que uma outra discípula, Lizia, também a realiza. Portanto, o autor era vinculado à RAM no momento em que vai para a Espanha. Segundo ele, desde que leu o *Diário de um Mago* ficou "fascinado pela história". "Eu queria não só viver a aventura de uma peregrinação medieval, mas também percorrer o caminho dentro do contexto da RAM. Eu queria ser um mago." (Máqui, 1997, p. 10.)

A narrativa do livro é marcada por, entre outros aspectos, também sua posição em desmistificar a idéia de que o Caminho de Santiago é o "único verdadeiro" ou "o melhor lugar para procurar Deus". Segundo Máqui todos os lugares são bons, porque "Deus não está em nenhum lugar em especial", por isso não há nada que se possa fazer no Caminho que não pudesse ser realizado em qualquer outra parte.

Entretanto, define o peregrino como "o ser humano que levou a sério esta história de movimento", ou seja, de "uma sucessão de partidas e chegadas, pois só há vida quando há movimento". Por isso, ele acredita que se um indivíduo estiver disposto a trocar velhas certezas e velhas referências guiado por um impulso, se estiver disposto a "esvaziar-se do que é para tornar-se melhor", se estiver buscando acercar-se um pouco mais da sua própria definição de Deus, "estará percorrendo um caminho sagrado que o torna peregrino."

Lembra também que resolveu fazer o Caminho por sua livre escolha e que, com isso, tornou relativa a realidade marcada pelos sinais cotidianos de tempo e espaço. Por isso sabe que terá, segundo suas palavras, de "construir novas referências, novas relações e nesse processo irá descobrir a responsabilidade que tem em relação ao próprio destino". Sua motivação de fazer o Caminho está associada sobretudo à maneira como ele concebe o Caminho. Segundo ele, "seria uma boa maneira e um bom lugar para mostrar mesmo o quanto estava disposto a buscar as minhas próprias respostas"; embora acredite que "há outras maneiras igualmente boas e legítimas de se fazer isso".

Destaca que quando decidiu fazer o Caminho "não tinha dinheiro", "nem perspectivas". O que tinha segurado, segundo ele, era um casamento à vista e as dívidas que tem qualquer noivo "que deseja um mínimo de conforto".

Mas, ao contrário do que ele imaginava da relação entre mestres e discípulos, o relacionamento que estabeleceu com seu mestre lhe deixava uma grande margem de responsabilidade. Segundo Máqui, logo aprendeu um "grande segredo e o principal objetivo de todas as práticas da magia, que se resume em exercitar a sua fé". Mas acrescenta que isso não é uma coisa fácil de fazer exatamente porque é muito simples. Normalmente, segundo suas palavras, "temos o mau hábito de desvalorizar o que não é complexo".

Outra importante prática mágica é "criar um modelo"; como exemplo ele cita que "Jesus se ofereceu generosamente como modelo" e, no seu entender, "ele é o melhor que ele podia conhecer". No entanto, ressalta que se a pessoa tem "tendências orientais", não deve hesitar em escolher um modelo daquela "doutrina". Mas, a partir dessa escolha, deve criar os seus próprios métodos e os seus exercícios, sem jamais perder de vista a intenção de "comungar com Deus".

Como a grande maioria dos peregrinos, acredita que o "caminho começa na decisão e assim, tudo o que acontecer depois já será parte do caminho." Do seu ponto de vista, a peregrinação será "dura e dolorosa" se a pessoa não estiver convicta na idéia de que está ali porque deseja estar justamente ali, "mais do que em qualquer outro lugar do mundo".

Fala que sua preparação demorou um ano, em que fez exercícios e uma série de "rituais" que tinham a função de "despertar os poderes que todos nós temos e que a pressa na vida nos faz esquecer".

Faz também uma importante recomendação para a pessoa que "começa a descobrir os seus poderes", sejam eles quais forem, que é a de "jamais interferir na vontade de alguém".

Sustenta ainda que a linha que separa a magia negra da magia branca é o "respeito pelo próximo e pela decisão de cada um". Segundo sua perspectiva, "a intenção é tudo".

Um outro importante alerta que Máqui faz é chamar a atenção para aquilo que ele considera como "um dos erros mais comuns de quem busca o caminho místico, que é esquecer a parte concreta e as condições terrenas da nossa existência". Segundo ele, muitos ficam "perdidos num labirinto de coincidências, idéias de espíritos, forças e entidades etéreas" e se esquecem do dia-a-dia, das coisas práticas da vida, "esquecem da conta da luz, do aluguel e das compras de supermercado". Do seu ponto de vista, existe uma realidade que não deve e nem pode ser ignorada.

Um dos exemplos de "prova de fé", segundo o autor, é "entregar-se a Deus". No entanto, considera que é preciso fazer isso usando também consciência e a inteligência, dois "atributos da criação" que, segundo o autor, "estão aqui para serem usados". Adverte, ainda, que a entrega não pode ser um atestado de alienação e irresponsabilidade.

A idéia de mudança e de transformação é central também em sua narrativa, mas, para ele, "todo mundo quer mudar". Esse objetivo mais geral, no entanto, não pode mascarar uma outra questão fundamental: a de que a responsabilidade é individual.

Ressaltados todos esses aspectos, para ele a peregrinação, ou melhor, chegar a Santiago é apenas "um objetivo aparente". Uma vez que, do ponto de vista de Máqui (1997, p. 26), "peregrino não significa aquele que chegou à Catedral, mas o que cruza os campos", ou seja, ele privilegia o sentido etimológico, ressignificando-o. Sustenta ainda que o ato de caminhar é o que faz da pessoa peregrino, e que seguir a sua fé é o que vai transformá-lo. Portanto, chegar ao destino geográfico vai ficando cada vez menos importante diante da jornada.

Ao descrever sua peregrinação, segue a mesma linha daqueles que contam o dia-a-dia do percurso, fala dos seus encontros com os personagens emblemáticos, das etapas, dos desafios enfrentados, dos albergues, dos encontros e desencontros com as pessoas, "como na vida".

Entretanto, diferente de seu mestre, Máqui se preocupa em oferecer informações que possam ajudar ao leitor a percorrer o Caminho. Afirma que seu objetivo, ao escrever o livro, era "mais ambicioso", ou seja, de que "as indicações oferecidas também pudessem ser úteis no dia-a-dia das pessoas". Diz que embora possa ficar extremamente feliz em pensar que alguma coisa que escreveu possa levar a pessoa a perceber com mais nitidez a "grandeza de peregrinação", entende que "o mágico poder do Caminho" só pertence à pessoa que o faz e a mais ninguém.

RELATO 3 – UMA TERAPEUTA NO CAMINHO

Anna Sharp se define como uma terapeuta autodidata, criadora do processo de pesquisa interior e líder há 18 anos do grupo de estudos denominado Curso de Milagres. Também é orientadora do Curso de Aperfeiçoamento Humano do

Caminho Real, que já foi ministrado a mais de 7 mil alunos no Brasil, EUA e Europa. É autora dos livros *Resgate de um Casamento, A Vida Tende a dar Certo, nós é que Atrapalhamos, Reflexões* e *A Magia do Caminho Real.*

Segundo a autora, por muitos anos ela procurou em igrejas, e nas mais diversas religiões, interpretações filosóficas: caminhos nem sempre muito claros. E, enquanto percorria esses caminhos, persistiam em seu coração as eternas perguntas: de onde vim? Para onde vou? Por quê?

Do seu ponto de vista, Deus significa uma "Inteligência Universal" e a busca espiritual, "um encontro com a sabedoria interior, um encontro com Deus". Depois de transitar e experimentar várias religiões e terapias, acredita hoje que "Deus está em toda parte". Dentro e fora da pessoa, no claro e no escuro, e a sua inteligência perfeita mesclando, às leis cósmicas imutáveis, o famoso e tão falado livre-arbítrio". Comenta que foi através do seu encontro com Deus que conheceu também "o demônio", a quem passou a chamar de "Ignorância".

Um dos aspectos centrais defendidos pela autora é que o processo de autoconhecimento de uma pessoa "é de sua exclusiva responsabilidade" e, do mesmo modo que somos os únicos responsáveis por nossas vidas, também o somos de nossos "destino, saúde, corpo, emoções e pensamentos".

Ao falar sobre o seu processo de "busca espiritual", menciona como e quando o iniciou:

> Um dia num retiro espiritual que o Sacré Coeur de Marie fazia anualmente com suas alunas, foram propostas três perguntas que me acompanham até hoje: De onde vim? Para onde vou? Por quê? Comecei a me interessar por assuntos espirituais e esotéricos, iniciando a busca do encontro de mim mesma... troquei os romances de Machado de Assis e Eça de Queiroz pelas obras de Madame Blavatsky.[154] Aos dezesseis anos, me filiei ao Círculo Esotérico da Comunhão do Pensamento e procurava seguir os ensinamentos de Lourenço Prado,[155] em *Alegria e Triunfo*. (Sharp, 1999, p. 21-22.)

Já com 50 anos de idade, comenta que, embora já houvesse encontrado algumas respostas e "apaziguado partes do seu ser", a ânsia de buscar mais e encontrar novos caminhos havia novamente lhe inquietado. Segundo ela:

---

154. Madame Blavatsky nasceu na Rússia, em 1831, e morreu na Inglaterra, em 1891. É cnhecida como pioneira do esoterismo de nossa época. Foi uma das fundadoras da Sociedade Teosófica, em 1875. Foi a primeira a introduzir o conhecimento das religiões orientais ao Ocidente – inclusive as idéias de carma e reencarnação; procurou mostrar que todas as grandes religiões são derivadas de uma filosofia religiosa original: defendeu que o primeiro objetivo do Movimento Teosófico fosse a fraternidade universal sem distinção de raça, credo, sexo, casta ou cor. Escreveu vários livros, entre eles podemos destacar: *Ísis sem Véu* (1877); *A Doutrina Secreta* (1888), sua principal obra; *A Voz do Silêncio* (1889); *A Chave da Teosofia* (1889) (Fonte: www.blavatsky.net).

155. Lourenço Prado é autor de duas obras importantes do chamado pensamento construtivo: *Alegria e Triunfo* (1986) e *Equilíbrio e Recompensa* (1991).

> Já não me bastava o que sabia e precisava de mais, muito mais. Era uma sensação conhecida, uma necessidade de ousar mais um pouco nos mistérios da noite escura da alma humana. Já há algum tempo tudo o que lia, os cursos e as terapias a que me submetia aqui e no exterior, as técnicas novas que acenavam com a libertação ou transformação interna, tornavam-se repetitivos, sem nada acrescentar.
>
> Procurava mestres, professores e gurus, e em pouco tempo descobria neles as mesmas barreiras, uns mais – outros menos. Às vezes me sentia estranha aos outros que se encantavam ou ficavam fanatizados em seitas e grupos elitizados, possuidores da Verdade única... Finalmente tomei uma decisão: resolvi parar de trabalhar depois de 14 anos de atendimento terapêutico. Achei que já não tinha mais o que ensinar, o trabalho me parecia mecânico, repetitivo e sem renovação. Já não sentia prazer. Até então nada mais era que uma extensão de meu crescimento e já há algum tempo sentia que havia parado: minha culpa permanecia, concluíra que era atávica e que minhas características fortes ainda me dominavam... Participei minha decisão aos meus pacientes e alunos, muitos dos quais tornaram-se verdadeiros amigos e companheiros de busca; compartilhávamos as respostas. A essa altura já bastante conhecida e respeitada, a todos parecia uma loucura minha decisão de parar. Mas eu estava irredutível: se era só até aí que podia chegar, então não queria mais. (Sharp, 1999, p. 23-24.)

Comenta que foi dentro desse contexto, dessa situação existencial em que vivia, que recebeu o que ela considerou como uma "resposta", um "chamado". Estava na companhia da atriz Shirley MacLaine, quando recebeu uma correspondência de Paulo Coelho, que trazia um convite de seu mestre para fazer o Caminho de Santiago. Ambas haviam conversado na noite anterior sobre suas diversas experiências "sobre tudo que já haviam encontrado em seus caminhos de buscas".

O início de sua peregrinação é marcado por seu despreparo em termos da quantidade de bagagem que levou, o que lhe valeu um comentário de Paulo de Coelho: "Você é uma bruxa muito dondoca."

Recebe então instruções mais gerais de Coelho, que lhe fala da Tradição (ordem esotérica à qual pertencia) e de seus objetivos, e sobre a sua missão no Caminho e de seu desconhecimento sobre os motivos pelo qual seu mestre lhe convidara.

As resistências e mesmo críticas que Anna tem aos ensinamentos recebidos aparecem ao longo do livro. Havia inúmeras recomendações; entre elas, cita a de que estava proibida, durante os primeiros sete dias, no caso de encontrar com outros peregrinos, de falar com eles, o que era bem diferente do que lera em seu livro.

Uma de suas observações sobre os rituais era de que eles lhe "pareciam chatos e sem graça", e os dois itens básicos, rigor e disciplina, eram qualidades bem distantes de seus hábitos, onde a liberdade e o "caos" viviam harmoniosamente com a ordem.

Ela afirma, ainda, que as dúvidas sobre o que estava fazendo a caminho de Santiago passaram a ser constantes:

> Com trinta minutos de caminhada, vi que seria uma missão quase impossível chegar a Santiago... nunca havia sido desportista e, além de fumante inveterada, tampouco gostava de caminhar. O que vim fazer aqui? Me perguntei irritada... A idéia de inutilidade daquilo tudo começou a penetrar em mim. Comecei a entrar em contato com os problemas que afligem os peregrinos marinheiros de primeira viagem: as dificuldades com a mochila, a psicose com as setas amarelas, a leitura compulsiva do guia do peregrino e a procura imediata de um bar em cada povoado, verdadeiro oásis, onde as primeiras necessidades são satisfeitas. (Sharp, 1999, p. 60-61.)

Ao longo de vários dias ela reflete sobre essas questões, cada vez mais indecisa sobre o que fazia naquele lugar. Já estava perto de Nájera (uma cidade quase na metade da rota que estava fazendo para chegar a Santiago), quando se perguntou:

> Para que tudo isso? Que merda de livro mentiroso ele escrevera? [referindo-se a Coelho] Nada acontecia, nada, a não ser o enorme cansaço. Não encontrava ninguém, nenhum peregrino, ninguém. Não suportava mais a solidão, a monotonia, a perda de referência... Não vim até aqui para fazer prova de resistência física! E ali, atirada como uma mendiga suja e ignorada, comecei a chorar desoladamente [...] Me enganei com o Paulo. Ele me havia falado da magia do Caminho, do encontro consigo mesmo, de anjos e demônios... nada! Ou ele mentiu ou eu é quem era por demais insignificante e não merecedora de que me acontecesse algo mais espetacular. (Sharp, 1999, p. 65-66.)

Essas questões passaram a dominar seus pensamentos durante a viagem, eram dúvidas e inquietações sobre o próprio significado de estar fazendo a peregrinação. Até que, segundo ela, acabou por constatar que na verdade estava o tempo todo lutando contra seus "demônios internos". Sendo que, no seu caso, o nome do demônio era "vaidade". Em suas palavras: "Vaidade e orgulho, pensei, me examinando honestamente. Que horror, tantos anos trabalhando internamente para me livrar dessas características e aí estavam elas, intactas."

Ao tomar consciência dos aspectos que lhe causavam tantas dúvidas e aflições, resolveu prosseguir e algumas horas depois teve a sensação de que: "O planeta emanava sacralidade." Essa é a expressão que usa para se referir à idéia de se sentir integrada ao todo, como parte incontestável do todo.

Essa experiência lhe fez lembrar que costumava explicar para seus alunos a diferença que existe entre uma determinada pessoa constatar um comportamento como sendo aceitável ou não, segundo seus padrões, e julgar, o que envolve uma emoção de condenação. Como exemplo, ela dizia que "posso constatar que determinado indivíduo não age de acordo com os meus padrões, tornando-se, portanto, desagradável ao meu convívio". Isso não quer dizer, lembra Anna, que "sou melhor ou pior que ele".

Segundo ela, um dos maiores aprendizados que teve durante o Caminho foi a compreensão de que ninguém é possuidor da verdade, a qual, segundo o seu ponto de vista, é composta por infinitas partes. Por isso mesmo, sustenta que o máximo a que chegamos é a um consenso, uma aproximação de idéias.

Um outro ensinamento que ela costuma discutir com seus alunos é que "todas as vezes que estiver indignado com algum ataque, pare! Examine sinceramente e veja como foi você que desencadeou o processo. Quanto maior a indignação, maior a responsabilidade."

Mas todos esses aspectos parecem estar compreendidos em um outro aspecto enfatizado pela autora, "a forma mais rápida de mudar a si mesmo é aceitando-se: esta é a verdadeira e única mudança".

Mesmo depois de desligar-se da RAM, ainda durante a peregrinação, resolveu continuar o Caminho, pois, como diz, sempre "morreria em busca dos mistérios da vida e da alma humana".

Já próxima da cidade de Santiago de Compostela, pensou que deveria ter retardado em vez de adiantar a chegada: "Está acabando, pensava. Como vou viver depois disso tudo?"

Embora não pertencesse mais à Tradição, e tivesse se desligado de qualquer compromisso, percebeu que havia tentado cumprir os 28 dias exigidos para que terminasse o trajeto. Estava na verdade terminando em 27 dias, e para quê? "Não há ninguém para mostrar, somente a mim mesma... Pelo menos sei que venci o desafio... pensava."

Ao final da experiência, entendeu que a realidade nunca corresponde às nossas expectativas. Pensou em tudo que temera, nos limites intransponíveis que sempre pensara ter, na dor que não se achava capaz de suportar e chegou à seguinte conclusão: "Nada corresponde à realidade. Não acertei em nada, é tudo diferente do que imaginara." Por fim agradeceu "a Deus", e comentou que agora sabia que estava sendo ouvida pelo "Altíssimo".

Lembrando de todas as terapias que fizera, os trabalhos inovadores, as filosofias que estudara, pensou que nada lhe ajudara "tanto a ver, a se conhecer, a romper com os limites para chegar ao seu próprio ser, como esse estranho caminho".

Para ela é impossível compartilhar essa experiência, mas ao terminá-la tinha a certeza agora que a recomendaria a quem pudesse. E afirma, "continuarei caminhando! Essa é a única coisa a fazer." Depois da experiência, diz que sabe que Deus existe, que está presente em toda a parte. Em suas palavras: "Está à nossa disposição, sempre pronto a nos orientar em direção à nossa felicidade... Bata, e a porta se abrirá! Pedi e recebereis... Por que não experimentar?... Todos os caminhos levam à casa do Pai! Esse é apenas mais um..."

RELATO 4 – UM PEREGRINO QUE CAMINHA PARA ENCONTRAR E CONHECER O SEU EU

Sérgio Reis é jornalista, 53 anos, começou a trabalhar cedo, sempre em rádio e TV, onde passou por quase todas as funções. Teve, segundo ele, dois casamentos desfeitos e um terceiro bem feito e seis filhos. Escreveu dois livros contando suas experiências no Caminho de Santiago.

No livro aqui sintetizado, Reis (1998) inicia sua narrativa comentando suas apreensões e dilemas. A questão que mais o incomodava era a pergunta que muitos lhe tinham feito e ele mesmo repetira: por que ir à Espanha fazer o Caminho de Santiago? Segundo suas próprias palavras:

> Sou um homem comum, na faixa dos 50 anos. Não sou místico. Sou um dos milhares de católicos não praticantes neste mundo de Deus. Nunca professei nenhuma religião com a verdadeira fé. Acredito em Deus como uma força superior. Acredito na vida depois da morte. Acredito na reencarnação, misturando nessas minhas crenças as verdades do cristianismo e do espiritismo. Acredito em rezar. Acredito nas forças da natureza, acredito que co-existem no homem o Bem e o Mal. Acredito que somos todos, todos sem exceções, desafiantes e tementes, laboriosos e preguiçosos, acobertando em nós todos os pecados e todas as virtudes. (Reis, 1998, p. 9.)

Comenta que sua decisão de fazer o Caminho está relacionada ao fato de que chegou a um momento em sua vida que começou a questionar: "O que fiz? O que vou fazer? O que quero? Quem sou?"

A necessidade do "conhecimento do seu eu interior" era uma questão que passou a ter centralidade em suas preocupações. Mas, segundo Reis, passadas as fases iniciais comuns a todas as pessoas – dedicação, auto-afirmação, medição das próprias capacidades – veio a fase do "e agora?"

Nessa época, ao assistir a um programa de entrevistas na televisão, viu a terapeuta Anna Sharp falando de um trabalho de terapia que realiza, no qual se referia ao Caminho de Santiago. Não entendeu muito bem do que se tratava, mas pensou logo que queria fazer a peregrinação.

Depois de descobrir o telefone de Anna, acabou ligando e conversando muito a respeito do Caminho. Nessa conversa trataram de vários assuntos: desde as questões de ordem prática, passando pelos aspectos físicos e emocionais até chegar ao místico.

Após a conversa, decidiu fazer o Caminho: "Decidi caminhar para encontrar algo tão próximo e, ao mesmo tempo, tão distante: o meu EU."

Inicia o Caminho em Roncesvalles, onde assiste "à mais linda de todas as missas que acompanhei em minha vida", em que os padres cantavam músicas sacras medievais:

> Havia um ato impregnado de uma força misteriosa até então desconhecida para mim. Não lutei contra a energia que pairava no ar. Eu era um misto de espectador distante – o que fui durante toda a minha vida – e participante. Não pude conter a emoção e chorei mansamente. Foi um choro de pura felicidade e bem-estar. (Reis, 1998, p. 13.)

Como a maioria daqueles que escrevem sobre o Caminho, Reis também vai descrevendo o dia-a-dia da peregrinação. Faz comentários sobre as vilas, cidades e os refúgios por onde vai passando. Em uma das cidades do início do caminho comenta que "aproveitou para comungar, algo que não fazia há mais de 40 anos".

Ao falar sobre as bolhas e o desconforto físico causado por quilômetros e mais quilômetros de caminhada, comenta sobre a impressão que um peregrino que conhecera fazia do Caminho, com a qual ele manifesta sua concordância:

> Existe algo no caminho. Talvez por ser um ponto energético do planeta, talvez por estar exatamente abaixo da Via Láctea ou por força de Santiago, não sei, mas do ponto de vista médico, posso te afirmar que qualquer mal se cura muito mais rapidamente no Caminho. As bolhas, por exemplo, curam em três ou quatro dias, com as pessoas caminhando sempre. Na cidade, com muitos cuidados, medicamentos e sem andar, uma bolha leva oito ou nove dias para desaparecer. Cortes cicatrizam com facilidade. Existe algo no caminho protegendo os peregrinos. (Reis, 1998, p. 89.)

Comenta também sobre as inúmeras "coincidências" que percebeu durante o trajeto, e como a maioria dos peregrinos também menciona os personagens "emblemáticos" que encontra ao longo da rota, bem como dos inúmeros mitos, lendas e crenças que existem em seu entorno.

Em Villafranca del Bierzo, descreve seu encontro com a família de Jesus Jato (hospitaleiro de um dos albergues existentes na cidade), um dos personagens mais emblemáticos do Caminho e um dos mais recorrentes nos livros escritos por brasileiros. Relata sua aparente surpresa quando Jesus se autodefine: "No Brasil eu seria um mago. Aqui sou um bruxo e, se pudesse, Torquemada me queimaria novamente na fogueira."

Intrigado com aquela descrição, Reis solicita explicações a Jesus, que lhe esclarece: Villafranca del Bierzo era a terra de Torquemada, um famoso inquisidor espanhol, que acreditava que o fogo purificava tudo e que, queimando a matéria, queimava-se o mal. Jesus acrescenta ainda que: "eu tinha certeza absoluta de que você [Reis] iria chegar, tanto quanto eu sei que fui uma camponesa nos tempos de Torquemada e fui morta na fogueira, por ordem direta dele". Depois disso, Jesus relata que seu refúgio foi "queimado propositadamente" por alguém que pensava como o inquisidor.

Reis comenta ainda um pouco da conversa que travara com Jesus[156] sobre a idéia do "bem contra o mal", das lutas e guerras e dos conflitos sociais. Sobre essas questões, o "bruxo" comenta:

---

156. Durante uma das entrevistas que realizei com Jesus Jato, ele me revelou que era um ex-padre e que havia saído da ordem beneditina por não concordar com muitos de seus ensinamentos e doutrinas. Enfatizando sempre suas críticas à Igreja católica que, segundo ele, quer ser "a única que detém a verdade".

> Onde há intolerância, onde há perseguições, inveja, maldade, sadismo, aí há um Torquemada; onde há ignorância e medo, onde os homens forem covardes e temerem por seus pensamentos, onde os homens buscarem um senhor para servir e obedecer e não tentarem fazer seus direitos individuais, aí haverá espaço para um Torquemada. O mal renasce de mil formas e sob os mais diferentes nomes e bandeiras, e bruxos e bruxas são todos aqueles que pensam diferentemente dos donos do poder. Hoje o homem tortura seus irmãos com maiores requintes do que no tempo da Inquisição. As fogueiras de Torquemada foram substituídas pelas bombas de napalm, muito mais eficientes. Quantos Torquemadas pilotavam os helicópteros no Vietnam? Quantos Torquemadas apertavam os gatilhos dos lança-chamas, queimando casas com velhos e crianças dentro? Não mudamos muito, meu caro brasileiro. Apenas aperfeiçoamos os métodos. (Reis, 1998, p. 171-172.)

Muitas das idéias que são apresentadas ao longo do livro de Sérgio Reis são também recorrentes em outros livros, particularmente esta de uma luta permanente entre "o bem e o mal". O autor comenta ainda os diferentes diálogos que travou no percurso com personagens considerados emblemáticos, tal com Jesus Jato. As principais lendas existentes no percurso são apresentadas e/ou citadas igualmente em sua narrativa.

Ao chegar em Santiago, depois de cumprir todos os rituais na Catedral, afirma que ao fazer um certo "balanço" teve a impressão de que sempre soubera onde estavam as suas falhas, bem como daqueles que o cercavam. No entanto, acreditava que lhe faltasse a coragem para admitir isso. Em suas palavras: "Eu negara todas as evidências, separando o mundo em bons e menos bons, como se os maus não existissem. Eu confundia amor com perfeição."

Depois da experiência, diz que percebia que o maior aprendizado ou "lição" fora aprender que:

> Só valerá a pena ser amado se eu me mostrar como realmente sou; e só valerá a pena amar se eu puder ver as pessoas como elas realmente são. Eu estava pronto para voltar para suas responsabilidades diárias, para recomeçar uma velha-nova vida. Alguns erros poderiam ser corrigidos; quanto aos outros, eu estava pronto para conviver com eles, olhando-os bem de frente. (Reis, 1998, p. 204.)

RELATO 5 – UM EXEMPLO DE "CONVERSÃO" NO CAMINHO

Theophilo é médico (neurocirurgião), tem 48 anos e fez doutorado e pós-doutorado na Alemanha, onde morou durante seis anos.

Já na contracapa de seu livro encontramos o *lead*: "Um médico e sua conversão". "Um materialista e seu encontro com Deus". "Um cético transformado pela fé".

No entanto, nenhuma dessas três frases define a história que é apresentada no livro, mesmo juntas elas seriam insuficientes para abarcar a complexidade e densidade do que é narrado em *Coincidências da Via Láctea* (Theophilo, 2000).

Segundo o autor, por ter recebido educação católica, foi muito difícil para ele superar o medo e "renegar a Deus". Aluno de colégio de padres jesuítas, tirava boas notas, menos em comportamento, o que lhe valeu terços e terços rezados em castigo. Passou por toda a "repressão moral católica das famílias de classe média dos anos cinqüenta e sessenta". A noção de pecado e inferno lhe dava muito medo e fundamentava inúmeros pesadelos. Com tudo isso, nessa época ainda acreditava em Deus, ou melhor, "temia-o", e esperava pela "justiça divina".

Na adolescência, "em estado de revolta latente", inicia "um teste com os limites do seu medo". Tinha receio de fazer coisas erradas e de repreensão e castigo, tinha medo sobretudo de pecar e de Deus. Reage a isso, segundo ele, tomando atitudes e fazendo coisas que tinha a consciência de que não deveria fazer. Segundo suas próprias palavras, "fez miséria". E isso incluía falar palavrões na frente de pessoas "sérias", "chutar senhoras na rua", "quebrar coisas" (televisor entre elas), o que o levou a ser expulso do colégio.

Do ponto de vista familiar, todos achavam que ele deveria estar com algum distúrbio clínico, e com esse diagnóstico começa sua "peregrinação por neurologistas, psiquiatras e psicoterapeutas".

Depois de um longo tratamento psiquiátrico com vários tipos de "neurolépticos", uma psicoterapia curta, passes de um parapsicólogo em Piedade (subúrbio do Rio de Janeiro), acabou indo parar na psicanálise, que fez por 20 anos. Paralelamente "à vida desregrada que levava", segundo ele, passou a ler muita filosofia (Aristóteles, Platão, os cínicos etc.), procurando por algo "racional" que conseguisse justificar a vida.

Nesse período, abandona os estudos e começa a freqüentar o Teatro de Arena. Logo depois se interessa pela matemática e volta a estudar, aos 16 anos. Recebe a emancipação para poder prestar as provas da madureza do ginásio e, em seguida, faz o científico pelo mesmo sistema e, depois, se prepara para o vestibular de medicina.

Segundo ele, na época da faculdade, "os existencialistas faziam a sua cabeça", e se autodefine nesse período como um "esquerdista de botequim", e comenta que não participou da luta armada na época da ditadura.

Como procurava "uma solução filosófica para a sua vida", o "existencialismo ateu de Martin Heidegger" acabou por acalentá-lo por muito tempo. Até que teve contato com um escritor que o influenciou muito: Albert Camus. O contato com a teoria do absurdo de Camus foi fundamental para Theophilo, e o que mais lhe impressionou nesse livro foi "o mito de Sísifo", principalmente a idéia de que:

> Só há um problema filosófico verdadeiramente sério: o suicídio. Julgar se a vida merece ou não ser vivida, é responder a uma questão fundamental da filosofia. O resto, se o mundo tem três dimensões, se o espírito tem nove ou dez categorias, vem depois. São apenas jogos. Primeiro é necessário responder. (Theophilo, 2000, p. 50.)

Segundo Theophilo, o mito de Sísifo, levando sua pedra eternamente morro acima, bandeira do pensamento absurdo, lhe foi sendo evidenciado nas coisas mais corriqueiras da vida, como escovar dentes, por exemplo. A solução proposta por Camus, para Sísifo ganhar de sua condenação, foi imaginar Sísifo feliz.

Ele comenta que passou mais da metade de sua vida ocupado com isso. De tanto temer a morte e sua representação do absurdo, combateu-a na medicina e passou a estudar sobre a vida. Isso é, segundo sua perspectiva, uma luta inglória. Ateu, imaginando Sísifo feliz.

A maior lição que aprendeu ao estudar medicina foi a compaixão, a capacidade de amar o outro, independentemente de conhecê-lo ou ter com ele qualquer relação ou identificação. Apenas e somente pelo fato de ser uma pessoa. A capacidade de sair de si e sentir-se no lugar do doente seria, assim, segundo a sua ótica, a condição *sine qua non* para o exercício da medicina. É na correta identificação da compaixão e do amor ao próximo que reconhece o sentido da medicina.

O livro de Theophilo é repleto de histórias e de fatos que entrelaçam sua história de vida com a descrição de sua peregrinação a Santiago de Compostela, particularmente do que ele (como muitos outros peregrinos) denomina "coincidências", exatamente aquilo que o leva, aos poucos, a uma "fé inabalável".

Mas quais seriam essas "coincidências"? Como ele as descreve?

Antes da partida para Santiago (a primeira ocorreu em 1997 e a segunda, em 1999), relembra a visita que havia feito à Lourdes (França), que o havia marcado muito. Fala sobre a impressão que teve diante da multidão, em meio à qual centenas de doentes de todas as partes do mundo, em macas com rodas ou em cadeiras, esperavam passar em frente à gruta de Nossa Senhora e receber a benção dos enfermos, acreditando em um milagre para si, como tantos os casos relatados de milagres da santa, que são representados em milhares de ex-votos[157] expostos.

Vendo essa imagem, Theophilo diz ter se sentido revoltado com a Igreja, por permitir que seus doentes perdessem a dignidade e se expusessem daquela maneira aos outros. Conforme ressalta, "não acreditava em milagres" e gostaria de ver defendido o direito daquelas pessoas de morrerem com dignidade em suas casas, sem sofrer as dificuldades e o desconforto daquela viagem.

Anos depois, numa conversa com Paulo Coelho, pouco antes de ir a Santiago, comenta sobre as sensações que tivera em sua visita à Lourdes e da sua indecisão a respeito de onde começar o Caminho, recebendo dois comentários de seu interlocutor:

a) o primeiro é que o Caminho está lá no mesmo lugar há quase 2 mil anos. Muitos são os peregrinos, mas não são todos os homens que se sentem

157. Peças de cera ou de madeira que representam as partes do corpo curado e que são colocadas em um lugar específico, em retribuição à cura alcançada.

motivados a fazê-lo. "O Caminho é um chamado que faz parte da vida de apenas algumas pessoas, e pelo jeito você é uma delas" – disse Paulo. Lembrando ainda que há um ditado que diz que o Caminho começa no momento em que você decide realizá-lo e termina quando você acha que chegou ao fim;

b) o segundo é que ele não deveria interpretar daquela forma o que tinha presenciado em Lourdes. A sugestão de Paulo Coelho era imaginar que aqueles doentes, bem ou mal, mais ou menos, sabem de suas dificuldades e comprometimento com a saúde. Se a situação for apenas vista em sua concepção formal, nada mais restaria a eles senão deitar-se em casa e aguardar a morte. Por outro lado, independentemente de haver milagre ou não, a disposição de ir a Lourdes lhes fortifica a vida espiritual e os traz a uma perspectiva ulterior à morte. Isso, segundo Coelho, é a demonstração da vitória da vida sobre a morte. Um bom exemplo do que seria o "Bom Combate" (sobre o qual já me referi anteriormente).

Algum tempo depois disso, Theophilo resolve escrever sobre sua experiência porque queria esquematizar de forma literária a sua "sucumbência à certeza de Deus, através das coincidências", as quais, segundo ele, foram tantas e tais, que culminaram por desvalorizar o fenômeno do acaso, "dentro do enredo racional da sua existência."

Ao descrever sua partida para a Espanha, diz que se sentia "engraçado" por estar viajando aos 44 anos com uma mochila de acampamento nas costas. Comenta que tinha certeza absoluta de que naquela viagem nada lhe aconteceria, mas acrescenta logo a seguir que com a calma que essa sensação lhe transmitia, juntou as frases ainda não muito automáticas e "falou" o Pai-Nosso.

Ao comentar sobre a sua decisão de fazer o Caminho, relembra que conheceu sua mulher na mesma ocasião em que ele e Sérgio Reis foram convidados por ela (apresentadora) para participarem de um programa de televisão. Ele havia sido convidado para dar uma entrevista sobre cirurgia para tratamento da epilepsia, isso no ano de 1992. Pouco tempo depois, acaba se casando com a apresentadora do programa.

"Por coincidência", tanto ele quanto Sérgio Reis tinham casa de veraneio no mesmo condomínio em Angra dos Reis e, assim, passaram, a partir daquela data, a se encontrar. Até que, em 1997, em um jantar na casa de Sérgio, vários amigos conversavam sobre uma pessoa que tinha feito uma promessa de ir a pé até Aparecida do Norte, para que algo especial lhe acontecesse. Logo a seguir, a conversa mudou para a história de Santiago. Entusiasmado com o assunto, comenta com sua segunda esposa (a apresentadora): "Estou com 43 anos e desde a juventude não faço uma loucura, uma aventura, que tal irmos para a Espanha fazer a caminhada de Santiago? Na pior das hipóteses teremos um turismo barato, uma vez que o passeio é a pé."

"Por coincidência", segundo ele, ao chegar em casa, o filho e sua mulher passam a acessar a Internet e procurar informações sobre o Caminho, encontrando um *site* espanhol sobre o assunto.

A primeira informação foi descobrir que Santiago é o apóstolo de Cristo, filho do pescador Zebedeu e irmão de João (outro apóstolo). Segundo, que Tiago, em português, é Santiago em espanhol, James em inglês, Jacques em francês, Jakob em alemão, Giaccomo em italiano. Enfim, que Tiago e Jacó são o mesmo nome. A partir daí não pára de pensar no assunto e de conseguir informações.

Depois de tomar, junto com a esposa, a decisão de fazerem juntos o Caminho, falta um item importante: o dinheiro para a viagem.

Atravessando o que ele denominou uma "fase difícil", ele e a mulher não estavam muito bem profissionalmente. Assim, a pergunta era: "Como fazer o Caminho naquela situação?" Segundo ele, a decisão de fazer o Caminho foi suficiente para que as coisas pouco a pouco se ajeitassem, e isso teria sido mais uma "coincidência". A partir daí, segundo seu relato, tudo foi acontecendo, sua vida "definitivamente mudou". Tudo ia acontecendo no sentido de os levarem ao Caminho.

Mas o que tinha ocorrido? Logo depois de tomar a decisão de fazer o Caminho, foi convidado a participar de alguns programas de televisão para falar sobre a microcirurgia e implante na coluna vertebral. Particularmente, a entrevista que deu ao programa de Jô Soares lhe rendeu bons frutos. Na mesma ocasião, ele investiu suas poucas economias na bolsa de valores e obteve bons lucros.

Outra "coincidência" marcante, segundo ele, ocorreu logo no início do Caminho. Em Roncesvalles, numa conversa com Santiago, um dos padres da Collegiata, falou sobre suas restrições em relação à atuação da Igreja católica. Relacionadas não só a história da Igreja, que segundo ele "carrega manchas bem negras", como também ao dogma que impõe condutas questionáveis e à segregação daqueles que não as cumprem (lembrando a sua situação de divorciado, tendo outro relacionamento marital sem ser casado e, portanto, sem poder comungar).

O padre responde aos seus questionamentos dizendo que a coisa não era bem assim, que a Igreja é o lugar de todos os que acreditam em Deus e em Cristo, como seu único filho e Salvador, e a própria Bíblia, no Antigo Testamento, fala em divórcio como algo aceitável em determinadas situações.

Depois de uma longa conversa em que ele e sua mulher discutiram com o padre sobre diferentes temas como a confissão, noção de pecado e outros, aquele lembra que "a Igreja é feita de homens e os homens erram" e que a confissão não passa de uma meditação. O padre acrescenta ainda que, sabendo dos 30 anos que ele esteve longe da Igreja e tendo ouvido toda a sua história e questionamentos, aquela foi "a mais linda confissão que já tinha ouvido em toda a sua vida". Pede então a Theophilo e sua esposa três coisas: a) que procurassem ficar, a partir daquele dia, sempre que possível, nos refúgios e albergues, como qualquer peregrino comum (em Roncesvalles eles ficaram em um hotel); b) que aproveitassem um pouco do tempo livre para ler o Evangelho de Lucas; e c) que procurassem um padre na Catedral em Santiago de Compostela e conversassem, como fizeram com ele.

Pouco tempo depois, já em outra cidade, ao lerem o Evangelho de Lucas levaram o maior susto, pois no pequeno trecho introdutório consta:

> I – Dedicação a Theophilo. 1 – muitos se propuseram escrever uma narração dos fatos que aconteceram entre nós. 2 – como nos transmitiram os que deles foram testemunhas oculares desde o começo e, depois, se tornaram ministros da Palavra. 3 – por isso ilustríssimo Theophilo, depois de ter investigado cuidadosamente tudo desde as origens, eu também resolvi te escrever um relato com ordem e seqüência. 4 – para que tenhas na devida conta a solidez dos ensinamentos que recebeste oralmente.

Esse episódio foi então interpretado por ele e sua esposa como mais uma grande "coincidência" da Via Láctea. Theophilo não conseguia acreditar no que estava lendo. O padre não sabia o seu sobrenome, pois ele havia se apresentado com o primeiro nome, que é Francisco. No livro sagrado o Evangelho estava, segundo ele, "dedicado a mim nominalmente".

Próximo da chegada a Santiago comenta sobre a "mistura de sentimentos que enchia a sua alma". Mas que sentimentos seriam esses? Dominado pelo cansaço, queria parar de andar e descansar. No final da jornada, "tinha saudades do Caminho, da igualdade entre as pessoas com seus corpos e pesos limitados, da ausência do mal, do espírito da fraternidade, da desmaterialização do pensamento". Achava que seria difícil a tarefa de voltar à rotina da vida e ao mesmo tempo continuar vendo o mundo de forma "espiritualizada, despojada e cheia de compaixão". Principalmente, dentro do perfil do mundo moderno, que ele classifica como "hipócrita", "competitivo ao extremo", "materializado ao máximo", enfim, "desalmado".

Com relação ao momento da chegada a Santiago, comenta que "ficou muito emocionado". A sensação que sentia era a mesma que havia experimentado em sua formatura, "pelo que aquilo representava frente ao passado e a solidariedade da conquista". Era como estivesse se formando novamente, só que à sua volta, parabenizando-o, "estavam seus mortos", ou seja, todas as pessoas de sua família que já haviam falecido. Afirma que sentia todos, "um a um, andando ao seu lado pela ladeira abaixo". O primeiro que "viu" foi o avô Raphael, "com seu terno claro, gravata borboleta e seu indefectível chapéu panamá". Ao lado dele, estava a sua prima Liana, "com seu sorriso bonito". Segundo ele, seu pai ia à frente, orgulhoso, e a sensação que experimentava era tão boa, que começou a "chorar de alegria". Viu também suas duas avós andando normalmente e suas tias vinham cantando: "No céu, no céu, com minha mãe estarei", como faziam nas procissões do seu tempo de criança e, na frente de todos, iam duas crianças que foram suas pacientes, às quais ficou muito ligado e que se "foram de suas doenças". Seu tio Flavio vinha conversando com alguém e batia em suas costas dizendo: "Este menino é fogo".

Nunca havia se sentido tão amado como naquela hora. Abraçado à sua mulher, conta-lhe suas sensações, e juntos seguem de mãos dadas o trecho final.

Após concluída a experiência de peregrinação, pensa no que aprendeu do ponto de vista prático, e diz que "a vida também não passa de repetição tal como a condenação de Sísifo. Noite e dia se alternando a cada 12 horas, frio e calor, juventude e velhice, trabalho e descanso, sono e vigília, sucesso e derrota, alegria e tristeza, bem e mal, pedra acima e pedra abaixo."

Afirma então que, se não houver insistência no "rumo do desejo", a condenação é inevitável. A única saída para "nós e para Sísifo é a saída inteligente. Primeiro, o amor à sua pedra. É óbvio que se amo a pedra com a qual vou conviver, estarei muito melhor do que se a detestasse. Segundo, se conseguir ser feliz com a pedra, subindo e descendo, e melhor ainda, realizar-me nisso, acabou a condenação, que dadivosamente se torna gratificação." Sua pedra é a dúvida de fé, que ora é maior ou menor, mas está sempre ao seu lado. "Se aceito e aprendo a conviver com ela, sem o desejo absurdo de eliminá-la por completo para possuir a fé em sua plenitude, acabo amando-a, posto que, mais humano, impossível."

Algumas considerações sobre as similaridades nos relatos

Minha intenção ao apresentar esses cinco relatos foi mostrar como os peregrinos descrevem suas próprias motivações de fazer o Caminho, bem como os diferentes percursos e passagens que realizam ao longo de suas vidas. Em alguns dos relatos as histórias de vida afloram mais, dando maior densidade às narrativas, que estão sempre referidas a mitos, crenças e personagens que fazem parte do universo *jacobeo*.

Naturalmente que não pretendo esgotar todas as questões que foram levantadas ou indicadas nessas narrativas, tal a sua complexidade, mas quero apontar para um núcleo comum de idéias recorrentes, questões e problemáticas que dizem respeito fundamentalmente aos dilemas enfrentados pelos indivíduos na sociedade moderna. Cada um desses relatos expõe, de um ponto de vista, aspectos parciais dos dramas e dilemas "humanos". Eles falam de pessoas que buscam uma relação direta com Deus, que lutam contra "seus demônios" que, numa linguagem performática, dizem respeito a sentimentos, emoções e valores que em contradição constante alimentam nossa existência. Falam de questões filosóficas que sempre, em quase todas as sociedades e culturas, fizeram parte das reflexões de seus principais pensadores. São, portanto, aspectos que considerei como mais significativos.

Questões como "quem sou eu?", "de onde vim?", "para onde vou?" e as diferentes respostas para esses dilemas sempre estiveram no centro das reflexões das distintas sociedades humanas. A necessidade de conhecer melhor o eu interior de cada um revela, entre outras coisas, uma positividade da busca do autoconhecimento, que, tornada central na vida dessas pessoas, se constitui agora como um projeto socialmente elaborado,[158] que anima os distintos peregrinos em suas "buscas".

Um aspecto são os trânsitos e as passagens retratados pelos distintos peregrinos, através de um conjunto de práticas que poderíamos chamar de "religiosas" ou "mágicas", mostrando como as pessoas lidam com sistemas de crenças aparentemente distintos. A relação entre catolicismo e magia fica explícita em quase todas as narrativas.

O segundo aspecto a ser destacado diz respeito à análise que eles mesmos realizam dos fatos que consideram como mais importantes em suas trajetórias de vida. Utilizando a noção de "coincidência", são relatados fatos que poderiam ser lidos e traduzidos em uma outra linguagem, mas que dentro daquele contexto assumem um significado específico. Podemos perceber que, de certa forma, as denominadas "coincidências" são lidas sob a ótica de uma espécie de crença que vigora entre os peregrinos brasileiros, ou seja, "se você pedir, você recebe", no melhor estilo da famosa frase atribuída a Paulo Coelho: "o universo conspira a seu favor".

Se nada ocorre por acaso, é preciso interpretar os fatos e entendê-los, e isso significa classificá-los primeiro dentro da ótica mágico-religiosa, tal como os Azande de Evans-Pritchard (1978). Nesse estudo, o autor mostra como para o grupo analisado a feitiçaria é melhor entendida como um sistema cognitivo que visa explicar o infortúnio. Dessa forma, independentemente das razões naturais que se pode levantar para esclarecer fenômenos classificados daquela forma, eles são sempre explicados pelos Azande através da feitiçaria.

Maggie (1992) realizou um estimulante estudo sobre como e por que a crença na magia e na capacidade de produzir malefícios por meios ocultos e sobrenaturais é bastante generalizada no Brasil, desde os tempos coloniais. Segundo a autora, a feitiçaria explica por que pessoas particulares, em lugar e horas específicos sofrem infortúnios particulares, acidentes, doenças, perda de emprego. A feitiçaria, como

158. A noção de projeto elaborada por Schutz (1979) e utilizada por Velho, G. (1981, 1986, 1994) em diversos trabalhos, no contexto da sociedade brasileira, significa "a conduta organizada para atingir fins específicos", vinculada à de "campo de possibilidades como dimensão sócio-cultural". Por sua vez, Giddens (1991) utiliza a noção de projeto como uma definição de propósito em relação a desenvolvimentos a longo prazo. Para este autor, a produção e a reprodução da vida social se realizam através das atividades dos seres humanos, em termos de "propósitos"e "projetos".

teoria da causalidade, está voltada para a singularidade do infortúnio. A autora nos lembra que existem várias explicações para o problema metafísico: por que certas coisas acontecem a certas pessoas em local e hora específicos, havendo inclusive explicações como carma, destino, desejo de Deus, e que, no caso da sociedade brasileira, também se emprega alguma dessas outras respostas (Maggie, 1992, p. 26).

Inspirada nessas colocações, sugiro que se entenda a explicação das "coincidências", ou melhor, da idéia de que nada ocorre por acaso, desenvolvida pelos peregrinos brasileiros como um exemplo da teoria da causalidade. Só que, em vez de estar voltada para a singularidade do infortúnio, está referida a um processo que põe as coisas e as pessoas em relação. Em vez de termos uma explicação do infortúnio, temos um sistema de explicação para o acaso, entendido também como um sistema de conhecimento. No entanto, tal como na teoria da feitiçaria de Evans-Pritchard, que está ancorada na idéia de que esse sistema é um sistema fechado, no caso das "coincidências", o que se busca explicar é o que parece ser "imponderável", "extraordinário".

Esses aspectos parecem indicar que grande parte das representações apresentadas nessas narrativas está informada pelos mesmos princípios e categorias com que se constroem os discursos no universo ou mundo que venho denominando *jacobeo*.

Obviamente que, nos exemplos relatados, não se trata de infortúnios, nem de feitiçaria. No entanto, a aproximação que estou fazendo é no sentido que há mostrar que há sempre um mediador operando essas passagens. De um lado temos: infortúnio explicado pela feitiçaria, do outro, as denominadas "coincidências" explicadas pelo elemento mágico-religioso, divino, sagrado, pois, como dizem os peregrinos, "nada ocorre por acaso".

No exame dos livros analisados[159] busquei perceber, em primeiro lugar, os temas comuns, o que me levou a organizá-los a partir de uma estrutura que os prioriza. Assim, os argumentos que se seguem estão organizados dessa forma: procurei destacar o conjunto recorrente de idéias, aspectos, crenças, mitos, lendas, personagens, monumentos encontrados nos livros.

De alguma maneira, são crenças compartilhadas, símbolos e signos valorizados que não só constituem uma estrutura mínima, como organizam também o sentimento de pertencimento a uma "comunidade emocional" de amigos e companheiros do Caminho.

A dimensão ritual da peregrinação é um dos aspectos mais ressaltados. Isso fica implícito na própria forma com que os peregrinos privilegiam as ações sociais que se realizam no contexto de visões de mundo compartilhadas, em que a comunicação

159. Estou me referindo aqui ao total de livros sobre o Caminho que li para a realização da tese, e que se encontram listados no Anexo 1.

entre os diferentes atores sociais deixa transparecer classificações implícitas. Dessa forma, a análise das experiências vividas e descritas pelos peregrinos, durante o Caminho, me permite classificar a peregrinação como um ato performático.[160]

As duas idéias centrais apresentadas em todos os livros analisados, e que também foram destacadas nos depoimentos dos peregrinos entrevistados, são: a de que "ninguém faz o Caminho impunemente" e que "nada ocorre por acaso". A elas poderíamos ainda acrescentar uma outra noção recorrente, que é a de que um indivíduo, quando faz o Caminho, está sempre "atendendo a um chamado, consciente ou inconscientemente".

Essa linguagem ou gramática própria do ritual para ser eficaz tem que ser percebida e entendida pelos que a emitem e recebem, daí o caráter redundante do ritual; a repetição, a observação de uma gestualidade própria, a inscrição num calendário próprio e a observação de uma mesma oralidade. Por isso, podemos falar numa gramática, numa linguagem, como diria Leach (1972). Dito de outra forma, de um conjunto de regras que o articulam e de uma articulação que significa alguma coisa. O ritual, nesses termos, se constitui em instrumento de cognição.

Enquanto ritual, o Caminho é percebido através de categorias tanto individuais como coletivas e, como um rito de passagem, parece indicar e, ao mesmo tempo, celebrar mudanças individuais que, no entanto, dizem respeito às expectativas do grupo como um todo. Sem dúvida, a experiência da peregrinação permite aos peregrinos substanciar, confirmar, inventar e construir seu mundo, colocando-os em contato com um universo discursivo e ritual, testando suas crenças, valores e certezas.

Apesar da aproximação que se poderia fazer com o ritual de passagem descrito por Van Gennep (1978) ou Victor Turner (1974), o Caminho é um ritual que celebra a "transformação" ou a "passagem" como valor. A idéia predominante não é tanto de marcar a transição social daqueles que vivenciaram a experiência da peregrinação, isto é, de realizar uma mudança de um estado fixo para outro, seja social ou religioso. Em vez disso, busca-se viver nos quase 30 dias de peregrinação a experiência "liminar" do encontro com pessoas e grupos de pessoas com concepções, práticas e ideais muitas vezes contrastantes.

Durante o percurso, os peregrinos realizam uma *performance* temporal e espacial de algumas concepções fundamentais que compõem a sua cultura e que são, *grosso modo*, englobadas pelo drama do Caminho. O ato de peregrinação está assim, efetivamente, marcado por vários sentimentos e valores éticos que são performaticamente vivenciados durante o percurso. Sentimentos, emoções e expressões como paz, solidão, medo, fome, vaidade, angústia, amizade, solidariedade,

160. Utilizo aqui a noção de ato performativo desenvolvida por Tambiah (1985), isto é, que produz resultados em virtude de ser realizado.

humildade, companheirismo são recorrentes nas narrativas. Como afirmou Lincoln (médico, 59 anos): "No Caminho aprende-se a habilidade de se compartilhar tudo, no mais puro sentimento de humanidade."

A atitude de respeito ao próximo, em todas as situações vivenciadas durante o percurso, também foi salientada por muitos peregrinos. Judith (professora, 31 anos) nos disse: "O respeito entre os peregrinos é um ponto de honra, é uma das coisas mais bonitas do Caminho."

Mas o principal destaque foi dado, sem dúvida, ao sentimento de companheirismo, que é construído e compartilhado por todos. Sobre essa questão, assim se expressou Rodrigo (advogado, 44 anos): "Éramos como irmãos, todos filhos do Caminho de Santiago de Compostela."

Durante o percurso impõe-se também para os peregrinos a "metáfora da natureza" e sua "celebração", exprimindo justamente uma idéia do sagrado que se projeta no mundo externo e íntimo do indivíduo, religando-o às forças universais da vida, não na tradição, mas através das tradições. A maioria relatou assim o sentimento de "completa harmonia e comunhão com a natureza", como José Maria (engenheiro, 52 anos), que comenta: "Eu seguia encantado e, como por encanto, cheguei ao Cebreiro e quase não acreditei: êxtase puro, um coro de anjos recebendo o felizardo que chegava ao lugar onde a natureza, com a ajuda de Deus, vivia um momento de clímax completo e eu com ela."

Ou ainda o relato de Marilia (psicóloga, 31 anos), que além de ressaltar a sensação de encompassamento que sentia da natureza, fala ter sentido a "presença de Deus":

> Terminada a refeição, o sol começava a se pôr e fui caminhando com vagar por dentro do bosque... meditando, encantada com toda a beleza que me envolvia, com a lenta mudança do cenário entre o dia e a noite. Mais uma vez chorei, agradecendo por existir, valorizando a vida. Logo depois, sentada na varanda, na mais absoluta solidão, acompanhei o vagaroso enfraquecimento dos últimos raios solares ainda penetrando suavemente por entre os troncos, os galhos e as folhas. O céu mudava de cor por trás das copas das árvores, eram 21h, a noite chegava e com ela o pio das aves noturnas. Foi um momento sagrado, em que senti a presença de Deus.

Através da intensificação das emoções do indivíduo em sintonia com o sagrado, como fonte natural e inesgotável da vida, dramatiza-se, assim, o encontro do ego com algo que lhe extrapola – isto é, o *self* –, uma dimensão interior ainda não representada pelas afirmações e ações codificadas pela cultura.

Realizar a peregrinação a Santiago significa sobretudo, aos olhos dos peregrinos, uma promessa de transformação e, por isso, essa questão ganha centralidade na maioria dos livros analisados. É um ritual que leva seus participantes a uma "reavaliação da vida", de "suas prioridades", "crenças", "ambições", "desejos".

Entretanto, a modificação fundamental se processa na maneira como eles "vêem a si mesmos", o que parece indicar que através do ritual poderá ser operada uma ressignificação de suas próprias vidas.

A fonte estrutural dessa promessa é, assim, a emergência de "um novo ser", não apenas interiormente, mas também no padrão das relações sociais estabelecidas. Dessa forma, o ideal de transformação é apresentado pelos peregrinos como a base fundamental que orienta as diversas ações e práticas que desenvolveram durante o percurso. Motivados pelo desejo, ou melhor, pela predisposição de experimentar um processo de transformação em suas vidas, os peregrinos afirmam a importância do autoconhecimento como um dos elementos desencadeadores desse processo.

De maneira geral, podemos dizer que a noção de autoconhecimento é definida pelos peregrinos como o "processo de ver a si mesmo de verdade, sem os disfarces e as máscaras que os homens costumam usar" (Sharp, 1999, p. 51).

Um outro preceito bastante generalizado nas narrativas dos livros é a entrega deliberada da responsabilidade de decisão ao indivíduo. Prevalece a idéia do livre arbítrio, e este é um imperativo ético estruturante no universo *jacobeo*.

Em sua dupla acepção, interna e externa, o Caminho é percebido também como uma experiência através da qual é desencadeado um processo de reflexão que pode levar a profundas modificações no modo do indivíduo "encarar a sua vida".

Tais colocações parecem se aproximar de uma questão fundamental discutida por Giddens (1993) com relação a um princípio básico da chamada vida moderna. Segundo este autor:

> O princípio de autonomia proporciona a linha direcionada e o componente substantivo mais importante desses processos. No terreno da vida pessoal, autonomia significa a realização bem-sucedida do projeto reflexivo do eu – a condição de se relacionar com outras pessoas de um modo igualitário. O projeto reflexivo do eu deve ser desenvolvido de maneira a permitir a autonomia em relação ao passado, este por sua vez facilitando uma colonização do futuro. Assim concebida, a autonomia permite aquele respeito pelas capacidades do outro, intrínseco a uma ordem democrática. O indivíduo autônomo é capaz de tratar os outros dessa forma e reconhecer que o desenvolvimento de suas potencialidades separadas não é uma ameaça.. (Giddens, 1993, p. 206.)

Ao mencionar o uso crítico que faz dos livros de auto-ajuda, para falar da auto-identidade e da autonomia pessoal, o autor destaca que a grande parte desses livros tem um caráter prático não tanto porque ofereçam relatos das alterações que afetam a vida pessoal, mas sim porque correspondem a expressões de processos de reflexividade que esboçam e ajudam a conformar. Do ponto de vista de Giddens (1993, p. 73-74), são livros que têm um caráter emancipatório: apontam para mudanças que poderiam libertar o seu desenvolvimento autônomo. Ou seja, são textos de nossa época, que em certo sentido poderiam ser comparáveis aos manuais medievais de conduta, analisados por Norbert Elias (1994), ou às obras de etiqueta utilizadas por Erving Goffman (1970) em seus estudos sobre normas de interação.

Ainda que os autores dos livros analisados não definam seus livros como de auto-ajuda, a grande maioria indica a preocupação de "transmitir uma experiência muito importante, ajudando aqueles que não fizeram ainda a peregrinação", ainda que, de uma maneira aparentemente contraditória, sustentem que o "Caminho é sempre um caminho pessoal" e, por isso mesmo, difícil de ser seguido. A máxima desse princípio é sempre evocada nas palavras do poeta Antonio Machado: "Caminante no hay camino, se hace camino al andar."[161]

Como um processo ritual, o Caminho se apresenta também como um sistema culturalizado de simplificações, comportamentos-padrão nos quais efetivamente as emoções humanas são manipuladas em direção a algum propósito. E tal manipulação é possível na medida em que o mundo do ritual consiste naquilo que é efetivamente arbitrário. Ou melhor, nele operam as categorias da significação e os atributos valorativos, decisivos para a própria sociedade, ou considerados como tais pela totalidade ou por grupos distintos dessa mesma sociedade.

Assim, por exemplo, o sagrado e o profano, longe de serem opostos absolutos, constituem-se categorias que operam simultaneamente. Sendo essa lógica estendida também para outros domínios, antes percebidos como opostos. A um só tempo estamos diante de um conjunto de atos que celebram a tradição cristã e também de atos de encontros, de solidariedade, de neutralização de diferenças. No Caminho, a relação com o sagrado parece tornar-se mais fundamental que a religião, através de um formalismo que não obedece, prioritariamente, a um recorte substantivo. Nesse caso, importam menos a religião ou a crença e mais o modo específico de relacionar elementos e rituais (Soares, L. E., 1989).

Os peregrinos afirmam que da mesma maneira que percebem que receberam "um chamado", que foram "chamados" ao Caminho, também acreditam que têm uma "missão" para depois, embora nem sempre saibam o que fazer. O certo é que, depois de realizada a peregrinação, entram numa fase em que só conseguem pensar na experiência e em seus significados. Como fonte da memória ficam principalmente as centenas de fotos que todos tiram, as correspondências com os amigos que fizeram no percurso, das mais distintas nacionalidades. Mas, também, muitos peregrinos dizem que não conseguem falar em outra coisa que não seja a vivência no Caminho e de querer estar com outros peregrinos. Alguns chegam a afirmar que passam a ser vistos como "inconvenientes", "chatos", "loucos" e, nesse aspecto, o papel das Associações de Amigos do Caminho adquirem um papel fundamental, como veremos a seguir.

161. O poema na íntegra encontra-se no Anexo 3.

As associações difusoras do Caminho

Nesta sessão pretendo situar o papel desempenhado pelas Associações de Amigos do Caminho de Santiago (AACS) dentro do contexto histórico do fenômeno das peregrinações *jacobeas*. Para isso, farei uma breve história do movimento associativo *jacobeo*, para chegar a sua situação atual, onde podemos encontrar uma rica variedade.

Gostaria de deixar claro que essa breve história tem por finalidade apenas contextualizar o papel das AACS no âmbito global, pois a minha atenção se concentrou na dinâmica e nos objetivos da AACS no Brasil.

Foge também dos objetivos principais deste estudo analisar mais detidamente a estrutura interna das associações e da função social que cumprem. Entretanto, acho importante distinguir seus objetivos e fins, situando o seu desempenho através das principais atividades que realizam. Será, assim, minha preocupação destacar as suas atribuições e demandas. Para isso farei uma série de considerações mais gerais, situando o discurso social das associações brasileiras, bem como as concepções do Caminho por elas veiculadas.

Primeiramente, devo ressaltar que entendo uma associação como uma união voluntária de pessoas ou grupos para o desenvolvimento e a conquista de metas comuns, específicas e relacionadas com uma parcela concreta, ao mesmo tempo que são meios para a consecução de determinados fins. Na sociedade atual, emergem com especial relevância as associações voluntárias, que têm, tal e como assinalam alguns autores, as seguintes características:

a) ser um grupo de pessoas que compartem e defendem interesses comuns;
b) ter um caráter específico;
c) possuir um mínimo de permanência e organização;
d) o elemento central é a figura do voluntário;
e) o seu objetivo não é a obtenção de benefícios econômicos para os seus membros, diferenciando-se, assim, de sociedades de caráter mercantil.

Pertencer a uma associação voluntária implica a transformação de um interesse pessoal ou privado em um interesse que se comparte com outras pessoas e que se expressa coletivamente. Em suma, produz-se uma passagem desde a esfera privada à esfera pública.

Entendo a Associação de Amigos do Caminho de Santiago como uma organização voluntária que se forma a partir de um interesse aglutinador, que está centrado na defesa e promoção do Caminho de Santiago. A sua especificidade é, pois, temática e espacial, e todas elas cumprem o requisito de possuir um mínimo de organização e uma permanência temporal estável.

Teoricamente, considerei inicialmente as Associações de Amigos do Caminho, seguindo a concepção de Giddens (1993), como grupos secundários, uma vez que têm propósitos práticos específicos, mas isso não seria correto, já que os membros dessas associações têm laços de natureza emocional envolvente, que são uma característica dos grupos primários. Nelas convive uma estrutura formal com vocação utilitarista, junto a uma estrutura de convivência informal e uma forte relação pessoal que se recria continuamente no esforço e na camaradagem e amizade que caracterizam os encontros e as reuniões entre peregrinos.

Breve histórico das associações de amigos do Caminho e das confrarias

Segundo Leira López (1999) podemos considerar como recente o papel atual das associações do Caminho de Santiago, levando em conta que a sua propagação ocorre no final da década de 1980. A criação da maioria de associações desse tipo, espalhadas pelo mundo todo, vem acompanhada pela efervescência que teve a peregrinação a Santiago nessa mesma década, conforme já tive oportunidade de ressaltar. Nessa tarefa, porém, teve um papel primordial o pároco da localidade do Cebreiro, Don Elías Valiña Sampedro, que promoveu, em 1987, o Congresso Internacional de Jaca, seguindo as diretrizes do que havia sido celebrado em Santiago dois anos antes.

Em 1950 foi fundada em Paris a primeira Associação de Amigos do Caminho, fundando-se posteriormente, em 1963, a primeira associação espanhola na cidade de Estella. Esta, a partir de sua fundação, iniciou uma série de atividades (a divulgação foi canalizada através da revista *Ruta Xacobea*) que podem ser sintetizadas na realização das Semanas Medievais de Música Antiga, na encenação do Mistério de Obanos, na restauração de monumentos alusivos ao Caminho, na construção de novos monumentos e em uma campanha de promoção e recuperação do albergues e dos hostais existentes naquela localidade.

A principal característica desse tipo de associação é a de ser uma entidade jurídica – de caráter civil e sem fins lucrativos, que tem por finalidade primordial: divulgar o Caminho e facilitar os futuros peregrinos no desempenho de suas práticas de peregrinação.

Na década de 1970, o Caminho sofreu um importante descenso, voltando, na década de 1980, a uma forte revitalização. Em decorrência sobretudo de uma convocatória de um encontro *jacobeo* que, em maio de 1985, foi realizado pelo arcebispo de Santiago, monsenhor Rouco Varela. Nas conclusões aprovadas nesse encontro podemos verificar um item que se refere à idéia de "criar Associações de

Amigos do Caminho de Santiago, atribuindo a cada uma a responsabilidade da sua província ou parte dela" (Tanco, 1996, p. 42).

É nesse encontro que Don Elías Valiña (cura do Cebreiro) é nomeado comissário do Caminho de Santiago, sendo que depois essa denominação é modificada para a de coordenador.

A partir dessa época, Don Elías propicia uma série de contatos, ao longo do Caminho, com grupos que vieram mais tarde a criar novas associações, iniciando também um estudo do traçado mais "autêntico",[162] por onde seria definida, a partir daí, a rota *jacobea*. Também é a partir desse período que se inicia um trabalho mais efetivo de sinalização por todas as rotas que chegam até Santiago, particularmente o denominado Caminho francês e se fortalece a criação de albergues organizados para receber peregrinos.

É importante destacar também o trabalho que estava sendo realizado fora da Espanha, como, por exemplo, o Congresso Internacional de Estudos Xacobeos que se celebra na Itália, em setembro de 1983, dirigido pelo professor Paolo Caucci. Nesse mesmo ano, surge também a Confraternity, de Londres, fortemente impulsionada por Patricia Quaife. Em 1985, organiza-se em Gante a exposição "Santiago de Compostela, 1000 Anos de Peregrinação".

Nos anos de 1986 e 1987, foram criadas muitas associações por toda a Espanha, e através do número de peregrinos registrados em Roncesvalles, por exemplo, um dos principais locais de partida, é possível situar a dimensão do crescimento: de 425 peregrinos registrados em 1985, passou-se para 1,2 mil em 1986.

Em 1987, realizou-se também em Colônia (Alemanha) um encontro *jacobeo* europeu, organizado pela associação de Düsseldorf. No ano anterior surgiu na Holanda a Nederlands Genootschap Van Sin Jacob. A criação de algumas dessas associações estimulou, paralelamente, a edição de revistas sobre o tema, entre as quais se poderia destacar a *Die Kalabasse*, da associação de Düsseldorf.

A partir dessa época, se pode notar que o Caminho começa a ter maior repercussão em outros países, como Suíça, Portugal e França, sendo que este último já se destacava sobre os outros dois pelo seu movimento associativo.

O fato mais importante nesse período, no entanto, foi, sem dúvida, a realização do Congresso de Jaca (1987), no qual Don Elías Valiña se despediu como coordenador e, posteriormente, o boletim dirigido por ele se converteu na revista *Peregrino*, sendo hoje uma das revistas mais respeitadas sobre o Caminho. Nesse congresso foram organizados quatro grupos de trabalho, cujos objetivos eram:

162. Há muita discussão em torno do que seria ou não o Caminho "autêntico". Por essa expressão entenda-se o caminho utilizado e consagrado na Idade Média. Embora haja, paradoxalmente, uma concordância de que não existe um caminho verdadeiro. Para alguns essa questão é irrelevante, uma vez que o mais importante é a experiência do Caminho, seja ele qual for.

a) a sinalização e conservação física do Caminho, priorizando-se a reestruturação e criação de novos refúgios para os peregrinos; b) a expansão das Associações do Caminho; c) a confecção da credencial do peregrino; e d) a elaboração de um boletim do Caminho.

Ainda no ano de 1987, o Conselho de Europa, do qual era secretário Don Marcelino Oreja Aguirre, convoca todas as Associações dos Amigos do Caminho a estarem em Compostela em 23 de outubro, num ato em que o Caminho de Santiago é designado como Primeiro Itinerário Cultural Europeu. E, aproveitando a reunião de um grande número de associações presentes e de seus associados, iniciou-se a abertura de um processo de formação de uma federação, embora nem todas as associações desejassem fazer parte dela.[163]

A partir dessa época, há um aumento significativo no número de associações. Mas dentro do conjunto que formam as associações, devemos fazer algumas observações com relação às diferenças no que se refere ao âmbito territorial que elas abrangem. Desse modo, existem as locais, as provinciais, as interprovinciais (ou intercomunitárias), as que coincidem com o território de sua própria comunidade autônoma.

Por último, é importante destacar o paralelismo que as históricas confrarias têm com as atuais associações – ainda que se distinguindo destas últimas por serem entidades religiosas.

Até o século XII não existe documentação que mencione a presença das confrarias do apóstolo Santiago. No entanto, em 1112 o bispo de Porto visitou o papa Calixto II, a fim de solicitar que fosse concedida a dignidade arcebispal para a Igreja de Santiago de Compostela. No século seguinte, alguns cavaleiros de Paris, que peregrinavam a Santiago, associaram-se e, em 1315, formaram uma confraria (Rodriguez, 1996, p. 128). As principais funções desta eram as de proporcionar auxílios de caráter religioso e atender, num hospital anexo, os peregrinos que cada noite dormiam ali. Outras confrarias semelhantes a esta, ainda que com menos força, foram sendo fundadas paulatinamente.

Inicialmente, as confrarias podiam ser classificadas em três tipos. As mais numerosas eram dedicadas ao apóstolo Santiago e caracterizavam-se por oferecer uma assistência espiritual e *post-mortem* aos seus confrades. Outras tinham o caráter guerreiro e eram fundadas para defender populações ou regiões, em caso de serem ameaçadas. Em terceiro lugar estavam as hospitaleiras, que tinham como principal função atender aos peregrinos. Estas se localizavam em pequenas vilas à beira do Caminho, e no seu espírito fundacional conjugavam-se a devoção a Santiago e a sua tarefa hospitaleira.

163. A AACS, com sede no Rio de Janeiro, não pertence à federação.

De todas essas, as mais próximas às atuais associações eram as primeiras, podendo-se encontrar nelas um certo caráter *jacobeo*. Nas missas e procissões que organizavam destacava-se o desejo de realçar a figura de Santiago e, mesmo, algumas delas existiam para poder reunir os confrades, os quais tinham que, como requisito, ter realizado o Caminho e apresentar a documentação correspondente que comprovasse a sua realização.

Na Espanha, essas confrarias surgem no século XIII, sendo que a primeira de que se tem registro é a de Estella (localizada em Navarra). Em 1443, surge a Confraría de Santo Domingo de la Calzada, sendo que os clérigos e laicos que pertenciam a ela comprometem-se a oferecer auxílios aos peregrinos que paravam no hospital que, nos primeiros anos do século XII, havia sido fundado por São Domingos. Desse modo, o albergue, que ainda hoje acolhe os peregrinos que param nessa localidade, converte-se em um dos mais representativos e simbólicos, tendo em vista que um dos milagres ou uma das principais lendas do Caminho ocorreu nessa cidade.

Também nesse período é fundada a Confraría de Santiago, com sede em Santiago de Compostela, sendo que sua origem está inscrita em uma bula do papa Alexandre VI, através da qual se autorizavam os reis católicos a construírem um hospital para peregrinos, próximo à Catedral. Em 1942, o papa Pio XII eleva essa confraria à categoria de arquiconfraria, e em suas finalidades consta a de fomentar o culto a Santiago e ajudar a vida cristã de seus confrades. E, com esse fim, propõe: a) fomentar a peregrinação ao sepulcro de Santiago com a orientação cristã que lhe é própria; b) garantir por todos os meios que o peregrino seja bem acolhido e atendido na sua peregrinação, em todas as rotas que conduzem a Santiago; c) oferecer ajuda para que a peregrinação seja uma ocasião de evangelização; d) colaborar com a Catedral de Santiago para facilitar a atenção espiritual dos peregrinos por ocasião da chegada à sua meta. A arquiconfraria fica responsável por prestar ajuda e conservar o patrimônio religioso-cultural, que é um legado da história da Igreja através do Caminho de Santiago.

Atualmente, existem cerca de 700 confrarias do Apóstolo em todo o mundo, as quais são fundamentalmente instituições encarregadas de preparar os peregrinos.

As Associações de Amigos do Caminho de Santiago se formam mais recentemente, nos fins do século XX, em um vigoroso momento depois de uma década destinada ao seu incremento e consolidação. Encontramos-nos, assim, diante de uma rica variedade tipológica, que nos leva, num esforço metodológico, a buscar, por um lado, os pontos que são comuns e, por outro, a realçar as diferenças que se observam.

Além das organizações que se denominam Amigos do Caminho de Santiago, existem outras associações que funcionam e trabalham em prol da peregrinação *jacobea*, como também existe uma série de ações coletivas que desenvolveram nos últimos anos alguma atividade pontual relacionada ao Caminho, mas que não têm um aspecto de permanência e continuidade.

No entanto, consideramos como AACS aquelas que estão inscritas no registro de entidades *jacobeas* da Xunta de Galicia. Esse requisito introduz um aspecto diferenciador importante e ressalta a existência, por parte deste órgão, de um compromisso social e público de desenvolver esforços para a defesa e promoção do Caminho de Santiago. Desse modo, nos deparamos com um conjunto de mais de 80 associações, das quais em torno de dois terços levam em sua denominação as palavras "Amigos do Caminho".

Ao fazer um estudo sobre as associações *jacobeas*, López (1999) constrói uma tipologia das associações, estabelecendo como critério o seu âmbito territorial de funcionamento, além do pertencimento ao registro mencionado acima. Dessa forma, propõe a seguinte classificação: locais, provinciais, correspondentes com o âmbito territorial de uma comunidade autônoma, interprovincial ou intercomunitária, nacionais, internacionais, e algumas associações com sede na Espanha e que têm em sua própria denominação uma vocação internacional, como é o caso da Arquiconfraria do Glorioso Apóstolo Santiago, com sede em Compostela, da Associação Internacional de Peregrinos Ave Fénix (Villafranca del Bierzo) e da Associação Internacional de Amigos do Caminho de Santiago, Afonso II, o Casto (Oviedo).

Cabem aqui duas importantes informações: em primeiro lugar, no registro das entidades *jacobeas* existem 17 associações que têm a sua sede em outros países, primordialmente europeus. Existem quatro na Alemanha, quatro na Itália, três na Inglaterra, duas na França e na Bélgica, respectivamente, e uma na Suíça. Em segundo lugar, deve-se ressaltar o papel da arquiconfraria, que abrange perto de 700 confrarias, estendidas por todo o mundo, que aglutinam ao redor 75 mil confrades.

Ainda que todas as associações tenham reconhecido nos seus estatutos o objetivo de estudo das peregrinações e do Caminho, e de fato assim o fazem, como se pode observar através das suas publicações e dos congressos que organizam, apenas um percentual pequeno delas tem esse fim como principal tarefa. Destacam-se, nesse caso, as associações estrangeiras e, em concreto, podemos citar o Centre Européen d'Études de Recherche et d'Histoire Compostellanes, dirigido por Jeannine Warcollier, o Centro Italiano di Studi Compostellani, presidido por Paolo Caucci, e o Deutsche St. Jakobus-Gesellschaft E. V., dirigido por Robert Plotz (López, 1999).

Podemos também mencionar outros tipos de associações mais peculiares, como, por exemplo: a Ordem dos Cavaleiros do Caminho de Santiago (Melide) ou a Associação do Santo Graal do Cebreiro. Também aparece inscrita a Fundação do Santo Milagre do Cebreiro, com sede em Lourdes.

Merece também referência a Associação de Amigos dos Paços (com sede em Vigo), que, em 1972, mediante um abaixo-assinado de mais de 2 mil pessoas, solicitou ao Conselho de Europa que o Caminho fosse declarado Bem Cultural Europeu, sendo que em 21 de julho de 1984 essa petição foi atendida.

Destacados os objetivos e ações principais das entidades promotoras do Caminho de Santiago em vários países, resta apresentar o papel dessa agência no Brasil e o desempenho de suas principais atividades.

A Associação Brasileira dos Amigos do Caminho de Santiago (AACS-Brasil)

A Associação Brasileira dos Amigos do Caminho de Santiago-Brasil é definida em seu estatuto como "uma sociedade civil sem fins lucrativos, fundada para reunir pessoas e organizações interessadas no percurso, na preservação e na divulgação do Caminho de Santiago de Compostela".[164]

Em sua ação voluntária, oferece "elementos de ajuda e facilidades para que a peregrinação seja uma oportunidade de crescimento espiritual, cultural e comunitário. Essas ações acontecem, principalmente, através de palestras para futuros peregrinos, com orientações sobre a peregrinação, refúgios, equipamentos, saúde, comportamento, sinalização etc."

Periodicamente a AACS realiza cursos, eventos (exposições, lançamento de livros, festas) e caminhadas de condicionamento, sendo autorizada pela Federação Espanhola das Associações dos Amigos do Caminho de Santiago a emitir a Credencial do Peregrino, serviço que presta gratuitamente, cobradas apenas as despesas postais de remessa.

Para atender aos peregrinos e cumprir seu objetivo maior de divulgar o Caminho, passou a disponibilizar na Internet um *website* – www.caminhodesantiago.org.br – lançado em abril de 2002, onde existe um conjunto significativo de informações necessárias para os peregrinos. Permitindo, com isso, que os residentes fora da área onde se localiza a sede, na cidade do Rio de Janeiro, possam ter acesso aos dados necessários para sua peregrinação, incluindo pesquisas constantes de preços mais acessíveis das passagens aéreas rumo à Espanha e preços promocionais para seus sócios.

Conforme já tive oportunidade de mencionar, para fazer a caracterização geral dos peregrinos utilizei os formulários que são preenchidos pelas pessoas quando de seu ingresso na associação. Mas cabe lembrar que nem todas as pessoas que solicitam a credencial do peregrino através da associação são sócias da mesma.

---

164. Fonte: www.caminhodesantiago.org.br.

Através de entrevistas com a diretoria fundadora e a diretoria atual da AACS procurei obter informações a respeito de sua fundação, dos seus estatutos, do número de sócios, objetivos, atividades realizadas, formas de promoção, publicações e toda uma série de questões que abrange os aspectos mais diversos.

Além das facilidades que a AACS-Brasil proporciona aos peregrinos, ela também se ocupa em "incentivar o conhecimento da sua história, cultura e a manutenção das tradições relacionadas com a Rota Jacobea".

De acordo com seu estatuto, "considera-se que devem ser mantidos os sentimentos "de solidariedade, acolhida e de hospitalidade inerentes ao espírito das peregrinações compostelanas, principalmente nos refúgios onde os peregrinos descansam de sua jornada; e serem preservadas a arte, arquitetura e recursos naturais por onde atravessam as diversas rotas rumo à Santiago de Compostela."

Em suma, a associação também objetiva desenvolver atividades e campanhas que minimizem as possibilidades de ações e usos não sustentáveis que possam afetar a integridade desses valores. Para isso, tem desenvolvido uma série de esforços, no sentido de associar suas ações a pessoas físicas e jurídicas, nacionais e estrangeiras, principalmente às associações congêneres, no intuito de promover uma eficiente troca de informações direcionadas para a maior atualização possível das informações a serem fornecidas aos que estão se preparando para a peregrinação.

Observando a estrutura interna da AACS, vemos que existem cerca de 300 sócios, sendo que a diretoria é composta pelos seguintes quadros: presidente e vice, tesoureiro e diretor social. Quanto ao seu financiamento, é basicamente constituído das contribuições (anuidades pagas pelos sócios, que em 2002 era de 30 reais).

Destacamos suas funções de acordo com o que está previsto em seu estatuto, por considerarmos que seus objetivos retratam suas atividades e práticas, bem como os fins para os quais foi criada e que, de certa forma, definem o seu *corpus* motivacional.

A divulgação da peregrinação a Compostela e a assistência e orientação do peregrino concretizam-se nos objetivos desenvolvidos através da realização de atividades regulares, que descrevemos a seguir:

a) reuniões mensais (primeira sexta-feira de cada mês);
b) palestras, que ocorrem durante a reunião mensal;
c) distribuição das credenciais de peregrinos;[165]

165. Com o intuito de facilitar o processo das pessoas que vão fazer o Caminho, a associação fornece gratuitamente a credencial; com ela se está outorgando um aval que o peregrino pode utilizar para ter abertas as portas dos albergues, hospitais, hostais e outras associações que estejam ao longo do Caminho. Para isso não é solicitado nenhum sentido religioso ou espiritual.

d) organização das comemorações no dia do Apóstolo (25 de julho), quando é celebrada uma missa na Casa de Espanha e organizado um jantar de confraternização;
e) intercâmbio de informações;
f) realização de caminhadas em vários locais, para treinamento e preparação para o Caminho;
g) utilização das novas tecnologias de informação (Internet, *sites* e *homepages*).

Podemos perceber, assim, o desempenho de várias ações socializadoras e o estímulo aos intercâmbios e trocas dos mais diversos tipos.

Durante as reuniões mensais, por meio de palestras, são oferecidas explicações e informações aos futuros peregrinos sobre equipamentos, participação da missa do peregrino em Santiago, albergues (localização e estado de conservação), dificuldades encontradas durante o trajeto e como procurar resolvê-las (bolhas, fome, alimentação, remédios etc.).

Realizadas sempre na primeira sexta-feira do mês, as reuniões da AACS iniciam-se sempre com as boas-vindas de algum membro da diretoria, sendo que logo depois é apresentado o palestrante ou palestrantes do dia. Em geral são pessoas que já fizeram a peregrinação e que dão seus depoimentos sobre suas experiências, intercalando sempre conselhos e sugestões sobre os mais diversos itens. Após a palestra sempre há um espaço para a formulação de perguntas por parte da platéia. Em geral, uma média de 30 a 40 pessoas participa desses encontros, sendo que em dias comemorativos (dia de Santiago, lançamento de livros) o público chega a duplicar, ou mesmo triplicar. Normalmente, depois das reuniões, que são realizadas em um auditório, as pessoas são convidadas a continuar a conversar, trocar informações e experiências no bar da Casa da Espanha. Em geral, nessas ocasiões se formam pequenos grupos em torno das mesas que ficam dispostas no amplo recinto aberto, onde funciona uma espécie de bar/lanchonete. Os grupos são formados por interesses, afinidades, busca de maiores informações etc. Há sempre um clima de festa e de confraternização nesses momentos, marcados sobretudo pela descontração. Muitos dividem uma garrafa de vinho, brindando o Caminho e relembrando os bons momentos e os bons vinhos tomados durante a realização da peregrinação. Nesses encontros são estabelecidas novas relações sociais, que podem ou não se desdobrar a partir dali. As amizades iniciadas via Internet também são aí reforçadas. Essa função socializadora foi possível ser percebida também durante as caminhadas ou passeios promovidos nos fins de semana pela associação, onde são reforçados os laços sociais.

Essa breve história da AACS do Brasil, de seu caráter associativo, de sua situação atual e de seus objetivos, atividades e demandas, permite situar uma série de considerações que espero que sirvam para estabelecer o que estou definindo como o discurso social das Associações de Amigos do Caminho. Entendo que o discurso associativo em torno do Caminho articula-se normalmente, em torno das experiências pessoais, independentemente das motivações. Mas também é certo que a associação, por pretender informar e transmitir ao futuro peregrino uma visão geral sobre a peregrinação, acaba introduzindo no seu processo de apresentação do Caminho vários sentidos e significados e, assim, acaba construindo e reproduzindo uma certa versão do Caminho, em maior ou menor medida idealizada.

Através da realização de entrevistas com membros da diretoria da AACS e da observação sistemática das reuniões da associação, pude perceber uma variação na percepção do fenômeno *jacobeo* e da adoção de perspectivas distintas com relação a aspectos como: a diferenciação entre peregrino e caminhante, se existe ou não um itinerário "verdadeiro ou autêntico", a defesa de valores atribuídos aos "verdadeiros peregrinos".

Dentro do que estou chamando de discurso social da associação está também a própria concepção física do Caminho. Em quase todas as reuniões a que assisti, os palestrantes pareciam estar de acordo com a idéia de que "o Caminho começa na casa do peregrino", e que aqueles que realizam a peregrinação estão seguindo "um chamado".

O resgate de valores de solidariedade e amizade entre os peregrinos é também um aspecto destacado no discurso da associação, particularmente quando afirmam que "o Caminho e o seu esforço por percorrê-lo unifica a todos" e, de certa maneira, potencializa os mencionados valores.

Como no Caminho, também nas reuniões da associação todos estão, de certa forma, compartilhando e reforçando os valores "peregrinos". Também nesses encontros as possíveis diferenças sociais da vida cotidiana, que provêm de papéis e *status* distintos, estão suspensos e, ainda que não desapareçam, se diluem em boa medida. E isso faz com que floresçam novas relações de amizades, que no contexto da vida cotidiana possivelmente não ocorreriam.

Do meu ponto de vista, os peregrinos, durante as reuniões, reforçam o sentido de "comunidade emocional" (Hervieu-Léger, 1997), sustentada sobretudo em torno do valor da amizade e do projeto de não deixar morrer o "espírito do Caminho".

Embora haja a preocupação de afirmar o caráter "ecumênico" do Caminho, que não é preciso ser católico para realizá-lo, que seu significado comporta e abarca várias crenças, para a grande maioria "é uma manifestação de fé". Insistindo sobre isso, o ex-vice-diretor da associação, em diversas ocasiões, ressaltava esse aspecto. Segundo suas palavras, "o Caminho se faz a pé e com fé, sendo que o ingrediente principal é a fé. Sem ela não vamos a lugar nenhum."

Também era muito ressaltada, durante as reuniões, a importância do contato vivo com a natureza. Um bom exercício (físico e espiritual), como diversas vezes foi mencionado, no qual se combinem harmoniosamente "o corpo, a mente e o espírito". "É a imagem da nossa própria vida, uma rememoração, um caminho para o nosso interior e para Santiago."

A fim de ilustrar o clima das reuniões da associação transcrevo, a seguir, uma descrição feita por um de seus sócios logo após a sua participação em uma das reuniões, cuja fonte é o *e-group* – www.caminhodesantiago.com.br.

> A reunião ontem foi ótima. Muito cheia, inclusive de peregrinos recém-chegados do Caminho [...] Nossa, como gosto de ouvir os depoimentos. Me transportam com a mente e com o coração para o Caminho novamente... ali no auditório, pareço sinceramente estar num refúgio do Caminho, ouvindo tudo aquilo, com uma pureza de alma que, muitas das vezes, some de nós, e ali, misteriosamente, brota com emoção... nos depoimentos, sinto uma dificuldade grande de todos para expressar tudo aquilo que viveram, nunca vão conseguir, tenho certeza... se o tentassem fazer, seria uma tentativa vã. Lá, no Caminho, podemos experimentar sentimentos e sensações, novas ou esquecidas, mas com uma intensidade e veracidade desconhecidas por todos... no auditório, percebi nos olhos de cada um que falava um esforço inútil de traduzir, de expressar aquilo que seu coração sentiu e sentia. Para quem já foi, como eu, e escuta tudo aquilo, é recompensador saber que o Caminho continua caminhando e que graças a nós todos, jamais morrerá. Naquela hora dos depoimentos, percebo aquele brilho nos olhos do peregrino. É um brilho sincero, saudável, emotivo, lacrimoso, singular. Naquela hora, um turbilhão de emoções toma conta de nós. Lembramos das pessoas que encontramos, dos momentos, da saudade, da dor, da alegria, da tristeza, da oração e da fé. Tudo isso, ali, me emociona e muitas das vezes os olhos teimam em chorar. Ali, percebo aquela emoção de todos, condensada e sintetizada, nas palavras, no olhar, nos abraços apertados, nos sorrisos e nas lágrimas. Sinceramente, às vezes procuro uma explicação plausível, sensata, mas de um tempo para cá, desisti. Que adianta encontrar uma explicação? Nada vai mudar.. Meu amor e minha gratidão pelo Caminho sei que são inexplicáveis... Obrigado a todos. Obrigado por tudo. Obrigado, Tiago. Obrigado Senhor. Guga.

Como se pode notar, a emoção como meio de comunicação, também de compromisso e de cooperação com os outros, é especialmente importante no contexto das reuniões da AACS, onde o testemunho que cada peregrino oferece ao grupo sobre a sua própria experiência e o reconhecimento que o grupo traz de volta criam um laço muito forte entre o grupo e cada indivíduo em particular. Um aspecto importante do reconhecimento da experiência e da expressão da emoção é que todos parecem convictos de que uma racionalização ou intelectualização das emoções, sentimentos e crenças é inútil, que poderia inclusive quebrar a singularidade dos percursos pessoais.

Numa releitura de Weber sobre a religião de comunidades emocionais, Hervieu-Léger (1997) considera-as de forma mais ampla, definindo-as como formas de comunilização religiosa nas quais a expressão individual e coletiva dos afetos é central e constitutiva do grupo, apresentando-se como uma religião de grupos voluntários, que implica para cada um de seus membros um compromisso pessoal. Durante as reuniões, quando o clímax se dá com os relatos dos peregrinos que já fizeram o Caminho, há uma forte tendência ao emocionalismo comunitário. Segundo a autora citada, todas as comunidades emocionais dão um peso particular à intensidade afetiva das relações entre os membros, que se beijam, abraçam-se, tomam-se pelas mãos etc., criando-se um ambiente favorável à convergência emocional dos participantes. Outro aspecto deste reconhecimento da relevância da expressão das emoções é a recusa à formalização doutrinal das representações elaboradas e compartilhadas pelo grupo. Isso corresponde, sem dúvida, à convicção de que não se deve intelectualizar as crenças e as experiências, pois isso contraria a própria "essência" do Caminho, ao romper principalmente com a particularidade dos percursos pessoais que se exprimem nelas.

Segundo ainda Hervieu-Léger, essa primazia que é conferida à experiência dos participantes, a despeito de qualquer conformidade comunitária objetivamente controlada, explica a porosidade de fronteiras das comunidades emocionais.

As idéias de obrigação e permanência estariam, assim, ausentes nesse tipo de comunidade, uma vez que a participação se baseia sobre o desejo do participante e, de certa forma, só se mantém na medida em que lhe assegura a importância e a autenticidade da experiência vivida.

A valorização da emoção e da expressão plural da experiência da peregrinação pelos peregrinos coloca em destaque a dimensão intensamente afetiva dessa adesão ao grupo. Particularmente porque "muda" radicalmente a vida daqueles que a realizam, como afirmou a maioria dos peregrinos palestrantes, durante seus depoimentos nas reuniões da AACS. Também durante o acompanhamento desses encontros, pude perceber que muitos peregrinos descreviam por que rejeitavam as formulações do catolicismo, especialmente as mais dogmáticas, bem como de outras religiões ou seitas. O que importa, segundo eles, é o ponto de vista que torna a emoção a própria expressão da "essência divina", fonte que assegura a possibilidade de "comunicação entre pessoas e povos", bem como a própria "comunicação com Deus", segundo o depoimento de um dos peregrinos.

Finalizando, gostaria de salientar que tanto os vídeos quanto o grupo de discussão, os livros e a própria AACS operam como referências importantes para a manutenção do chamado "espírito peregrino". Através e/ou por meio desses recursos, os peregrinos "revivem" as suas experiências, atualizam-nas, divulgam-nas. Estendem e ampliam também seus laços de sociabilidade, que podem ser fortalecidos nos diferentes encontros promovidos pela AACS.

Ter ou viver uma experiência altamente significativa, como fazer o Caminho de Santiago, pode não ser em si o aspecto mais importante, mas é extremamente vital ser capaz de conservá-la, de atualizá-la mantendo o sentimento de sua plausibilidade. A "comunidade emocional", em suas dimensões de "albergue virtual", "família virtual", "família peregrina", fornece a indispensável estrutura de plausibilidade para a nova realidade.

Em suma, podemos concluir dizendo que as experiências vividas durante o caminho se incorporam em um acerco comum de conhecimento, divulgado amplamente através dos vídeos, da Internet e dos livros, entre outros. E essa afirmação deve ser entendida a partir de dois aspectos. Primeiro, pela sedimentação subjetiva que é socialmente construída na medida em que se repete a objetivação das experiências compartilhadas pelos peregrinos, que são passíveis, como vimos, de serem permanentemente (re)transmitidas.

Segundo, porque é através da linguagem que se objetiva a experiência compartilhada, o que a torna acessível a um amplo universo de pessoas, passando a ser, assim, a base e o instrumento do acervo coletivo do conhecimento. Dessa forma, o "mundo ou universo" *jacobeo*, pelo menos tal como concebido e construído socialmente pelos peregrinos brasileiros, se interioriza nas consciências individuais.

Ao se converter em uma experiência nova e transformadora, a realização da peregrinação marca uma ruptura com a vida cotidiana, como todo ritual, com a inserção em uma realidade que tem ritmos, exigências e finalidades totalmente distintas.

É dentro deste contexto que surge o que os peregrinos chamam de "espírito do Caminho". Ao voltar para sua casa, normalmente eles querem preservar esse aprendizado e, por isso, muitos se vinculam a alguma confraria ou associação de amigos do Caminho de Santiago e, através delas, tentam atualizar o *ethos* da cultura da peregrinação.

Outro aspecto que merece ser destacado, e que poderíamos chamar de político, é que as relações sociais estabelecidas ao longo do Caminho não conhecem fronteiras, nem distinções de classe social, fazendo aflorar muitas vezes a consciência de pertencimento, de um lado, a uma única civilização fundamentada na fé e em valores comuns.

Na polissemia que hoje caracteriza a peregrinação *jacobea*, é possível perceber que há um propósito, defendido pelas diferentes agências vinculadas direta ou indiretamente ao evento, de caracterizar uma identidade peregrina.

Nas palavras de Caucci von Saucken (1993a, 1993b), a pessoa que de fato vivenciou a experiência da peregrinação passa a fazer parte de uma *societas peregrinorum*, de uma *fraternitas* que provavelmente a acompanhará durante o resto da vida.

Muitos peregrinos também se referiram a um sentimento de comunhão que experimentaram com relação a outros peregrinos ao fazer o Caminho, particularmente nas relações com pessoas procedentes de outros países. Como disse um peregrino:

> Eu me sentia como cidadão do mundo. Em um dado dia, quando peregrinos de 16 nacionalidades descansam envoltos e confinados ao chão sobre simples colchonetes do refúgio Ave Fénix, entre a Igreja de Santiago e o Castelo dos Álvarez de Toledo, em Villafranca del Bierzo, acabei por compreender como é possível que nesse sentimento de "se chegar a sentir-se cidadão do mundo" esteja a verdadeira essência da noção de cidadania.
>
> Normalmente as pessoas, quando investidas de "peregrinos", quando empreendem a viagem a Santiago, temporariamente suspendem suas identidades enquanto franceses, alemães, italianos; são e se sentem como tais, cidadãos e participantes de uma comunidade emocional onde as emoções regulam as ações, os desafios em comum unem as pessoas em torno de um mesmo objetivo.
>
> Estamos precisamente diante de uma noção de cidadania aberta, quando o caminhar livre das amarras do cotidiano dá aos homens uma noção de liberdade (a *communitas* de Turner). Desde a Idade Média, existem leis facilitadoras do livre trânsito dos peregrinos, e a "paz do Caminho" se manifesta em uma especial proteção para os que ali transitam.
>
> As confrarias, grêmios e instituições eclesiásticas e civis que atuam em torno do Caminho sempre garantiram "pousada ao peregrino", oferecendo serviços diversificados no atendimento às suas necessidades. Em geral, os hospitais de acolhida não tratavam as pessoas com distinção, o que predominava ali era a atenção que deveria ser oferecida àqueles que iam à Catedral. Conforme já tive a oportunidade de mencionar, a hospitalidade, desde a Idade Média, sempre foi um símbolo diacrítico do Caminho. Assim, diversos elementos contribuíram para que a rota de peregrinação fosse uma via livre, igualitária e de esperança, na consecução de uma cidadania superior à de seus países de origem, que podia e deveria resumir-se na fraternidade do Caminho.
>
> É justamente esse sentimento de "fraternidade" que deu carta de cidadania universal ao Caminho de Santiago, e alimenta o sonho das pessoas de chegarem a ser cidadãos do mundo, após passar pela busca que supõe toda peregrinação, mesmo nos dias de hoje, de encontrar-se consigo mesmo. É certo que as condições daqueles tempos eram muito diferentes das atuais, mas o sentimento peregrinante permanece. A consciência internacional, que já passou dos 50 anos, se expressou na Declaração dos Direitos Humanos; no primeiro artigo, após recordar o nascimento de todos os seres humanos em liberdade e igualdade, dignidade e direitos, antecipando a base de todos os direitos, recorda que todos os cidadãos dotados com razão e consciência "devem comportar-se fraternalmente uns com os outros".
>
> É a inseparável e indiscutível união da liberdade com a justiça, aplicada aos cidadãos, com toda a carga de direitos e obrigações que ajuda a construir a idéia da cidadania

no seu sentido mais genérico. Desse ponto de vista também, o "autêntico" cidadão do mundo será aquele capaz de agregar à liberdade e à justiça a fraternidade vivenciada no Caminho.

O sentimento de pertencer a uma comunidade emocional, dentro da *escola de cidadania* que sempre representou o Caminho de Santiago, com base na fraternidade que sempre favoreceu o livre trânsito e na acolhida aberta e generosa a todos os peregrinos, remete à sua definição como um cidadão do mundo.

É justamente esse aspecto que tem sido bastante explorado pelos representantes da Igreja católica, que defendem o credo universalista, como se pode depreender da mensagem de um editorial de uma importante revista católica, que ressalta que enquanto houver a "confiança" de ser recebido como "irmão do Caminho", ser recebido sem receios, vindo de onde vier, de que sexo, religião ou partido for, qualquer pessoa, ao investir-se do *ethos* peregrino, pode partilhar desse sentimento de considerar-se cidadão do mundo. É justamente nesse aspecto que podemos dizer que se inscreve a noção de cidadania.[166]

Conclusão

Um sentido de pertencimento e de comunhão com o cenário do Caminho de Santiago impregna o discurso daqueles que fizeram a peregrinação. Através do movimento dos corpos que cruzam as diferentes cidades e vilas e atravessam o Norte da Espanha, vemos a demarcação de um espaço considerado sagrado, que torna certos locais e objetos mais próximos da idéia de sacralização do que outros. Assim, a geografia do Caminho pode ser percebida na maneira como o sentido de sagrado se apresenta, sacralizando a geografia do percurso.

As narrativas dos peregrinos descrevem diversas situações em que o sagrado e o profano se interpenetram, possibilitando-lhes abrirem seus canais de sensibilidade e entrarem em contato com sua própria subjetividade. Performaticamente é na peregrinação que os peregrinos organizam suas subjetividades, projetando sentido sobre sua experiência existencial e suas relações sociais. É um momento especial de construção simbólica de princípios e valores geradores de uma certa identidade social, sendo ainda um ritual que vem sendo constantemente ressignificado e que persiste na contemporaneidade. Por isso, achei importante informar seus princípios fundamentais para que possamos compreender mais a fundo seus significados atuais.

O primeiro princípio seria o princípio da dádiva, o "dar, receber e retribuir", em que entram em ação três coordenadas que acompanham o peregrino durante sua longa e difícil viagem, e que são expressas por valores sociais que podemos

166. Revista *Peregrino* (1999, p. 26/27).

traduzir pelas noções de solidariedade, fraternidade e comunhão, enquanto alicerces das relações sociais. O peregrino as necessitará sempre, porque a peregrinação tem sido e é uma dura experiência que não poderia cumprir-se sem motivações muito firmes, sem solidariedade recíproca, sem um contexto onde são reforçadas as relações sociais e os intercâmbios.

O segundo princípio é o que se verifica no regresso à sua própria casa, ao chamado mundo da vida cotidiana. A maioria dos peregrinos comentou as mudanças que ocorreram em suas vidas após a realização da peregrinação, o que pode ser traduzido na expressão utilizada por um dos entrevistados ao afirmar que "nada depois do Caminho será como antes", ainda que essa idéia recorrente tenha diferentes significações. Mas, sem dúvida, todos expressaram que a experiência trouxe uma nova dimensão em suas vidas, particularmente em suas visões de mundo e estilos de vida. Assim, o que eles passam a ter como objetivo em seus retornos é fazer operar a idéia de que o Caminho "não pode morrer dentro de você", é preciso ativá-lo, rememorando os fatos, as situações, os eventos vividos. É justamente aí que as Associações de Amigos do Caminho entram em cena, como um *locus* próprio que tem por função justamente preservar a "essência", o "espírito" do Caminho e, sobretudo, o *ethos* peregrino.

O Caminho ganha, assim, uma função metafórica, apresentando-se como um texto que possibilita o acesso às múltiplas interpretações sobre as quais se funda essa "comunidade emocional". Esta englobaria, segundo os peregrinos, distintos personagens, como os hospitaleiros, santos, bruxos, padres e magos, os quais se encontram diretamente envolvidos, através de diferentes formas de trocas e de convivências.

A peregrinação a Santiago comporta, assim, uma tradição de longa duração que é continuamente reinventada por todos os atores e agências diretamente envolvidos com a sua produção (como o clero, os hospitaleiros, o governo espanhol), como uma forma de legitimar valores, ações e normas de comportamento que cada um deles considera centrais dentro de suas redes de convenções. Quando evocam a "tradição", esses diferentes atores pretendem, na verdade, acionar um estoque de referências culturais (religiosas ou não) acompanhadas de práticas rituais acumuladas em torno do santuário, disponham ou não do selo da ortodoxia, mas que hoje são usadas para divulgar e ampliar seus sistemas de idéias e padrões de comportamento.

Um dos aspectos mais ressaltados pelos peregrinos brasileiros é que, durante o Caminho, fizeram descobertas sobre si mesmos e sobre a sociedade. A oportunidade de relativizar a dimensão temporal teria lhes permitido compreender o quanto eram escravos do tempo, dos valores materiais, das convenções, das necessidades consideradas básicas.

Embora muitos peregrinos tenham declarado múltiplos motivos para justificar a realização da peregrinação ou declarado não saber ao certo por que a realizavam, implícita ou explicitamente afirmavam que sua motivação principal estava vinculada ao objetivo de passar por uma mudança interior, associada ao processo de vivências e experiências que poderiam viver durante o percurso.

O maior desafio, com o qual todos concordam, é enfrentar os seus conflitos pessoais, que afloram, segundo eles, de uma forma muito peculiar durante o trajeto. Dessa maneira, entendem que os desafios que enfrentam estão associados à idéia dos "demônios pessoais", que precisariam ser "exorcizados" para que as pessoas possam levar uma vida mais "harmoniosa".

Suas críticas à sociedade moderna incidem sobre o consumo desenfreado, a indiferença aparentemente crescente diante da vida e dos direitos do próximo e da violência em todos os níveis, aos quais os peregrinos contrapõem o contato com a natureza, a solidariedade e comunhão com o próximo, a segurança do trajeto, o companheirismo e a fraternidade, o contato com o eu interior, com o silêncio e a solidão, a possibilidade de enfrentar os próprios medos, a liberdade de ali "você ser você mesmo".

Nesse sentido, sustento a existência, entre os peregrinos, de uma retórica que enfatiza a busca da transformação, tanto interior ("do próprio eu") quanto da sociedade em que vivem. Busca apresentada como resposta a um "chamado" que os retira temporariamente da vida cotidiana e os transporta para um "*locus* sagrado".

É por essas razões que Frey (1998) associa a moderna peregrinação a Santiago com "uma jornada da alma em sofrimento", em vez de "uma jornada do corpo em sofrimento", que seria a característica das peregrinações a santuários católicos populares associados fundamentalmente a curas milagrosas, como Lourdes, Fátima ou Guadalupe, só para citar alguns exemplos.

Ao longo do percurso, os peregrinos declaram-se confrontados com desafios físicos, psicológicos e mentais, vivenciam ações e sentimentos marcados por forte e profunda emoção, tais como manifestações de solidariedade e de comunhão com o próximo, de amizade, experiências de solidão, intolerância, medo, encontros e desencontros com pessoas queridas.

Por isso, essa experiência, representada por eles como sendo "única", lhes possibilitaria redimensionar suas noções de tempo e espaço, e colocar em suspenso o corre-corre da vida cotidiana. Com isso, abririam espaço para as experimentações em todos os sentidos – por exemplo, desenvolver amizades com pessoas que em outras circunstâncias jamais conheceriam. Assim, a percepção de que o percurso lhes proporciona uma experimentação do novo é recorrente entre os peregrinos, como enunciado no seguinte depoimento: "Cada dia da viagem é marcado por uma descoberta."

Sobreviver a cada dia, vencer cada etapa do Caminho, é usualmente associado, nos discursos dos peregrinos, ao crescimento da autoconfiança. Cantar, berrar sem ter a preocupação de encontrar o ritmo ou o tom certo são práticas associadas ao que eles definem como sendo, no plano da vivência do Caminho, uma experiência de liberdade. Receber auxílio de pessoas desconhecidas pode representar uma lição de generosidade e fé nas relações solidárias, que torna presente o sentido da dádiva. Sentir a "presença de Deus ou do divino" no contato com a natureza, com as flores, com os animais, com o pôr-do-sol, como foi amplamente enfatizado pelos peregrinos, podia lhes proporcionar uma emoção tão profunda e tal sentimento de fé que chegava a levá-los a redimensionar sua "religiosidade".

As vivências negativas também podiam se converter em experiências positivas, segundo a ótica dos peregrinos. Assim, a dor, o cansaço físico e a exaustão podem levar a uma reflexão sobre o sentido de humildade. Não conseguir dormir devido ao ronco e a flatulência dos vizinhos de cama é, muitas vezes, desgastante e desagradável, mas, também, pode lembrar o aspecto lúdico da vida e de que afinal "somos todos humanos apesar das diferenças".

A maioria acredita, ainda, que aqueles que fazem o trajeto de ônibus ou de carro não são "autênticos" peregrinos, uma vez que não podem vivenciar as emoções e os sentimentos necessários a uma reflexão sobre suas vidas. Mas, mais do que simplesmente reprová-los, o que fazem é afirmar que eles perdem "a essência da estrada" ou o "espírito do Caminho". Daí questionarem sua autenticidade.

Por todos esses exemplos podemos ver que seria um equívoco reduzir o significado dessas experiências a uma só interpretação. "Por que fazes o Caminho?" A pergunta ouvida, por dezenas de vezes, me faz lembrar uma resposta muito comum entre os espanhóis: "Yo no lo sé!"

A peregrinação é, assim, um "fluxo de discursos", muitas vezes em disputa, mas é também um conjunto sempre dinâmico de experiências e relações que parecem expressar os principais dilemas que enfrentamos como seres humanos. Desse ângulo, entendo que o forte potencial de atração do Caminho está em sua flexibilidade, na possibilidade de acomodar e abarcar diferentes interpretações de seus espaços, tempos e encontros. Tal flexibilidade tem exigido dos principais agentes e agências que promovem a sua difusão um constante processo de "reinvenção" de seus sentidos.

A interpretação mais freqüente, expressa pela grande maioria dos peregrinos, pode ser resumida na seguinte frase: "Fazer o Caminho é como fazer uma terapia, você tem que enfrentar seus desafios internos e externos e só você pode viver esta experiência." Portanto, estamos lidando com um tipo de experiência que envolve a participação mais direta e intensa dos indivíduos, uma vez que se acredita que a força motriz de toda transformação, seja pessoal ou social, é a *fé*, que é construída por cada indivíduo em particular. Entenda-se por fé a própria crença, o ato de crer. Daí a máxima invertida de São Tomé, em vez de ver para crer, é preciso acreditar, ter fé, para então experimentar e/ou vivenciar o divino, o sagrado. E esse contato é pessoal, intransferível. Não é mediado por qualquer santo, nem por nenhum padre, mago ou bruxo. Diferente do catolicismo, que é altamente institucional, hierárquico e sacramental.

Levando-se em conta tais considerações, o aspecto mais importante da peregrinação parece ser a possibilidade de vivenciar uma experiência "extraordinária", verdadeiramente liminar, que levaria a pessoa a "colocar em suspenso" sua forma "tradicional de ver o mundo e as pessoas".

A percepção das experiências vivenciadas como significativas leva, na maioria das vezes, a sentimentos de renovação física, espiritual, pessoal e social. Os aprendizados seriam inúmeros: desde o respeito pelo corpo até o despertar da criatividade, o desenvolvimento espiritual, a tomada de decisões importantes – que vão desde se tornarem menos materialistas, mais generosos, aproveitarem melhor a vida, até decisões sobre mudança de emprego ou residência, sobre continuidade ou ruptura de relações afetivas.

Os peregrinos afirmam ainda que, ao fazer o percurso, se sentiram reconectados a valores que consideram fundamentais para a atuação na vida cotidiana, experimentando-os como uma base ética para o futuro.

Muitos comentaram ainda que, no Caminho, sentiram uma espécie de ruptura com as formas normais de percepção, o que lhes permitiu começar a interpretar suas experiências, "visões" e intuições de formas diferentes da usual. Alguns afirmam ter sentido "uma união com Deus", outros com a natureza e, outros, com ambos. No entanto, todos os entrevistados concordam que o Caminho funciona como uma espécie de laboratório e de suporte para o rompimento individual de padrões de comportamento, de provar e experimentar coisas novas, se arriscar, enfrentar desafios.

Nesse sentido, pude perceber que para os peregrinos entrevistados a chegada a Santiago estava sempre associada à esperança de um metafórico começo de uma nova etapa em suas vidas. A celebração do final da jornada, após o longo percurso da peregrinação, assume duplo sabor – o da vitória e também o da saudade antecipada do Caminho. Muitos, no final, vão adiando a chegada "pelo medo de enfrentar a despedida", porque não querem que aquela "experiência acabe".

A chegada, sem dúvida é um grande momento de celebração: lágrimas por se ter concluído o trajeto, alegria do encontro e reencontro com os novos amigos, considerados "irmãos ou companheiro do Caminho", risadas pelas inúmeras histórias contadas e recontadas, mas sobretudo pela "tristeza e saudade do término do trajeto". Assim, a estada na cidade de Santiago, ainda que breve, representa uma situação liminar, entre o passado e o presente, entre o que se acredita ter sido deixado para atrás (velhos sentimentos e valores) e o que vem pela frente (a nova etapa). Colocar em prática o grande aprendizado, seja em que nível for, será o grande desafio daí para diante. O certo é que todos estão convictos que ninguém faz o Caminho impunemente. Pois, se "nada ocorre por acaso", tudo o que aconteceu, ao longo do percurso, envolve uma "lição", um "aprendizado", cujo sentido cabe ao peregrino compreender e incorporar no retorno ao seu cotidiano. Entretanto, somente a própria pessoa poderia tirar essas "lições" do Caminho, que seriam intransferíveis, tal como as outras experiências vividas.

Diante dessas reflexões, a questão que se coloca é até que ponto estas "mudanças" pretendidas ou os novos valores "adotados" eram de fato colocados em prática quando esses peregrinos retornavam às suas vidas cotidianas.

Concluído o Caminho, não há mais o desafio diário da sobrevivência, não há mais a meta a ser atingida a cada dia, não há mais a preocupação com os quilômetros percorridos, com o que comer, onde dormir etc.

Uma vez iniciada, a peregrinação é entendida como um "processo contínuo". Mas como unir duas realidades distintas: a vida na estrada e a vida fora da estrada? A simples associação de uma viagem interna com uma externa parece-me uma metáfora limitada demais para que se possa entender as complexas experiências dos peregrinos contemporâneos.

O inevitável retorno para casa após o destino da peregrinação ter sido alcançado é percebido pelos peregrinos como uma parte dolorosa do processo. Muitos se sentem despreparados para o retorno à vida cotidiana. É por isso que falam da importância do "pós-Caminho", como um momento de reflexão.

Desafiando e contradizendo os rótulos, os peregrinos trazem à tona as ambigüidades das tendências religiosas, em suas combinações e encontros provisórios, efêmeros e transitórios. Apontam também para a porosidade das fronteiras entre o catolicismo e a magia, dois modelos cambiavéis, duas ordens múltiplas, abertas a vários campos de sentido que podem ser experimentados e contestados – sincrônica e diacronicamente – na trajetória dos peregrinos. Dentre os aspectos que compõem a construção da identidade peregrina, faz parte a ênfase na não preocupação com a síntese, com a não pretensão de encontrar uma verdade.

Antes, é essa atitude que favorece a própria multiplicidade, a polifonia de sentidos; é ela que permite aos peregrinos "vivenciarem" aspectos aparentemente contraditórios que desafiam o sentido usual das categorias culturais. É também ela que os leva a operarem em um limiar onde elementos que em princípio poderiam ser considerados opostos podem ser relacionados, postos em intercâmbio, em um espaço de coexistência. Em suma, essa atitude predomina em todas as esferas culturais, levando-os a operar em um limiar, onde opostos se relacionam, entram em intercâmbio, coexistem.

A peregrinação a Santiago é, a meu ver, um importante recurso simbólico que nos permite ter acesso a um universo de representações vinculado a uma nova maneira de se relacionar com (pôr em relação as) antigas e novas modalidades religiosas, na medida em que se privilegia os espaços não institucionais, minimizando-se as tradicionais formas de mediação da relação dos homens com o "sagrado" ou "divino", entendido como a dialética entre o sentido de imanência e transcendência.

As distintas fontes que utilizei na pesquisa foram como portas que se abriram para que eu pudesse perceber as lógicas construídas em torno de determinadas crenças e valores, que levam um número significativo de brasileiros (católicos ou não) a realizar uma peregrinação milenar.

Um dos resultados mais significativos foi mostrar como a experiência da peregrinação pode dotar as existências dos peregrinos brasileiros de novos valores, ou melhor, pode levar a uma ressignificação dos valores herdados de sua formação a partir de sua vivência na peregrinação. É o que ocorre, por exemplo, quando o peregrino que sofre com o desconforto físico (cansaço, frio...) durante o trajeto encontra em outro peregrino uma mão estendida em sua direção, que vem a encarnar concretamente naquele momento a solidariedade e o espírito fraterno, possivelmente tão ausente do seu cotidiano. Experiências como essa podem levar a uma reavaliação do sentido da vida na chamada sociedade moderna em face da questão da crise real ou aparente de sistemas, instituições e agências tradicionais de sentido.

Em que pese a diversidade das motivações professadas por aqueles que fazem o Caminho, as respostas individuais acabam tendo por base um projeto comum – a busca do autoconhecimento e/ou da espiritualidade, que fundamenta um sistema de crenças e de valores compartilhados. Por isso, um dos meus objetivos foi mostrar como e por que os ideais de transformação interior passam a ter centralidade nos discursos de determinados indivíduos, e em que medida essa busca de autoconhecimento serve como ponto de partida a uma compreensão renovada do próprio campo religioso.

Nesse sentido, as narrativas dos peregrinos sobre as suas mais distintas experiências começaram a fazer sentido como parte de um corpo de valores, idéias e crenças que parecia configurar uma determinada visão de mundo, informada por um *ethos* particular, construído em torno de uma identidade representada pela noção do que é "ser peregrino" ou "espírito peregrino".

Outra das principais conclusões foi a de perceber que a principal força de atração do Caminho está em sua permanente "recriação" e "reinvenção", capaz de incorporar a diversidade do campo católico e mesmo de ressignificá-lo, como também de responder a outras demandas "religiosas" ou não, de diferentes agentes e instituições, que o transformaram no símbolo máximo da comunhão entre diferentes culturas, ao longo de sua história. O que lhe confere uma abrangência transnacional e multicultural.

O pluralismo de que falam os peregrinos não é a simples coexistência de muitas visões de mundo, mas o fato de que elas possam ser igualmente plausíveis. Apesar das críticas ao catolicismo, muitos se sentem reconectados com a velha tradicional matriz católica, mediada agora por novas aproximações e semelhanças. Sendo que uma das mediações apontadas é a relação solidária entre transcendência e imanência.

De certa forma, podemos perceber que a cosmologia *jacobea* parece formular um conjunto de referenciais fundamentais, num mundo percebido como fragmentado, onde predominam as relações materialistas e o consumo desenfreado, para orientar os indivíduos em suas vidas cotidianas.

Alguns estudos têm indicado que alguns segmentos sociais parecem questionar não só a idéia de religião institucionalizada, como também a eficácia das representações religiosas e políticas que antes eram centrais na organização do imaginário cultural.

É dentro desse contexto que situo as narrativas dos peregrinos, em suas buscas de novos ou renováveis recursos que lhes auxiliem a procurar uma harmonia entre domínios que se pensavam dicotômicos.

Ainda que muitos possam minimizar a importância de perguntas que giram em torno – de que direção devo dar à minha vida –, é fundamental perceber que existe uma linguagem que vem atraindo sobretudo as pessoas das camadas médias urbanas, que apresentam afinidade eletiva com os valores em jogo. Ganham, assim, centralidade experiências que sintonizam a interdependência entre as dimensões física, espiritual e material, que valorizam a noção de espiritualidade que, por sua vez, passa a ser percebida como uma via de se conectar com o sagrado, influenciando na forma como os indivíduos atuam em sociedade.

A retórica da transformação assume um valor ideológico, na medida em que a experimentação tem um duplo sentido – o da pessoa encontrar a si mesma através da vivência, particularmente da relação mente/espírito, e de estar sempre buscando novas maneiras de desenvolver ou aprimorar a sua espiritualidade. Diferentemente do caráter institucional e coletivo atribuído à religião, a busca espiritual adquire características pessoais e individuais.

Dizer que as pessoas se tornam mais individualistas ou egoístas nessas buscas é menosprezar uma das dimensões básicas da vida social, aquilo que torna a vida mais significativa. Dito de outra forma, o que está sendo enfatizado é a valorização das relações sociais entre pessoas distintas, da possibilidade de alianças em detrimento da importância do indivíduo. Em seus discursos, os peregrinos procuram legitimar a especificidade de uma "religiosidade" ancorada em um ethos e visão de mundo em que predominam as fontes morais (Taylor, 1997) como referência na construção de uma nova subjetividade. Dessa forma, remetem a um processo interior em que seriam abolidas as possíveis incongruências cognitivas, que valorizam as experimentações e as negociações, em vez de uma síntese, de novos arranjos que permitam tornar a vida mais digna de ser vivida.

Referências bibliográficas

ÁLVAREZ SOUSA, A. et al. *Homo peregrinus*. Vigo: Xerais, 1999.

ANDERSON, Benedict. *Nação e consciência nacional*. São Paulo: Ática, 1997.

AMARAL, L. *Carnaval da alma*: comunidade, essência e sincretismo na Nova Era. Petrópolis: Vozes, 2000.

ARANHA FILHO, Jayme M. Tribos eletrônicas: usos & costumes. In: SEMINÁRIO PREPARATÓRIO SOBRE ASPECTOS SÓCIO-CULTURAIS DA INTERNET NO BRASIL. 1995, Rio de Janeiro. *Anais*... Rio de Janeiro: RNP: MCT, 1995.

ARAÚJO, Silvana Miceli de. Artifício e autenticidade: o turismo como experiência antropológica. In: BANDUCCI JR., Álvaro; BARRETTO, Margarita (Org.). *Turismo e identidade local*: uma visão antropológica. Campinas: Papirus, 2001. p. 49-64.

ARIAS, Juan. *Confissões de um peregrino*. Rio de Janeiro: Objetiva, 1999.

BANDUCCI JR., Álvaro. Turismo e antropologia no Brasil: estudo preliminar. In: BANDUCCI JR., Álvaro; BARRETTO, Margarita (Org.). *Turismo e identidade local*: uma visão antropológica. Campinas: Papirus, 2001. p. 21-47.

BARREIRO RIVAS, J. L. *La función política de los caminos de peregrinación en la Europa medieval*. Madrid: Tecnos, 1997.

BARREIRO RIVAS, J. L. *The construction of political space*: symbolic and cosmological elements (Jerusalem and Santiago in Western History). Jerusalem: AlQuds University; Santiago, The Araguaney Foundation, 1999.

BATESON, G. *Pasos Hacia una Ecologia da Mente*. Buenos Aires: Carlos Lohlé, 1968.

BECKER, Howard S. *Uma teoria da ação coletiva*. Rio de Janeiro: Zahar, 1977a.

______. Mundos artísticos e tipos sociais. In: VELHO, G. *Arte e sociedade*: ensaios de sociologia da arte. Rio de Janeiro: Zahar, 1977b. p. 9-38.

BERGER, Peter. *Rumor dos anjos*: a sociedade moderna e a redescoberta do sobrenatural. Petrópolis: Vozes, 1996.

BRANDÃO, Carlos Rodrigues. Ser católico: dimensões brasileiras: um estudo sobre a atribuição através da religião. In: SACHS, Viola et al. *Brasil e EUA*: religião e identidade nacional. Rio de Janeiro: Graal, 1988. p. 27-58.

______. O Místico Eu: tradição e novidade entre sistemas de sentido no Brasil. In: BRANDÃO, C. R. *Somos as águas puras*. Campinas: Papirus, 1994. p. 259-274.

BRASIL, Baby do. *Peregrina*: meu caminho no Caminho. Rio de Janeiro: Siciliano, 1995.

CAMPBELL, Colin. The romantic ethics and the spirit of modern consumerism. Oxford: Blackwell, 1995.

CANCLINI, Néstor Garcia. *Culturas híbridas*: estratégias para entrar e sair da modernidade. São Paulo: Edusp, 1998.

CARNEIRO, Sandra M. C. de Sá. Desenvolvimento da espiritualidade: problemas de sentido e de pertinência na modernidade. In: SILVA, Dayse de Paula M. (Org.). *Identidades étnicas e religião*. Rio de Janeiro: UERJ/Pegge, 2000. p. 63-80.

CASTELLS, Manuel. *A sociedade em rede*. São Paulo: Paz e Terra, 1999.

CAUCCI VON SAUCKEN, P. (Org.) *Santiago*: la Europa del peregrinaje. Barcelona: Lunwerg, 1993a.

______. El camino de Santiago y la peregrinación: contribución actual a la construcción de la nueva Europa. In: EL APÓSTOL Santiago y su proyección en la historia: dez temas didacticos. Santiago: Comisión Diocesana del Año Santo, 1993b.

COELHO, Paulo. *O diário de um mago*. Rio de Janeiro: Rocco, 1995.

COHEN, E. Authenticity and commoditization. *Annals of Tourism Research*, n. 15, p. 371-386, 1988.

COLEMAN, Simon; ELSNER, John. *Pilgrimage*: past and present in the world religions. Cambridge: Harvard University Press, 1995.

COMPOSTELA: Revista de la Archicofradía Universal del Apóstol Santiago. Santiago de Compostela: Junta Directiva de la Archicofradía, n. 6, mayo 1995.

______. Santiago de Compostela: Junta Directiva de la Archicofradía, n. 13, octubre 1997.

______. Santiago de Compostela: Junta Directiva de la Archicofradía, n. 20, enero 2000.

______. Santiago de Compostela: Junta Directiva de la Archicofradía, n. 23, enero 2001a.

COMPOSTELA: Revista de la Archicofradía Universal del Apóstol Santiago. Santiago de Compostela: Junta Directiva de la Archicofradía, n. 24, mayo 2001b.

COUSINEAU, P. *A arte da peregrinação*. São Paulo: Agora, 1999.

DA MATTA, Roberto. *Carnavais, malandros e heróis*. Rio de Janeiro: Zahar, 1983.

DUMONT, Louis. *O individualismo*: uma perspectiva antropológica da ideologia moderna. Rio de Janeiro: Rocco, 1985.

DURKHEIM, Émile. *Formas elementares da vida religiosa*. São Paulo: Paulinas, 1989.

EADE, John; SALLNOW, Michael. *Contesting the sacred*: the Anthropology of pilgrimage. London: Routledge, 1991.

ELIAS, Norbert. *O processo civilizador*. Rio de Janeiro: Zahar, 1994.

FEATHERSTONE, Mike. *O desmanche da cultura*. São Paulo: Studio Nobel: Sesc, 1997.

FERNÁNDEZ ARENAS, José. *Elementos simbólicos de la peregrinación jacobea*. León: Edilesa, 1998.

FERREIRA, Aurélio Buarque de H. *Novo dicionário da língua portuguesa*. 2. ed.. Rio de Janeiro:Nova Fronteira, 1986.

FREY, Nancy Louise. *Pilgrim stories*: on and off the road to Santiago. Berkeley: University of California Press, 1998.

GARCIA DOCAMPO, Manuel. Morfoloxía social das peregrinacións xacobeas. In: ÁLVAREZ SOUSA, A. et al. *Homo peregrinus*. Vigo: Xerais, 1999. p. 59-118.

GEERTZ, Clifford. *A interpretação das culturas*. Rio de Janeiro, Zahar, 1978.

GIDDENS, Anthony. *As conseqüências da modernidade*. São Paulo: Unesp, 1991.

______. *A transformação da intimidade*: sexualidade, amor e erotismo nas sociedades modernas. São Paulo: Unesp, 1993.

GODBOUT, Jacques T. *O espírito da dádiva*. Rio de Janeiro: Fundação Getulio Vargas, 1999.

GOFFMAN, Erving. *Ritual de la interacción*. Buenos Aires: Tiempo Contemporâneo, 1970.

GONÇALVES, José Reginaldo. *A retórica da perda*: os discursos do patrimônio cultural do Brasil. Rio de Janeiro: UFRJ: Iphan, 1996.

GRABURN, N. Turismo: el viaje sagrado. In: SMITH, Valene L. *Anfitriones e invitados*. Madrid: Endymion, 1992. p. 45-68.

HALBWACHS, M. *A memória coletiva*. São Paulo: Vértice, 1990.

HALL, Stuart. *Identidades culturais na pós-modernidade*. 5. ed. Rio de Janeiro: DP&A, 2001.

HEELAS, Paul. A Nova Era no contexto cultural: pré-moderno, moderno e pós-moderno. *Religião e Sociedade*, Rio de Janeiro: Iser, v. 17, n. 1-2, p. 15-32,1996.

HEILBORN, Maria Luíza. Corpos na cidade: sedução e sexualidade. In: VELHO, Gilberto (Org.). *Antropologia urbana*: cultura e sociedade no Brasil e em Portugal. Rio de Janeiro: Zahar, 1999. p. 98-108.

HERBERS, Klaus. Las peregrinaciones alemanas a Santiago de Compostela y los vestigios del culto jacobeo en Alemania. In: CAUCCI VON SAUCKEN, P. (Org.). *Santiago*: la Europa del peregrinaje. Barcelona: Lunwerg, 1993.

______. *Caminaron a Santiago*: relatos de peregrinaciones al fin del mundo. Santiago de Compostela: Xerencia de Promoción de Camino de Santiago, 1999.

HERVIEU-LÉGER, Danièle. Representam os surtos emocionais contemporâneos o fim da secularização ou o fim da religião? *Religião e Sociedade*, Rio de janeiro: Iser, v. 18, n. 1, p. 31-47, 1997.

HOBSBAWN, E.; RANGER, T. *A invenção das tradições*. Rio de Janeiro: Paz e Terra, 1997.

JOÃO PAULO II. *Carta apostólica Euntes in Mundum*. 25 jan. 1988. Disponível em: <http://www.vatican.va/holy_father/john_paul_ii/apost_letters/documents/hf_jp-ii_apl_25011988_euntes-in-mundum-universum_po.html. Acesso em: 17 maio 2006.

JOPPERT, Lilian. *Vivências do Caminho de Santiago*. Rio de Janeiro, 2002.

LEACH, Edmund. Ritualization in man in relation to conceptual and social development. In: LESSA, William; VOGT, Evon. *Reader in comparative religion*. New York: Harper & Row, 1972. p. 333-337.

LEIRA LÓPEZ, José. As asociacións de amigos do Camiño de Santiago.In: ÁLVAREZ SOUSA, A. et al. *Homo peregrinus*. Vigo: Xerais, 1999. p. 129-152.

LÉVI-STRAUSS, Claude. A eficácia simbólica. In: LÉVI-STRAUSS, Claude. *Antropologia estrutural*. Rio de Janeiro: Tempo Brasileiro, 1970. p. 215-236.

LÉVY, Pierre. *A inteligência coletiva*. São Paulo: Loyola, 1999.

LÓPEZ PEREIRA, J. Prisciliano de Avila y el priscilianismo desde el siglo IV a nuestros dias: rutas bibliográficas. *Cuadernos Abulenses*, Ávila, n. 3, p. 13-76, 1985.

LUTZ, Catherine; ABU-LUGHOD, Lila. Introduction: emotion, discourse and politics of everyday life. In: LUTZ, Catherine; ABU-LUGHOD, Lila (Ed.). *Language and the politics of emotion*. Cambridge: Cambridge University Press, 1990. p. 1-23.

MACCANNELL, Dean. Staged authenticity: arrangements of social space in tourist settings. *American Journal of Sociology*, v. 79, n. 3, p.589-603, 1973.

______. *The tourist*: a new theory of leisure class. New York: Schocken Books, 1976.

MAGGIE, Yvonne. *Medo do feitiço*: relações entre magia e poder no Brasil. Rio de Janeiro: Arquivo Nacional, 1992.

MAGNANI, Jose Guilherme Cantor. *Mystica Urbe*: um estudo antropológico sobre o circuito neo-esotérico na metrópole. São Paulo: Studio Nobel, 1999.

MÁQUI. *Guia do peregrino do caminho de Santiago*. São Paulo: Ground, 1997.

MARIZ, Cecília L. Estudos sobre pentecostalismo: uma perspectiva brasileira. *Estudios sobre Religión*. Buenos Aires: Asociación de Cientistas Sociales de la Religión en el Mercosur, n. 7, p. 2-4, 1999.

MAUSS, Marcel. Ensaio sobre a dádiva: forma e razão da troca nas sociedades arcaicas. In: MAUSS, Marcel. *Sociologia e antropologia*. São Paulo: EPU: Edusp, 1974. v. 2, p. 37-184.

MAUSS, Marcel. *Sociologia e antropologia*. São Paulo: Edusp, 1978.

MESQUITA JR., José Maria de. *Praticando o Caminho de Santiago*. Rio de Janeiro, 2000.

NOVAES, Regina Reyes. *Os escolhidos de Deus*: pentecostais, trabalhadores e cidadania. Rio de Janeiro: Marco Zero: Iser, 1985.

______. Religião e política: sincretismos entre os alunos de Ciências Sociais. *Comunicações do ISER*, Rio de Janeiro, n. 45, p. 62-74, 1994.

______. Apresentação. In: FERNANDES, R. C. *Novo nascimento*: os evangélicos em casa, na igreja e na política. Rio de Janeiro: Mauad, 1998. p. 7-10.

______. O Brasil será um país evangélico. In: Pinheiro, F.; Pires, P. (Org.). *Próximos 500*: as perguntas que o Brasil vai ter que responder. Rio de Janeiro: Aeroplano, 2000.

O ESTADO DE SÃO PAULO. São Paulo, 9 maio 2002. Caderno Retratos do Brasil.

ORO, Ari P. *Avanço pentecostal e reação católica*. Petrópolis: Vozes, 1996.

ORO, Ari P.; STEIL, Carlos A.(Org.). *Globalização e religião*. Petrópolis: Vozes, 1997.

PEIRANO, Mariza. *O dito e o feito*: ensaios de antropologia dos rituais. Rio de Janeiro: Relume-Dumará, 2001.

PEREGRINO: Revista Del Camino de Santiago. Logroño: Federación de Asociaciones Españolas de Amigos del Camino de Santiago. n. 63, marzo 1999.

POLLAK, Michael. Memória e identidade social. *Estudos Históricos*, Rio de Janeiro: FGV, v. 5, n. 10, p. 200-212, 1992.

POMBO RODRÍGUEZ, A. A hospitalidade como signo distintivo dos caminhos de peregrinación. In: III ENCONTRO sobre os caminhos portugueses a Santiago. Valença do Minho: Camara Municipal de Valença, 1997. p. 311-336.

PRADO, Lourenço. *Alegria e triunfo*. São Paulo: Pensamento, 1986.

______. *Equilíbrio e recompensa*. São Paulo: Pensamento, 1991.

REIS, Sérgio. *O Caminho de Santiago*: uma peregrinação ao campo das estrelas. 6. ed. Porto Alegre: Artes e Ofício, 1998.

REZENDE, Claudia Barcellos. *Os significados da amizade*: duas visões sobre pessoa e sociedade. Rio de Janeiro: FGV, 2002.

RIBEIRO, Angela Dalleprani. *No Caminho de Santiago*: o sonho de uma peregrina. Vitória: Textus, 2001.

RIBEIRO, Lucia Amaral de Oliveira. *Histórias de uma peregrina*: Santiago de Compostela e outros caminhos. São Paulo: Aquariana, 2000.

ROSALDO, M. Z. Toward an Anthropology of self and feeling. In: SHWEDER, R.; LE VINE, R. A. *Culture theory*: essays of mind, self and emotion. Cambridge: Cambridge University Press, 1984. p. 137-157.

RUSSO. Jane. *O corpo contra a palavra*. Rio de Janeiro: Edurfj, 1993.

SALEM, Tânia. Casal igualitário: princípios e impasse. *Revista Brasileira de Ciências Sociais*, v. 3, n. 9, p. 24-37, 1989.

SANCHIS, Pierre. *Arraial*: festa de um povo: as romarias portuguesas. Lisboa: Dom Quixote, 1983.

______. O campo religioso contemporâneo no Brasil. In ORO, Ari; STEIL, Carlos A. (Org.). *Globalização e religião*. Petrópolis: Vozes, 1997. p. 103-115.

______. Religiões, religião... alguns problemas do sincretismo no campo religioso brasileiro. In: SANCHIS, Pierre. *Fiéis e cidadãos*: percursos de sincretismo no Brasil. Rio de Janeiro: Eduerj, 2002. p. 9-57.

SCHUTZ, Alfred. *Fenomenologia e relações sociais*. Rio de Janeiro: Zahar, 1979.

SEGATO, Rita Laura. La economía del deseo en el espacio virtual: conversando cristianismo en el Internet. In: MASFERRER KAN, Elio (Coord.). *Sectas o iglesias*: viejos o nuevos movimientos religiosos. México: Plaza y Valdés, 2000. p. 425-461.

SEMÁN, Pablo. Notas sobre a pulsação entre Pentecostes e Babel: o caso de Paulo Coelho e seus leitores. In: VELHO, Otavio. *Circuitos infinitos*: comparações e religiões no Brasil, Argentina, Portugal, França e Grã-Bretanha. São Paulo: Attar, 2003. p. 129-157.

SHARP, Anna. *A magia do caminho real*. 8. ed. Rio de Janeiro: Rocco, 1999.

SILVA, Lidia O. Globalização das redes de comunicação: uma reflexão sobre as implicações cognitivas e sociais. In: ALVES, J. A.; CAMPOS, P.; BRITO, P. (Org.). *O Futuro da Internet*: estado da arte e tendências de evolução. Lisboa: Centro Atlântico, 1999. p. 53-63.

______. A Internet: a geração de um novo espaço antropológico. In: LEMOS, A.; PALACIOS, M. *As janelas do ciberespaço*. Porto Alegre: Sulina, 2001. p. 151-171.

SIMMEL, Georg. *On individuality and social forms*. Chicago: Chicago University Press, 1984.

SINGUL, Francisco. *O Caminho de Santiago*: a peregrinação ocidental na Idade Média. Rio de Janeiro: Eduerj, 1999.

SOARES, Luis. Contra a corrente: sete premissas para construir uma comunidade virtual. In: ALVES, J. A.; CAMPOS, P.; BRITO, P. (Org.). *O Futuro da Internet*: estado da arte e tendências de evolução. Lisboa: Centro Atlântico, 1999. p. 75-77.

SOARES, Luiz Eduardo. Religioso por natureza: cultura alternativa e misticismo ecológico no Brasil. In: LANDIM, L. *Sinais dos Tempos*: tradições religiosas no Brasil. Rio de Janeiro: Iser, 1989. p. 122-144.

STEIL, Carlos Alberto. *O sertão das romarias*: um estudo antropológico sobre o santuário de Bom Jesus da Lapa – Bahia. Petrópolis: Vozes, 1996.

______. Peregrinações no sertão. *Ciência Hoje*, v. 24, n. 142, p. 32-39, 1998.

______. Peregrinação e turismo: o Natal em Gramado e Canela. *Teocomunicação*, v. 29, n. 125, p. 413-432, set. 1999.

______. Peregrinação, romaria e turismo religioso: raízes etimológicas e interpretações antropológicas. In: ABUMANSSUR, Edin S. (Org.). *Turismo religioso*: ensaios antropológicos sobre religião e turismo. Campinas: Papirus, 2003. p. 29-51.

STRATHERN, Marilyn. *The gender of the gift*: problems with woman and problems with society in Melanesia. Berkley: University of California Press, 1988.

TAMBIAH, Stanley J. *Culture, thought and social action*: an anthropological perspective. Cambridge: Harvard University Press, 1985.

TANCO, J. Intercambio de experiencias, acciones comunes y la representación conjunta de las asociaciones jacobeas. In: ANDEN los que saben, sepan los que andan: actas do Congreso Xacobeo, Pamplona, 9-13 de abril de 1996. p. 42.

TAVARES, Fátima R.G. *Alquimias da cura*: um estudo sobre a rede terapêutica alternativa no Rio de Janeiro. Tese (Doutorado em Ciências Humanas)– PPGSA, IFCS, Universidade Federal do Rio de Janeiro, Rio de Janeiro, 1998.

TAYLOR, Charles. *As fontes do self*: a construção da identidade moderna. São Paulo: Loyola, 1997.

THEOPHILO, Francisco. *Coincidências da Via Láctea*. 2. ed. Rio de Janeiro: Mauad, 2000.

TURNER, Victor. *O processo ritual*: estrutura e anti-estrutura. Petropólis: Vozes, 1974.

TURNER, Victor; TURNER, Edith. *Image and pilgrimage in Christian culture*. New York: Columbia University Press, 1978.

URRY, John. *O olhar do turista*: lazer e viagens nas sociedades contemporâneas. São Paulo: Studio Nobel: Sesc, 1996.

VAN GENNEP, Arnold. *Os ritos de passagem*. Petrópolis: Vozes, 1978.

VÁZQUEZ DE PARGA, Luis; LACARRA, Jose Maria; URIA RIU, Juan. *Las peregrinaciones a Santiago de Compostela*. Pamplona: Fondo de Publicaciones, Gobierno de Navarra. 1993. 3 v.

VELHO, Gilberto. *Individualismo e cultura*: notas para uma antropologia da sociedade contemporânea. Rio de Janeiro: Zahar, 1981.

______. *Subjetividade e sociedade*: uma experiência de geração. Rio de Janeiro: Zahar, 1986.

VELHO, Gilberto. *Projeto e metamorfose*. Rio de Janeiro: Zahar, 1994.

VELHO, Otávio. Religião e modernidade: roteiro para uma discussão. In: ANUÁRIO Antropológico 93. Rio de Janeiro: Tempo Brasileiro, 1994. p. 75-87.

VELOSO, Guy. *Via Láctea*: pelos caminhos de Santiago de Compostela. Fortaleza: Tempo d'Imagens, 1999.

VIAJOR LIBERAS. *Santiago de Compostela*: diário da caminhada pela rota aragonesa do Caminho de Santiago de Compostela. [s.d.]. Disponível em: <http://www.geocities.com/yosemite/8918>. Acesso em: 22 jun. 2000.

VIÑAYO GONZÁLEZ, A. *Caminos y peregrinos*: huellas de la peregrinación jacobea. León: Isidoriana, 1991.

WEBER, Max. Sociología de la comunidad religiosa (Sociologia de la religión). In: WEBER, Max. *Economía y Sociedad*. Habana: Editorial de Ciencias Sociales, 1971. p. 328-492.

WILSON, Colin. *The outsider*. New York: Penguin Putnam, 1956.

______. *A criminal history of mankind*. In: ANNALS of the American Academy of Political and Social Science, 1985. p. 195-196.

Sobre a autora

Sandra de Sá Carneiro é doutora em Antropologia pelo PPGSA/IFCS/UFRJ e professora adjunta do Departamento de Ciências Sociais e do Programa de Pós-Graduação em Ciências Sociais da UERJ. Pró-cientista da FAPERJ/UERJ. Tem realizado pesquisas sobre religião e política, peregrinações, ensino religioso e estudos urbanos. Publicou vários artigos sobre os temas em revistas especializadas e é autora do livro *Balão no Céu, Alegria na Terra: um Estudo sobre as Representações e a Organização Social dos Baloeiros*, que recebeu a menção honrosa do Prêmio Silvio Romero em 1984, e foi publicado pelo INF/Funarte em 1986.

Relação dos livros analisados escritos por brasileiros sobre o Caminho de Santiago de Compostela

ABREU, Beatriz E. *Diário de uma bruxa:* as pedras e as flores que encontrei no Caminho de Santiago. Curitiba, 2000.

AZEVEDO, Lizia. *O poder de domar do grande.* Rio de Janeiro: Record, 1992.

BASTOS NETTO, Paulo. *Perdi meu roteiro, achei meu caminho.* São Paulo: Clássica, 2000.

CARVALHO JR., Francisco. *A caminho de Santiago.* Recife: Portucale, 1998.

CASTRO, Vera Lucia. *O Caminho de todos nós*: Santiago de Compostela: vivência de peregrinos de Alagoas. Maceió: Catavento, 2000.

CUNHA, Roberto. *Um homem em movimento*: o processo de transformação pessoal de um executivo financeiro antes, durante e depois do Caminho de Santiago de Compostela. São Paulo: Gente, 2000.

MACHADO, João José de Oliveira. *Gaúchos a cavalo no Caminho de Santiago.* Porto Alegre: Alcance, 2000.

MENDES, Ricardo *Santiago de Compostela, os 8 portais do caminho.* Rio de Janeiro: Axcel Books, 2002.

PEREGRINOS DE RECIFE. *Um olhar de doce mirar*: uma visão do Caminho de Santiago. Recife: Cia. Pacífica, 1999.

PEREZ, Itelberto. *O Caminho de Santiago de Compostela*: roteiro de uma peregrinação. 2. ed. São Paulo: Alfa Ômega, 1999.

REIS, Sérgio. *Emoções de Santiago.* Porto Alegre: Ábaco, 1999.

RIBEIRO, Alex. *As cartas do caminho.* Rio de Janeiro: Blocos, 1997.

SAMPAIO, Danilo Fontenelle. *Guia prático para um peregrino iniciante no Caminho de Santiago*: dicas para quem não é mago nem santo. Fortaleza: Premius, 2001.

SILVA, Paulo Roberto T. *Ruta Jacobea*: o Caminho de Santiago de Compostela: o percurso dos sonhos. Rio de Janeiro, 1999.

STEINBERG, Herbert. *Sabático*: um tempo para crescer. São Paulo: Gente, 2000.

VALLE, Paulo Sérgio. *Pedalando pelo Caminho de Santiago de Compostela.* Rio de Janeiro: Quártica, 1995.

VILLAS, Eduardo. *Vengas, vengas*: rompendo limites: uma visão masculina do Caminho de Santiago. Rio de Janeiro: Mauad, 1996.

VON BRIXEN, Magda. *Em terra, pisando estrelas*: rompendo limites: uma visão feminina do Caminho de Santiago. Rio de Janeiro: Mauad, 1996.

Etapas do Caminho

ETAPAS DESCRITAS NO *CODEX CALIXTINUS* (SÉCULO XII)

1ª Etapa	Saint-Michel	Viscarret	40 km.
2ª Etapa	Viscarret	Pamplona	28 km.
3ª Etapa	Pamplona	Estella	43 km.
4ª Etapa	Estella	Nájera	69 km.
5ª Etapa	Nájera	Burgos	85 km.
6ª Etapa	Burgos	Frómista	59 km.
7ª Etapa	Frómista	Sahagún	55 km.
8ª Etapa	Sahagún	León	52 km.
9ª Etapa	León	Rabanal del Camino	64 km.
10ª Etapa	Rabanal del Camino	Villafranca del Bierzo	50 km.
11ª Etapa	Villafranca del Bierzo	Triacastela	47 km.
12ª Etapa	Triacastela	Palas de Rei	58 km.
13ª Etapa	Palas de Rei	Santiago de Compostela	63 km.

ETAPAS SUGERIDAS PELO GUIA *EL PAÍS/AGUILAR*

Prólogo	Saint-Jean-Pied-de-Port	Roncesvalles	24,9 km.
1ª Etapa	Roncesvalles	Larrasoaña	27,4 km.
2ª Etapa	Larrasoaña	Pamplona	15,2km.
3ª Etapa	Pamplona	Puente la Reina	23,5 km.
4ª Etapa	Puente la Reina	Estella	22,1 km.
5ª Etapa	Estella	Los Arcos	21,3 km.
6ª Etapa	Los Arcos	Logroño 27,9 km.	
7ª Etapa	Logroño	Nájera	29,1 km.
8ª Etapa	Nájera	Santo Domingo de la Calzada	20,8 km.
9ª Etapa	Santo Domingo de la Calzada	Belorado	22,4 km.

10ª Etapa	Belorado	San Juan de Ortega	24 km.
11ª Etapa	San Juan de Ortega	Burgos	27,4 km.
12ª Etapa	Burgos	Hontanas	29 km.
13ª Etapa	Hontanas	Frómista	34,6 km.
14ª Etapa	Frómista	Carrión de los Condes	19,2 km.
15ª Etapa	Carrión de los Condes	Terradillos de Templarios	26,2 km.
16ª Etapa	Terradillos de Templarios	El Burgo Ranero	31,2 km.
17ª Etapa	El Burgo Ranero	León	37,2 km.
18ª Etapa	León	Villar de Mazarife	21,4 km.
19ª Etapa	Villar de Mazarife	Astorga	30,5 km.
20ª Etapa	Astorga	Rabanal del Camino	20,6 km.
21ª Etapa	Rabanal del Camino	Ponferrada	32,7 km.
22ª Etapa	Ponferrada	Villafranca del Bierzo	22,5 km.
23ª Etapa	Villafranca del Bierzo	O Cebreiro	30 km.
24ª Etapa	O Cebreiro	Triacastela	20,5 km.
25ª Etapa	Triacastela	Barbadelo	22,9 km.
26ª Etapa	Bardadelo	Gonzar	25,3 km.
27ª Etapa	Gonzar	Melide	31,7 km.
28ª Etapa	Melide	Pedrouzo	32,4 km.
29ª Etapa	Pedrouzo	Santiago de Compostela	20,1 km.

Textos e documentos diversos sobre o Caminho de Santiago*

LOS DIEZ MANDAMIENTOS DEL PEREGRINO (OS DEZ MANDAMENTOS DO PEREGRINO)

1 – Seguirás las flechas sobre todas las cosas.
2 – No recorrerás kilómetros en vano.
3 – No descansarás ni en las fiestas.
4 – Llamarás a tu padre y a tu madre.
5 – No pararás.
6 – No llevarás calcetines impuros.
7 – No te quejarás.
8 – No dirás falsas distancias al hablar.
9 – No tendrás pensamientos ni deseos de irte.
10 – No codiciarás las ampollas ajenas.

Estos diez mandamientos se encierran en dos: andarás sobre todas las cosas y cuidarás la mochila del próximo como la tuya misma.

(Fonte: Encontra-se escrito em vários albergues)

POEMA ESCRITO NUMA PAREDE PRÓXIMO À CIDADE DE NÁJERA

Polvo, barro, sol y lluvia
Es Camino de Santiago
Millares de peregrinos
Y más de un millón de años.

Peregrino, quién te llama?
Qué fuerza oculta te atrae?
Ni el campo de las estrellas
Ni las grandes catedrales

No es la bravura navarra,
Ni el vino de los riojanos,
Ni los mariscos gallegos,
Ni los campos castellanos.

Peregrino, quién te llama?
Qué fuerza oculta te atrae?

Ni las costumbres rurales.
No es la historia y la cultura,
Ni el gallo de la Calzada,
Ni el palacio de Gaudí,
Ni el castillo de Ponferrada.
Todo lo veo al pasar
Y es un gozo verlo todo,
Más la voz que a mí me llama
La siento mucho más hondo.

La fuerza que a mí me empuja,
La fuerza que a mí me atrae
No sé ni explicarla ni yo
Sólo El Arriba lo sabe!

Autor: E. G. B.

CANTARES (ANTONIO MACHADO, 1875-1939)

Um dos poemas mais citados, indicando um dos "sentidos" atribuídos ao Caminho de Santiago.

Todo pasa y todo queda
pero lo nuestro pasar,
pasar haciendo caminos,
caminos sobre la mar.
Nunca perseguí la gloria,
ni dejar en la memoria
de los hombres mi canción;
yo amo los mundos sutiles,
ingrávidos y gentiles
como pompas de jabón.
Me gusta verlos pintarse
de sol y grana, volar
bajo el cielo azul, temblar
súbitamente y quebrarse...

Nunca perseguí la gloria.
Caminante son tus huellas
el camino y nada más;
caminante no hay camino
se hace camino al andar.
Al andar se hace camino
y al volver la vista atrás
se ve la senda que nunca
se ha de volver a pisar.
Caminante no hay camino
sino estelas en la mar...
Hace algún tiempo en ese lugar
donde hoy los bosques
se visten de espinos
se oyó la voz de un poeta gritar:
Caminante no hay camino,
se hace camino al andar...
golpe a golpe, verso a verso...
Murió el poeta lejos del hogar.
Le cubre el polvo de un país vecino.
Al alejarse, le vieron llorar,
Caminante no hay camino,
se hace camino al andar...
golpe a golpe, verso a verso...
Cuando el jilguero no puede cantar
cuando el poeta es un peregrino,
cuando de nada nos sirve rezar.
Caminante no hay camino,
se hace camino al andar...
golpe a golpe, verso a verso
golpe a golpe, verso a verso

A CANÇÃO DE ROLANDO

(Fonte: *A Canção de Rolando*. Tradução Ligia Vassalo. Rio de Janeiro: Francisco Alves, 1988).

Segundo o livro citado, *A Canção de Rolando*, embora existam muitos textos medievais sobre a história de Rolando, o manuscrito mais antigo e o mais artisticamente literário é o que foi descoberto na biblioteca de Oxford, redigido em dialeto anglo-normando e pertencente ao ciclo do rei ou ciclo decassílabos assonânticos, distribuídos em 191 estrofes de extensão e dividido em quatro partes: A Traição, A Batalha, O Castigo dos Pagãos e o Castigo de Ganelão. Pela ideologia do texto e pelo estado da língua, acredita-se que tenha sido escrito entre o final do século XI e meados do século XII, depois que a idéia de cruzada contra os pagãos já vicejava na Europa cristã.

Esse texto narra os feitos do imperador Carlos Magno e seus Doze Pares de França. A *Canção de Rolando* é considerado o mais belo e o mais famoso poema épico medieval francês e pertence ao subgênero literário denominado canção de gesta, isto é, que trata de glorificar as proezas importantes de um herói nacional.

Essa história de origem germânica se baseia num fato histórico ocorrido no século VIII: o ataque traiçoeiro à retaguarda das tropas de Carlos Magno quando atravessava os Pirineus voltando da Espanha para a França. Inspirou muitas lendas e sua popularidade fez surgirem inúmeras versões em toda a Europa, a tal ponto que os feitos dos bravos francos foram imortalizados não só nas cantigas dos jograis ambulantes como também em estátuas e vitrais, durante toda a Idade Média.

O enredo da canção repousa sobre um fato real ocorrido no reinado de Carlos Magno (768-814), a batalha de Roncesvalles (15 de agosto de 778), quando o rei tinha apenas 36 anos, antes de se tornar imperador. O exército franco havia ido a Saragoza por solicitação do governador de Barcelona, Sulayman Ben Al Arab, revoltado contra o emir de Córdoba, seu superior. O desentendimento entre os chefes árabes e uma revolta de saxões ao norte levaram Carlos Magno a retornar em poucas semanas e não após os sete anos, como retratado no poema: é quando bascos cristãos dizimam sua retarguarda, morrendo no combate sobrinhos do rei, como Rolando, e o bispo Turpino, entre outros (Vassalo, 1988, p. 7).

Por causa do hierarquizado sistema de alianças então vigente, a guerra tornou-se um assunto de família. A retirada das tropas e o massacre em Roncesvalles acabaram por levar o rei a desistir de permanecer na Espanha e a fortificar suas fronteiras na Aquitânia. Os cronistas da época parecem minimizar o fato. No Oriente, Carlos Magno era aliado do califa de Bagdá, o célebre Harum Al-Rachid. Portanto, embora defensor da cristandade, o rei não era inimigo dos árabes e a idéia de cruzada não é do seu tempo. Mas ela pertence à época do manuscrito, e identifica-se com a Reconquista espanhola.

O termo "gesta" significa "coisas feitas", mas passou logo a ser percebido como um feminino singular com o sentido de "história". Trata-se de um poema ou conjunto de poemas cujos temas se referem a um mesmo grupo de eventos lendários, ou de protagonistas, daí serem concebidos dentro de ciclos. Esses poemas são a primeira manifestação literária desligada da liturgia, da qual herdam o canto, mas substituindo a vida dos santos – um de seus possíveis pontos de partida – pela de um herói nacional, e o ascetismo pelo combate a serviço de Deus (Vassalo, 1988, p. 5).

Epopéia e canção de gesta são sinônimos, reservando-se o último termo à manifestação medieval. Dessa época existem três grandes poemas épicos nacionais, sempre referentes às etnias germânicas: A *Canção de Rolando*, dos francos, o *Cantar de Mio Cid*, dos visigodos, e a *Canção dos Nibelungos*, dos borgúndios. Eles terminam a pré-história pagã dos povos europeus e iniciam a formação das nações cristanizadas. São as primeiras obras em língua vulgar – romance – e não mais em latim. Todas as três são anônimas (Vassalo, 1988, p. 5).

O interesse da escola romântica pela Idade Média trouxe à tona tais manuscritos e a discussão sobre suas origens. Uma das hipóteses levantadas é a de Joseph Bédier, que associa os santuários nas rotas de peregrinação a Santiago de Compostela à eclosão de relatos maravilhosos, confirmados pelas relíquias e monumentos ligados aos heróis ao longo do percurso. De todo modo, considerando-se a estreita relação entre os jograis e o clero, grupo dominante política e culturalmente, não é de se estranhar essa interferência.

Na tradução em português são lembrados dois fatos importantes: primeiro, que a história chegou, ao Brasil, com alguns acréscimos e remanejamentos desde os primeiros colonizadores, tendo-se difundido em todo o nosso meio rural antes de fixar-se nas cantorias dos artistas de cordel do Nordeste; segundo, que, de acordo com Câmara Cascudo, *A História do Imperador Carlos Magno* foi, até pouco tempo, um dos cinco livros mais lidos pelo povo brasileiro, pois indica um modelo de comportamento a ser adotado pelo homem do campo, que assimila as façanhas desses bravos à defesa de um ideal de coragem e valentia.

Entre os sertanejos é muito vasta a menção aos heróis de Roncesvalles, como referência cultural direta ou indireta, à guisa de modelo de bravura e coragem. Assim é que, por exemplo, há um distrito denominado Roldão, no município de Morada Nova (CE); os soldados da escolta pessoal do falso monge José Maria, da guerra do Contestado (1912-1914), eram "os doze pares de França", embora fossem 24 pessoas, chamando-se Roldão o subchefe do monge; na cavalhada, o Partido do Encarnado é chefiado por Roldão, o Partido Azul por Oliveiros; gêmeos são batizados como Roldão e Oliveiros (Cascudo, 1984 apud Vassalo, 1988, p. 18).

Na verdade, toda a extrapolação do tema está relacionada não propriamente à *Canção de Rolando*, mas à obra em prosa, *História do Imperador Carlos Magno e dos Doze Pares de França*.

Este livro foi composto em Scala, texto 10,5/13,8; Nexus Mix nos títulos e impresso pela gráfica Palas Athena em papel chamoix book 80 gr. para a Attar Editorial em outubro de 2007.